EL
ÁLAMO

Paco Ignacio Taibo II

El ÁLAMO

UNA HISTORIA NO APTA PARA HOLLYWOOD

Planeta

Diseño de portada: Miguel Ángel Chávez / Alma Julieta Nuñez
Mapa de interior: Gustavo Alonso Ortiz Romero

© 2011, Paco Ignacio Taibo II

Derechos reservados

© 2011, Editorial Planeta Mexicana, S.A. de C.V.
Bajo el sello editorial PLANETA M.R.
Avenida Presidente Masarik núm. 111, 2o. piso
Colonia Chapultepec Morales
C.P. 11570 México, D.F.
www.editorialplaneta.com.mx

Primera edición: noviembre de 2011
ISBN: 978-607-07-0926-5

Impreso en los talleres de EDAMSA Impresiones, S.A. de C.V.
Av. Hidalgo núm. 111, Col. Fracc. San Nicolás Tolentino, México, D.F.
Impreso y hecho en México - *Printed and made in México*

Noticia

Antes del amanecer del 6 de marzo de 1836 el ejército de operaciones mexicano, al mando del general Santa Anna, tomó por asalto la misión de El Álamo, a unos cuantos metros de San Antonio, derrotando a sus defensores, la mayoría de ellos estadounidenses, que se habían levantado en armas proponiendo la independencia de Texas.

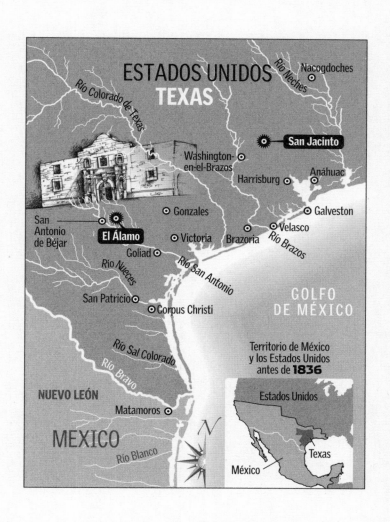

Prólogo

I

El mito fundacional, la piedra angular de Estados Unidos de América, que se reproduce en la educación y se multiplica en esa vertiente de la enseñanza pública, la verdadera, que para los estadounidenses es la televisión, se deposita en la batalla de El Álamo. Curiosamente ahí está la esencia, el *number one*, el corazón perverso de Norteamérica. Y curiosamente es un mito texano, y solo por extensión estadounidense, y curiosamente es un mito levantado sobre una apabullante derrota, y no tan curiosamente, por supuesto, es un mito militar y profundamente imperial. Y además se asienta sobre una potente cadena de mentiras.

Es en los defensores de El Álamo, y sus mil veces mencionadas, heroicas muertes, donde millones de estadounidenses sitúan la esencia de la nación, y de donde muchos de sus gobernantes desprenden el sentido y las obligaciones del imperio.

Sorpresa. Misteriosa y extraña sorpresa. Contra lo que podría pensarse y parecer, el mito esencial estadounidense no se deposita en los peregrinos del *Mayflower* intercambiando guajolotes con los nativos, o en las imágenes de Washington cruzando el Delaware durante su guerra de independencia, no está en el discurso de Gettysburg de Lincoln ni en el himno que los *marines* cantan mientras combaten en Irak o Afganistán y que los transporta a los palacios de un tal Montezuma. Para mi desconcierto, descubro lentamente, conforme me voy adentrando en los meandros de esta historia, que la clave está en El Álamo.

11

¿Por qué y cómo se construyó esta potente alegoría? ¿Qué hay detrás de El Álamo? ¿Quiénes reinventaron la batalla de El Álamo?

En el sitio de internet del Memorial de El Álamo se dice: «Sin El Álamo no habría habido batalla de San Jacinto, sin ésta, Texas no habría existido. Sin Texas, la expansión hacia el oeste de Estados Unidos hubiera sido frustrada, sin el oeste, Estados Unidos se hubiera limitado a ser un poder atlántico, y no se hubiera alzado como un poder mundial. Sin Estados Unidos como un poder planetario, el mundo como lo vemos ahora no existiría». Y lo dicen congratulándose, sin pensar que la idea de que el mundo «tal como lo vemos ahora» no representa una imagen excesivamente grata para millones de ciudadanos de América Latina, por ejemplo.

¿Y de verdad el combate de El Álamo es tan trascendente? ¿Qué fue lo que sucedió en El Álamo que habría de producir a lo largo de los años tan abundante cantidad de material mítico?

¿De qué estamos hablando?

Una pequeña batalla de tan solo una hora de duración con la que culminó un cerco de nueve días, donde una guarnición de poco más o menos 200 independentistas, supuestamente texanos, fueron masacrados por mil 500 soldados mexicanos a las órdenes del general Santa Anna el 6 de marzo de 1836.

¿Y fue El Álamo la clave de la independencia texana, el hecho decisivo? No parece serlo. El sitio y posterior toma de El Álamo militarmente no son de mayor importancia en la campaña. El ejército de operaciones de Santa Anna no definió nada con aquel combate y para los independentistas la caída de El Álamo y la posterior derrota de Goliad solo les permitieron ganar quince días, no relevantes, en el curso de la guerra. La muy difundida teoría de que El Álamo frenó a Santa Anna durante catorce días dando tiempo a Houston a organizar su ejército es absurda. Tras la terrible marcha desde la ciudad de México, el «Generalísimo» tenía que esperar en San Antonio la reconcentración del ejército de operaciones. Si la independencia texana tuvo una clave, ésta se encuentra en la batalla de San Jacinto, pero esa es otra historia, que también aquí tendrá que contarse.

Y siguen las paradojas: lo que para los estadounidenses es esencial, del otro lado de la frontera, para los mexicanos, la historia de El Álamo no es más que una minúscula nota de pie de página en el contexto de una historia que se ha decretado como olvidada. Y para América Latina una línea perdida en la larga lista de las confrontaciones con el imperio.

II

La ausencia de supervivientes entre los combatientes produjo a partir de 1836 un vacío informativo profundo que tendió a ser llenado por fuentes indirectas, secundarias y poco sólidas: una mujer que estuvo dentro de la capilla y que no pudo haber visto el combate de una manera clara, un niño de 8 años que conforme pasaban las décadas «recordaba» más cosas, el esclavo de Travis, que se volvió personaje antes de que lo volvieran a esclavizar; algunos hombres que habían estado en el interior de El Álamo los primeros días del sitio, un prisionero de guerra mexicano que quería quedar bien con sus captores, la supuesta enfermera de Jim Bowie que dio cinco versiones diferentes a lo largo de los años, las poco confiables fuentes militares mexicanas, empezando por Santa Anna que mentía con descaro en sus cartas, memorias y reportes y que llegó a decir: «Solo fue un pequeño asunto» (Santa Anna tiene históricamente una cuota abundante de mala memoria). A ellos se sumaron decenas de personas a las que les contaron historias y a su vez las contaron y éstas salieron a la luz treinta, cincuenta, setenta años después de los sucesos...

Un inmenso queso gruyer repleto de agujeros y de contradicciones dominó el panorama. Y por lo tanto, el mito heroico ocupó los vacíos de la historia y posteriormente el cine y la televisión entraron como tanques Sherman para consolidar la versión de los héroes texanos. Mito que no estaría exento de su alimentación con el *merchandising*: el cuchillo de Bowie, la gorrita de mapache de Crockett, las cucharitas de plata con un grabado de la misión.

Como tiene que reconocer el historiador Stephen L. Hardin, uno de los más sólidos reconstructores de la historia, «El Álamo y sus defensores forman parte del folklore estadounidense» y de ahí hay que sacarlo.

H. W. Brands, en *Lone star nation*, se preguntaba: «¿Cómo un ejército de harapientos ganó la batalla de la independencia de Texas y cambió Norteamérica?». La pregunta no es mala, la respuesta correcta, que no es precisamente la que él da, es que «el ejército de harapientos» no lo hizo. Pero lo que resulta significativo es el calificativo de «harapientos» dedicado a los defensores de El Álamo. ¿Eran menos harapientos los soldados mexicanos del Batallón de Toluca? ¿Más que los hombres de caballería de Travis, cuyos uniformes habían sido confeccionados en una sastrería unos meses antes?

Lo que hace fascinante a El Álamo no es el hecho en sí, es el laberinto de las versiones que se arma en medio de la estructuración del mito, las inmensas zonas de niebla iluminadas por mentiras o verdades a medias. En este galimatías, la verdad se convertía en notablemente elusiva y los debates se volvían eternas discusiones de detalles que hacían correr la sangre entre los especialistas. Y así por más de 150 años. Michael Trzecinski en el Alamo Forum diría: «¡Una controversia de 160 años es fantástica!». Y no le faltaba razón, era fantástica en el doble sentido que la palabra tiene en español: maravillosa y repleta de fantasía.

III

En las bibliotecas estadounidenses hay millares de libros sobre El Álamo y la guerra de Texas, más de 28 mil entradas en la librería virtual de Amazon, de las cuales, eliminando repeticiones, ocultismo, historias que accidentalmente llevan las palabras El Álamo en el título, libros que metafóricamente usan el nombre El Álamo para referirse a otras historias bélicas protagonizadas por Estados Unidos, nuevas ediciones y reimpresiones, no deben de quedar en menos de 5 mil títulos entre estudios históricos, material documental, ficción, cómics y libros infantiles. Y eso sin contar películas, documentales, debates, espacios virtuales, cuadros, murales y grabados.

En cambio en México el público no tiene acceso a la historia verdadera o falsa de la batalla de El Álamo. No más de una docena de libros sobre la guerra de Texas, y la mayoría consideran la batalla un incidente menor, no digno de mayores estudios ni narración. En el buscador de las librerías Gandhi, el grupo librero más grande de la ciudad de México, tan solo se encuentra un ensayo tradicional que mete la guerra de Texas como prólogo de la guerra contra Estados Unidos en 1847 y un estudio regional sobre el norte mexicano. La palabra «Álamo» apenas ofrece como respuesta libros de Antonio Álamo.

En 1881, en *Canto a mí mismo*, Walt Whitman, que nunca había visitado Texas, escribió: «Ahora voy a contar lo que supe de Texas en mi primera juventud/ (No contaré la caída de El Álamo/ Ni uno escapó para contarla/ Los ciento cincuenta yacen mudos en El Álamo)».

Catorce años más tarde, en 1895, Stephen Crane (el autor de la maravillosa *La insignia roja del valor*) cayó en la trampa del mito de El Álamo y escribió: «Es el mayor memorial al coraje que la civilización se ha permitido levantar».

El poeta Robert Frost pasó entre 1936-1937 por San Antonio y escribió en una carta: «Estoy profundizando en la historia de Texas y no quiero ser molestado por nadie excepto por los fantasmas de Goliad y El Álamo».

John Steinbeck, en *Travels with Charley in search of America* (1962), reconocía que no había visitado el Memorial, pero dedicó un par de líneas al asunto: «La gloriosa defensa hasta la muerte de El Álamo contra las hordas de Santa Anna es un hecho. Las bravas bandas de texanos ciertamente arrancaron su libertad de México, y libertad es palabra sagrada».

La ofensiva literaria era potente, pero el lanzamiento masivo de la leyenda no se haría desde la literatura sino desde el cine y la televisión. El director estadounidense John Ford puso en boca de un periodista (en *The man who shot Liberty Valance*) la siguiente frase: «Esto, señor, es el oeste. Cuando la leyenda se convierte en un hecho, imprime la leyenda». La sentencia originada, con ayuda de sus guionistas, por uno de los constructores de la historia mítica de Estados Unidos tiene un indudable brío y revela la gran verdad detrás de la manera como habría de ser narrada la batalla de El Álamo. Siguiendo esta línea se habrían de producir más decenas de películas y documentales.

El resultado fue una comedia de errores a lo Pirandello, la legitimidad histórica del Nuevo Testamento o un *Tiempo de canallas* de Lillian Hellman, a escoger.

IV

Y en medio de todo esto, hay algunas cosas que se suelen olvidar y que no estaría de más recordar: de los 58 firmantes de la declaración de independencia de Texas, solo dos eran originarios de Texas: José Antonio Navarro y Francisco Ruiz; había un yucateco, Lorenzo de Zavala; cuatro europeos: un inglés, un español, un irlandés y un escocés; un canadiense y cincuenta ciudadanos de los estados sureños de Estados Unidos, entre ellos once de las Carolinas. El 86.2 por ciento de los «representantes texanos» no eran texanos, sino estadounidenses.

La victoria de los independentistas texanos quedó plasmada en su primera constitución, donde se legalizaba la esclavitud antes prohibida por las leyes mexicanas y permitía que los nuevos emigrantes trajeran consigo a sus esclavos negros. Cuando se habla de la independencia de Texas se habla de un triunfo del partido esclavista, y si bien es cierto que hay que mantener las relatividades históricas, no hay disculpa moral para aquellos que por razones económicas practicaban uno de los más brutales y sucios negocios que ha conocido la historia de la humanidad. Muchos de los «héroes» texanos no solo eran esclavistas, fueron traficantes de esclavos.

El otro dinamo de la revuelta texana fue la tierra y no solo para habitarla y hacerla productiva. Los inmensos repartos que se ofrecieron por parte del gobierno texano durante la guerra llegaron a las 4 mil hectáreas por grupo familiar y ni siquiera se ponía como condición que los jefes de familia que las recibieran vivieran en ellas. La tierra era material especulativo, y tras la especulación grandes compañías de Luisiana, Kentucky, Nueva York o Nueva Orleans y pequeños pillos de todo el sudoeste estadounidense se dedicaron a la compraventa y estimularon la emigración de aventureros armados.

Un último factor de distorsión sería la idea promovida por historiadores y cronistas del siglo XIX de que la guerra de Texas impulsó el progreso. Frente al atraso mexicano originado en su «holgazanería y desidia», el gran impulso civilizador estadounidense: desarrollo económico, incremento poblacional, dinamismo comercial. No están exentos de pecado los desafortunados textos posteriores de Engels y Marx sobre la guerra del 47 de México contra Estados Unidos. Peligrosa idea ésta de que el progreso económico es el equivalente al desarrollo social, cualesquiera que sean los costos que haya que pagar. ¿No habría que pensar que la historia se escribe también desde el punto de vista de los campesinos mexicanos que se quedaron en Texas después de la guerra y cuyas comunidades serían despojadas de una manera cruel en los próximos años; de los negros que permanecieron en la esclavitud, de los comanches, los apaches lipanes, que serían ultimados y casi desaparecidos en los siguientes años?

V

Ante la presión de la reconstrucción heroica y la elaboración del mito, a lo largo de los años el debate se fue enloqueciendo, cientos de historiadores, *amateurs* y profesionales, casi siempre en Estados Unidos, rara vez en México, aportaron sus versiones; muchos de ellos con talento, pasión por la verdad, capacidad crítica; otros, atrapados en los lugares comunes, los facilismos y las medias verdades. El debate fue llevado al nivel de las minucias, un testimonio era parcialmente descalificado, pero los restos descalificaban a otro y así. Una historia minimalista y fincada en la discusión de los detalles recorría los corazones de cientos de *alamoístas* olvidando las esencias (¿Cuántos defensores tenía El Álamo? ¿Dónde estaban colocados los cañones? ¿Dónde los retretes? ¿Por qué en el futuro se gritaría: «¡Recuerden El Álamo!» y no «¡Recuerden Goliad!»? ¿Cuántos mensajeros salieron de la misión sitiada? ¿Cuántos eran los soldados mexicanos en el momento del asalto? ¿Qué testimonios son válidos y cuáles no pueden serlo?). No deja de tener gracia si el cuadro general permanece bajo observación. No pude evadirme de estas minucias aunque reconozco su origen perverso. Muchas veces una mentira es una verdad mal contada, pero en este caso la gran mentira escondía las verdades. La polémica se calentó de manera excepcional entre 1995 y 2000, cuando se puso en duda la supuesta heroica manera en que había muerto David Crockett. El gran edificio de los héroes de El Álamo parecía desmoronarse. Hollywood volvió al rescate. La memoria implica una buena dosis de desmemoria.

VI

Un lector crítico podría quedar satisfecho leyendo algunos libros y artículos de autores estadounidenses como el polémico *Duel of eagles* de Jeff Long o *Three roads to the Alamo* de William Davis; las versiones heréticas de Richard G. Santos, las notas de un libro menor en la narrativa, pero preciso recopilador de minucias como *Alamo and the Texas war for independence* de Nofi; las intervenciones en el debate sobre Crockett de James E. Crisp y Thomas Ricks Lindley, incluso *Alamo Iliad* de Hardin; los sensatos puntos de vista de Todd Hansen; las ingeniosas reflexiones de Kevin Young y Eric von Schmidt, y desde luego las lúcidas notas de Jay Gould. Pero no parece suficiente, o al menos a mí no me lo parece. La razón, el único sentido, de escribir este libro, que no pretende ir más allá de la divulgación, es abrir la puerta de esta inquietante historia a los lectores hispanoparlantes. Contar la historia desde la perspectiva (no por ello menos crítica hacia la participación mexicana) de América Latina. Rencorosa, eternamente enfadada, desconfiada visión de Estados Unidos desde América Latina.

Una canción al final de la película de John Wayne dedicada a El Álamo culmina con la frase: «Lucharon para darnos libertad, eso es todo lo que necesitamos saber». El narrador no puede menos que hacer un gesto de disgusto. Nada más lejos de la realidad. Es mucho lo que necesitamos saber. Mucho más.

1

La misión desafortunada

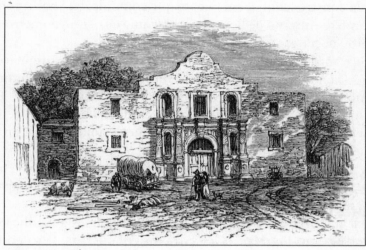

El presidio de El Álamo

La palabra *presidio*, en español, ha venido perdiendo su sentido original, se ha vuelto sinónimo de prisión en lugar del original «puesto avanzado». Lo que más tarde se llamaría El Álamo nació hacia 1716 en los márgenes del río San Antonio, en la Texas novohispana, como presidio, no una cárcel, sino uno de esos campamentos militares de frontera perdidos en el fin de los mundos conocidos con que la Corona española creaba sus inciertos límites.

Poco más tarde, el fraile franciscano Antonio de Olivares, ayudado por indios jeremes, creó en las cercanías, en el arroyo de San Pedro, la misión de San Antonio, dándole el apellido «de Valero» en honor al marqués y virrey que en ese momento gobernaba desde la inmensa lejanía de la ciudad de México. Su primera actividad importante fue bautizar a un infante indígena moribundo. Los testimonios no dicen si el niño sobrevivió.

En los siguientes cinco años la misión cambió un par de veces de lugar, la segunda tras una terrible tormenta, llamada huracán por algunos, que destruyó los edificios y una capilla que estaban construyendo. Con una tenacidad digna de mejor causa una nueva capilla comenzó a ser edificada, esta vez con muros de piedra.

Mientras tanto, a unos cuantos centenares de metros nacía una villa, la de San Antonio de Béjar. Al paso de los años, cuatrocientos seres humanos habitaban la villa, los presidios, las misiones. Con una visión económica, no solo evangelizadora, los franciscanos organizaron la construcción de un puente que comunicaba San Antonio de Valero y San Antonio de Béjar y una acequia de ocho kilómetros para regar 400 hectáreas.

Trece años más tarde, quince familias de españoles originarios de las islas Canarias convirtieron San Antonio en ciudad. Mientras San Antonio de Béjar crecía y se volvía el poblado más grande de Texas, la misión se trocó en un suburbio de la ciudad, a unos 400 metros al este, separada por el río San Antonio, mucho nombre para un largo riachuelo.

La misión se convirtió en refugio de indígenas «mansos», mayoritariamente cohuiltecas, bajo el control del clero, que buscaban refugio contra las incursiones de los apaches. John Myers escribiría muchos años más tarde que «los rituales de la Iglesia católica deberían verse como *Big Medicine*» para los cohuiltecas. Pero no fue lo bastante grande como para evitar que entre 1738 y 1739 epidemias de cólera y viruela redujeran la población indígena de trescientas a 184 personas.

Construida con más voluntad que técnica, parte de la misión se desmoronó; pero si algo había que reconocerle al clero de la Nueva España era su infinita paciencia, y la aún mayor de los indígenas que trabajaban para ellos. Y así volvieron a iniciar las obras para levantarla.

En 1745 la capacidad defensiva de la misión se puso a prueba cuando 350 apaches atacaron la ciudad y fueron repelidos por un centenar de indios locales. Pero hacia 1749 los apaches, hostigados por los comanches, que bajaban desde las montañas de Colorado, pactaron un acuerdo de no agresión con la misión y para que el ritual fuera serio, porque no deberían tener mucha confianza en las misas, quemaron un caballo vivo en la plaza principal.

En 1754 la iglesia, que estaba casi terminada, se colapsó por defectos en la construcción. Parecía que una maldición pesaba sobre ella y que esa iglesia no quería acabar de estar en pie. Dos años más tarde fue recomenzada la que parcialmente sobreviviría hasta nuestros días, aunque quedaría inconclusa. Para entonces 328 indígenas vivían en El Álamo, la mayor cantidad que llegó a habitar el presidio. Fray Morfi, un franciscano que recorrió la región y que parecía tenerle un cierto respeto a los comanches, habló de los indios que allí vivían como «estúpidos, viciosos, vagos, viles y cobardes»; no tenemos testimonio de lo que los indios «mansos» de la misión pensaban de él.

La fachada quedó terminada en 1758, aunque la fecha de un año anterior es la que está inscrita en la piedra. El padre Mariano Viana reportó en 1762 que la recién construida iglesia se había colapsado de nuevo, probablemente se refería nada más al techo, pero cualquiera que creyera en el infierno podía estar seguro de que aquella iglesia estaba maldita. Los más racionales creyentes en la arquitectura podrían simplemente pensar que había poca sabiduría técnica en los constructores, como poca sabiduría había en las reflexiones del cura Morfi, que respecto a los indios podía acusarlos de cualquier cosa pero no de vagos, porque se pasaron cien años construyéndoles a los sacerdotes su maldita iglesia.

El pintor Eric von Schmidt, observando la capilla de El Álamo muchos años más tarde, anotaría: «Para mí, el trabajo en piedra cincelada de la fachada, las columnas que giran, las sinuosas flores y hojas, que pretendían ser graciosas y ligeras, tienen un viejo sentido de peso que habla no de salvación sino de infinita pena». Como siempre, a lo largo de esta historia hay en muchas frases más literatura que arquitectura o ciencia, pero esa literatura no está exenta de precisión.

Cuando se produjo el colapso vivían allí 275 personas que poseían mil 200 vacas, 300 caballos y mil 300 ovejas y que labraron muchas tierras en torno. Pero casi veinticinco años más tarde la población había vuelto a reducirse a 50 indios a causa de epidemias y choques armados con apaches y comanches, aunque ya tenían un granero, un convento, habitaciones para los curas, algunas viviendas y su iglesia inacabada.

Hacia 1793 la actividad misionera cesó cuando el gobierno ordenó que la misión de San Antonio de Valero se secularizara. Solo quedaban en esos momentos 39 indios residentes a los que se les repartieron las propiedades. Desplazados de la muy vecina San Antonio y recién llegados fueron habitando el lugar junto a los indios. Un barrio considerable tomó forma. Pero diez años más tarde, en 1803, la misión abandonada volvió a su destino original y se convirtió en presidio cuando la Segunda Compañía Volante de San Carlos de Parras, una unidad de caballería de frontera, llegó a San Antonio y organizó en el terreno un fortín. El convento alojó unas barracas, cuartos de guardia, un calabozo y un rudimentario hospital. La iglesia inacabada permaneció.

Fue entonces, o años más tarde, que recibió un nuevo nombre: El Álamo. Kevin R. Young sitúa el bautizo en 1818 debido al bosquecillo de árboles de algodón donde se levanta, y encuentra el primer registro escrito en 1825, en un documento que atestigua la venta de un caballo.

Si el nombre viene de los álamos o de la Compañía Volante del Álamo de Parras nunca quedará muy claro, pero en esta historia muy pocas cosas quedan claras. El hecho es que allí habría de nacer al principio del siglo XIX el primer, efímero hospital en la historia de Texas.

La palabra *misión*, futura obra de bien, tarea a realizar, tarea evangélica que se concentraba en aquellas piedras erigidas y derrumbadas, parecía deslavarse al paso del tiempo. No habría de ser así: el conjunto de edificios a medio terminar culminarían por volverse el centro de una futura historia mayor.

2
El inicio

Moses Austin

Si esta historia comienza en un punto, y hay decenas para elegir, quizá se encuentre en esa colonia formada en el noreste de la Texas mexicana en 1821, el mismo año del final de la guerra de independencia de México, cuando Moses Austin y su hijo Stephen llegaron con trescientas familias estadounidenses y sus correspondientes esclavos negros, emigrando de los estados de Tennessee, Missouri y Luisiana. Moses Austin era un minero quebrado por la depresión que se lanzó a la aventura a los 50 años y que habría de morir poco después de asentarse, dejando a su hijo a cargo. En teoría, desde el punto de vista mexicano, estaban allí para crear un tapón contra las incursiones de las tribus indias más agresivas; curiosamente en esa zona no existían tales tribus. Se hablaba, pues, muy al lenguaje de la época, de poblar y civilizar.

A partir de 1825 una ley otorgaba permisos para crear poblamientos, colonias extranjeras, en Coahuila, de la que Texas era parte después de que en 1824 había perdido su condición de territorio autónomo. Ante el hecho de que los inmigrantes eran estadounidenses, en regiones limítrofes se creaba el riesgo de una futura tentación anexionista; la ley obligaba a que los colonos fueran católicos y favorecía a los extranjeros que se casaran con mexicanas. Para ese año la colonia de Austin contaba con trescientas familias (mil 800 habitantes y 443 esclavos negros). Luego, entre los ríos Brazos y Colorado se creó el municipio de San Felipe y se formaron milicias, y más tarde la colonia de Green DeWitt en Gonzales. Pero junto a estas colonias estadounidenses en territorio mexicano, habría de nacer un grupo de empresarios que intermediaban y acaparaban tierras, sobre todo en la zona entre los ríos Sabine y Nueces, primitiva frontera con Estados Unidos.

Los primeros poblamientos tenían dos problemas: si bien se había creado una cierta vida económica en la región, el eje comercial fundamental no era del norte de Texas a San Antonio y de ahí a Coahuila, sino de las colonias a la Luisiana estadounidense. Y el gobierno de Agustín de Iturbide, a pesar de que declaraba que, según la Constitución mexicana, los esclavos que hubieran entrado como tales a Texas serían libres a los catorce años y que se prohibió la venta de seres humanos, estaba permitiendo una semilegal esclavitud en Coahuila. Los emigrantes evadían la ley presentando a sus esclavos como hombres libres o contratados por 99 años, y las autoridades mexicanas hacían la vista gorda.

La apacible, despoblada y solitaria Texas, quizá por serlo, estaba en la mira del gobierno estadounidense y era causa de conflicto entre las dos jóvenes repúblicas. En 1826 el representante de Estados Unidos, Joel Poinsett, ofreció comprar el territorio al gobierno de Guadalupe Victoria, y tres años más tarde el gobierno de Andrew Jackson, durante la invasión española de Barradas, ofreció un préstamo no solicitado, pidiendo Texas como garantía. En los siguientes cuatro años se produjeron frecuentes invasiones y choques fronterizos con grupos de aventureros que querían apoderarse del territorio.

Hacia 1830 ya había en Texas 7 mil familias estadounidenses, que ignoraban en su mayoría las obligaciones de la nacionalización mexicana, el catolicismo o la renuncia a la esclavitud. Pero esto no era lo más grave, como se aburrirá de repetir a mediados de esa década John Quincy Adams: había surgido una casta de empresarios especuladores asociados a empresas de Nueva York, Nueva Orleans o Nashville que se ofrecían como intermediarios en la compra ilegal de tierras, existentes o no, permisos para crear colonias y empresas ganaderas sin ganado. Compraban y vendían kilos de papeles que tenían el valor de la saliva que se ponía en ellos, engañando a «los crédulos, los ignorantes y los que no tenían sospechas, dondequiera que podían encontrar esa voluntad de comprar [...]. En ninguna era o nación [...] llegaron las ilegales especulaciones de tierras a extremos como las de Texas». Entre estos empresarios estaban el yucateco Lorenzo de Zavala y el general mexicano de origen italiano Vicente Filisola, Green DeWitt de Missouri, Ross y Leftwitch de Tennessee, Ben Milam de Kentucky, Burnet de Ohio, Thorn de Nueva York, los ingleses Wavel y Beales, el escocés Cameron, el alemán Vehlein y los irlandeses McMullin, Powers y Hewitson. Muy pocos de ellos habían creado poblamientos, pero todos tenían compañías especuladoras que negociaban con títulos de tierras.

En el *Louisiana Advertiser* de Nueva Orleans se diría años más tarde en medio de esa fiebre: «Texas es uno de los países mejor surtidos del mundo. El ganado se cría en grande abundancia y con muy poco trabajo». La leyenda texana omitía la existencia de los apaches y los cheyenes en el occidente texano, pero en esta y en otras muchas historias los derechos naturales de los indígenas nunca fueron tomados en cuenta. Y a la hora de hacer propaganda comercial tampoco lo serían las sequías, las tolvaneras, los calores extremos y los fríos.

Si la población de Texas en 1821 era de 2 mil 500 personas y en 1831 no habría más de 9 mil habitantes, para 1834 las cosas habían cambiado. Un personaje extraño, el coronel Juan Nepomuceno Almonte, hijo ilegítimo de José María Morelos y educado en Estados Unidos, en un informe sobre la zona destinado a la Presidencia de la República reportaba en ese año que: «Los primeros colonos que emigraron de Estados Unidos a Texas, siendo habitantes de los estados del sur [de Estados Unidos] [...] trajeron costumbres algo grotescas, que aunque puras, no eran acordes a los modales que usan las gentes de buenas costumbres». Estos emigrantes en su mayoría venían de unos Estados Unidos en continua expansión, que movilizaba hacia el sur y el oeste a millares de hombres y mujeres bajo la presión continua de la emigración europea y que habían oído hablar de una región que tenía grandes praderas, agua abundante y maravillosa para criar ganado. Almonte establecía un censo poblacional: vivían en Texas 36 mil personas: 15 mil 400 estadounidenses, 3 mil 600 mexicanos, 2 mil esclavos negros, 10 mil 500 indios «salvajes» y 4 mil 500 indios establecidos y «pacíficos» que habitaban en el occidente de la zona (aunque otras fuentes hablaban de 25 mil indios: ni unos ni otros los habían visitado, y mucho menos contado). Dos años más tarde, en vísperas de iniciarse el conflicto, David McLemore sitúa las cifras en 4 mil texano-mexicanos y 35 mil anglos, concentrados éstos en las colonias al norte del río Nueces, muchos de ellos recién arribados de Estados Unidos.

Las tensiones entre los nuevos colonos y el gobierno mexicano fueron creciendo. El 10 de junio de 1832 hubo choques armados en el puerto texano de Anáhuac por un conflicto originado entre aduaneros y contrabandistas. Ese mismo año el gobierno estadounidense insistió en la compra de Texas. El 2 de octubre de 1833 se produjo una convención de representantes de las comunidades: dieciséis poblamientos o municipios estuvieron representados en San Felipe bajo la dirección de Stephen Austin (y con la presencia de Sam Houston, exgobernador estadounidense de Tennessee), que propone que los ayuntamientos de Texas formen un gobierno estatal para evitar la anarquía. En este clima de confrontación hay decenas de pequeños choques y se van definiendo dos tendencias entre un sector de los colonos anglos: el grupo de los «perros de la guerra», que promueve el levantamiento armado, y la tendencia negociadora de Austin. Ese año el exgobernador de Coahuila Juan Martín de Veramendi escribió: «Un trato dulce y paternal haría que los malcontentos desistan». Ni el trato dulce existiría de parte del gobierno mexicano, ni los colonos estadounidenses estaban dispuestos a ceder, ni la inercia de la situación creada por propagandistas, especuladores y esclavistas podía ser negociada.

¿Y qué querían los malcontentos? ¿Cuáles eran las demandas de los colonos anglos en ese momento? Convertir a Texas en un estado separado de Coahuila, abolir las limitaciones para la emigración establecidas por una ley de 1830 (que se evadía usando prestanombres), juicios con jurado y establecer menos restricciones aduanales (casi todo el sector que apoyaba estas medidas estaba implicado directa o indirectamente en el contrabando). Fuera de la agenda formal, pero no menos importantes, eran los derechos a mantener la esclavitud y la libertad religiosa.

Stephen Austin llevó las propuestas a la ciudad de México, donde se reunió con Santa Anna y el vicepresidente liberal Valentín Gómez Farías. Las negociaciones no prosperaron aunque (según Carlos Pereyra) Santa Anna era partidario de ofrecer concesiones a cambio de sumisión; incluso se llegó a convocar, al inicio de noviembre de 1833, a una reunión de ministros en la que estuvo presente Austin para discutir si Texas podía ser un estado independiente de Coahuila. Al final el resultado fue negativo, pero se aceptaron algunas demandas menores: dotar a la región de tropas presidiales y mejorar el servicio de correos.

Austin regresó a Texas vía Monclova, pero su correspondencia fue interceptada y a juicio del gobierno mexicano no se encontraban ante un representante negociador, sino frente al jefe de una facción de que propugnaba la independencia de Texas. Sería detenido en Saltillo y encarcelado en la ciudad de México. En abril del 34 las relaciones entre los anglos texanos y el gobierno mexicano se iban a tensar aún más cuando Santa Anna, bajo los intereses del partido conservador, el clero y la milicia, apoyó a los centralistas y derrocó a Gómez Farías. En los siguientes meses Santa Anna habría de destituir al gobierno de Coahuila-Texas y romper las conversaciones con los texanos.

El 20 de junio del 35, un grupo de colonos anglos tomaron el puerto texano de Anáhuac con las armas. El grupo de los llamados «perros de la guerra» estaba dirigido por el abogado William Barret Travis (que habrá de ser personaje central en esta historia) y trataban de violentar el enfrentamiento entre anglotexanos y militares mexicanos, para abrir las puertas de la guerra de independencia. El pretexto fue liberar a varios presos por un conflicto aduanero. El movimiento no tuvo eco en otras zonas y el ejército pronto se hizo cargo de la situación. Poco después, un grupo de milicianos anglos dirigido por Jim Bowie (el segundo gran personaje de esta historia) asaltó una armería en San Antonio, haciéndose de varios mosquetes. Bowie incluso estaba pensando en entrar en contacto con las tribus indias en el oriente texano para atraerlas hacia la guerra de independencia, aunque en las siguientes semanas encontró entre los indígenas una respuesta negativa; no les atraían demasiado esas broncas de los blancos. La facción partidaria de la guerra y de la independencia intentaba forzar a Austin y a la mayoría de la comunidad anglo-texana a que produjeran la ruptura.

Dos días después de los acontecimientos de Anáhuac, los rumores corrían asegurando que las comunicaciones entre Texas y Coahuila estaban cortadas, que se movilizaban tropas desde Saltillo y que una vanguardia de esa columna dirigida por el cuñado de Santa Anna, el general Martín Perfecto de Cos, abordaría un barco en Matamoros para entrar en territorio texano. El rumor era cierto, el día 5 de julio Cos, desde Matamoros, hacía público un documento amenazando a los rebeldes.

Liberado en una amnistía generalizada, Austin salió de la cárcel en México y llegó a Texas el 1 de septiembre. Su recepción sería multitudinaria, un banquete con mil personas en que las dos facciones, moderados y «perros de la guerra», se confrontaron. De ahí surgirá el documento *The declaration of causes,* que apoyaba el retorno a la Constitución de 1824. Paradójicamente, aunque la Constitución del 24 era federalista, establecía la religión católica obligatoria: otra más de las muchas contradicciones de esta historia. Comienzan a crearse comités de «apoyo a Texas» en Estados Unidos. Poco después Austin aceptaría que el único camino era la guerra.

El 20 de septiembre el general Martín Perfecto de Cos y los 300 hombres de su brigada desembarcaron en Copano y avanzaron hacia Goliad.

3

El cañón de Gonzales

Come and take it!

A unos 75 kilómetros al oeste de San Antonio, Gonzales era un pueblo en la colonia formada por Green DeWitt con solo unos diez años de vida y poblado mayoritariamente por colonos de origen estadounidense. La trascendencia de Gonzales (que aunque era una colonia estadounidense había recibido el nombre por Rafael Gonzales, exgobernador de Texas y Coahuila) en la historia que habrá de contarse tiene que ver con que el pueblo poseía un cañoncito, una pequeña pieza de seis libras que la autoridad militar mexicana le había prestado para defenderse contra los ataques de comanches o apaches.

Cuando la tensión comenzó a crecer entre los colonos anglos y el gobierno, la comandancia militar de San Antonio de Béjar ordenó al cabo De León, con cinco soldados, que recuperaran el cañón. Los colonos respondieron con un furibundo *Come and take it!* (¡Vengan por él!), detuvieron a los soldados y los desarmaron. Sintiéndose insultado, el coronel Ugartechea envió desde San Antonio al teniente Francisco Castañeda, con un centenar de hombres, para recuperar el cañón, aunque con la sensata orden de evitar la confrontación en la medida de lo posible. El 29 de septiembre de 1835 Castañeda se encontró con algunos de los hombres del grupo de De León (que se habían fugado o los habían soltado), los cuales le contaron que los gringos se estaban reuniendo en Gonzales a lo largo de los últimos dos días y que ya eran como 200 hombres armados y concentrados en torno a la plaza. La cifra era exagerada, pero podía adivinarse el motivo de la reunión.

Esa misma tarde, Castañeda arribó a la ribera oeste del río Guadalupe y descubrió que los colonos se habían llevado todos los botes. El teniente intentó negociar con los hombres armados que pululaban al otro lado del río, pero lo más que logró es que uno de sus soldados pudiera nadar a la mitad de la corriente y les gritara sin que le hicieran caso. Trató de parlamentar con el alcalde del pueblo, pero lo más que obtuvo fue una nota: «Somos débiles y pocos en número, pero aun así nos enfrentaremos por lo que creemos son principios justos. Dios y Libertad». ¿Estaba la nota escrita en español?

Con las dos fuerzas cercanas pasó la noche. El 30 de septiembre el capitán Albert Martin, que actuaba como dirigente de la milicia local, mandó despachos a los vecinos de San Felipe y de los valles del Lavaca y el río Navidad diciendo que esperaban un ataque y pidiendo apoyo. La nota culminaba deseando toda la ayuda posible «para que podamos pronto marchar hacia Béjar y expulsar de nuestro país a todas las fuerzas mexicanas». Por lo visto, ya no solo se trataba de conservar un cañón.

Castañeda se daba cuenta de que la fuerza de los colonos estadounidenses estaba creciendo y que debía confrontarlos antes de que lo superaran en número, e inició el movimiento cruzando el río por un banco de arena a unos once kilómetros de donde se encontraba. La mañana del 1 de octubre, en el bando contrario y con la llegada de nuevos grupos que hacían subir el número a unos 160, Albert Martin fue sustituido en el mando, después de una elección, por el teniente coronel Moore, que ordenó pasar a la ofensiva. Los rebeldes sacaron el cañón de una plantación de duraznos y lo montaron en dos ruedas de madera tomadas de una carreta de bueyes. El herrero del pueblo cortó pedacería de cadenas y herraduras para hacer metralla. Esa noche se pusieron en movimiento. Hacia las tres de la madrugada del 2 de octubre, en medio de una espesa niebla, los colonos anglotexanos comenzaron a aproximarse a la posición de los soldados mexicanos. Los ladridos de un perro advirtieron a éstos, que hicieron una descarga a ciegas hiriendo levemente a un texano. Cuando se levantó la niebla, colonos y soldados mexicanos se encontraban a poco más de 300 metros en el campo de melones de Ezekial Williams. Castañeda intentó lanzar una carga de caballería y los texanos se refugiaron en los linderos del bosque. No queriendo enfrentarse a los colonos en territorio abierto, donde el alcance de sus rifles era mayor, Castañeda intentó una nueva negociación. Moore y él avanzaron y a distancia gritaron sus demandas. No se alcanzó acuerdo alguno. Cuando Moore regresaba a sus líneas, ordenó que se abriera el fuego; J. C. Neill (del que se hablará más tarde en esta historia) disparó el cañón. Más allá del ruido, el disparo resultó inofensivo. Moore dirigió una tímida carga sin acercarse demasiado a la fuerza mexicana. Fue suficiente: el teniente Castañeda, que había venido rehuyendo el choque, ordenó el repliegue hacia San Antonio.

Solo hubo una baja: un soldado mexicano; los texanos sufrieron un herido leve de bala y una nariz averiada cuando un caballo se alebrestó al iniciarse el tiroteo. Sin embargo, la frase *come and take it* y el cañoncito de Gonzales pasarían rápidamente a la reserva legendaria de lo que se había convertido ya en una abierta rebelión.

4

Escaramuzas

La oferta que circuló en Nueva Orleans para convocar voluntarios

El 3 de octubre el gobierno mexicano suprime los congresos estatales en el país. Austin, que ha sido nombrado jefe de un ejército aún inexistente, hace un llamado a las armas. Desde un mes antes se están reclutando voluntarios en ciudades estadounidenses para combatir en Texas: surgen los primeros núcleos en Pensilvania, Nueva York y se habla de 120 voluntarios en Georgia. Pero al margen de un flujo de hombres sueltos o en pequeñas partidas, el primer grupo organizado nacerá ese mismo 3 de octubre en Nueva Orleans: los Greys, en un mitin celebrado en el establecimiento comercial de Banks al que asiste el alcalde de la ciudad, quien ofrece armas gratis para los primeros 50 voluntarios. Al final de la tarde hay 120 hombres que supuestamente están dispuestos a marchar hacia México para combatir y que se organizan en dos compañías. Recibirán el nombre de Greys, «grises», por el color de los uniformes que se les proporcionan, restos de la última guerra: una casaca ceñida con cuello alto que llegaba hasta la cintura, suave y blanda gorra con hilos que surgían de un botón central en la parte más alta. Curiosamente no se trataba de jovencitos que al golpe de los alcoholes se hubieran inflamado, y abundaban los extranjeros: del primer contingente, tres habían nacido en Inglaterra y otros en Irlanda y Alemania.

Detrás de ellos está el dinero de los especuladores. El gran reclamo es la tierra que se vuelve el nuevo El Dorado: se habla de que en Texas cada hombre será dotado gratuitamente de 1280 acres (más de 500 hectáreas). Samuel Houston dice a quien lo quiera oír que hay «millones de acres para repartir».

El 5 de octubre llega Cos a Goliad, la entrada a Texas por la línea de la costa, donde deja un destacamento de 40 hombres y un depósito de armas. Toma noticia del combate en Gonzales y avanza hacia San Antonio, donde arribará cuatro días más tarde con 800 efectivos que incluyen el Batallón Morelos y 21 piezas de artillería.

Es poca cosa el hombre elegido para acabar con la rebelión texana. El general Martín Perfecto de Cos tiene un poco más de 35 años, nacido en Tehuantepec, hijo de un abogado, casado con una de las hermanas de Santa Anna. Se había unido muy joven al Ejército Trigarante con el grado de teniente, y gracias a sus relaciones con el caudillo era general a partir de 1833. De gran estatura, pelo negro, grandes patillas y bigote, usaba aretes de oro. Más allá de su lucida facha castrense era, como casi todos los mandos mexicanos, un militar mediocre.

Mientras Cos se estaciona en San Antonio, Austin opta por un cerco flexible sobre la ciudad sumando voluntarios que llegan de Estados Unidos y las milicias de rancheros. El primer encontronazo se produce en las cercanías de Goliad, donde un grupo de voluntarios de Colorado a los que se ha sumado Ben Milam (otro de los futuros protagonistas) ataca a la guarnición que había dejado tras de sí Cos. Entre el 9 y el 10 de octubre entran a la población y toman por sorpresa a los soldados mexicanos, matan a un centinela y capturan al coronel Sandoval en camisón. El botín es importante: 300 armas cortas, 2 cañones y 10 mil pesos.

Sin embargo, excepto este pequeño encuentro, el campo de los insurrectos está dominado por la cautela. El 16 de octubre se aproximan a treinta kilómetros de San Antonio de Béjar y acampan en Cibolo Creek. Allí se sumarán Travis y Bowie, con un grupo de voluntarios de Luisiana. El 22 de octubre llegará Juan N. Seguín con una veintena de texano-mexicanos: es la primera incorporación significativa de mexicanos al movimiento. Vale la pena detenernos un instante en el personaje: Juan N. Seguín (la N es de Nepomuceno) tiene 30 años y nació en San Antonio de una familia de origen español (canario), su padre había sido alcalde de la ciudad y él, a más de ser miembro de la masonería, fue el primero en organizar a sectores de la comunidad mexicana para enfrentarlos al centralismo de Santa Anna y posteriormente promover la participación en la Convención de Texas. Algo tiene en común con sus vecinos gringos, su familia también posee esclavos.

La llegada de Sam Houston aumenta los recelos. El supuesto general en jefe dice que no se puede atacar San Antonio con una tropa débil y sin entrenamiento; la alternativa es la retirada a las colonias del noreste. Su opinión tiene poca influencia entre la multitud que se ha congregado; pero Austin tampoco se decide a atacar.

El 26 de octubre Austin envía a James W. Fannin, Bowie, Briscoe y Seguín al frente de 400 hombres, explorando y con la segunda intención de crear un nuevo campamento en las cercanías de la misión de San Francisco de la Espada, aproximándose al sur de San Antonio. Al atardecer del 28, una brigada de 400 soldados mexicanos, 300 de ellos de caballería (muchos menos según fuentes mexicanas), que finalmente Cos ha destacado de San Antonio, chocan con los rebeldes en las cercanías de la misión de La Purísima Concepción de Acuña. En día nublado, al amanecer una columna de caballería se aproxima a la columna de Bowie que cuenta con 72 hombres. Avanzando al paso y desplegada la caballería mexicana, llegó a unos 130 metros de los texanos, disparó una descarga y cargó aullando y apuntando sus lanzas; cuando se encontraban a unos 70 metros los texanos abrieron un fuego preciso. Deaf Smith tumbó de un tiro al oficial que iba en vanguardia, a unos 35 metros del objetivo la carga había quedado despedazada y Sowell registró que estaban tendidos en el campo por lo menos 65 jinetes. Para ser un ejército *amateur* los texanos estaban resultando de una precisión mortal. Dispuestos en dos líneas, la primera tras disparar se replegaba para cargar, quedando cubierta por la segunda; así volvieron a despedazar a la caballería.

Un tercer encuentro se produjo cuando la infantería mexicana atacó por un flanco, cubierta por un cañón cuyo primer y único disparo pasó muy por encima de los colonos. Las descargas de la infantería mexicana se iniciaron fuera de alcance de los texanos; cuando estuvieron a tiro de los rebeldes y comenzaron a recibir fuego preciso, las tropas mexicanas se quebraron y empezaron a huir arrojando al suelo las armas. Las bajas son muy elocuentes, Bowie pierde un hombre y en cambio captura el cañón y reclama 104 bajas mexicanas entre muertos y heridos, incluido su jefe, el coronel Mendoza. Probablemente fueran menos.

Hardin apunta correctamente que los rifles fueron la clave. Las ráfagas de los Brown Bess que usaban los mexicanos, a corta distancia pueden ser muy dañinas, pero no tienen alcance, nada que hacer contra los rifles de caza largos texanos que pueden ser mortales a casi 200 metros contra los 75 que alcanzan los Bess. En el combate, muchos texanos recibieron impactos de bala que no les produjeron más que moretones.

Tras el enfrentamiento el general Cos, que había acampado al otro lado del río, envió a un comisionado con bandera blanca para que le dieran permiso de recoger a los muertos, lo que le fue concedido. Luego se replegó a San Antonio. La victoria animó a Austin para acercar sus posiciones a la ciudad.

Si Cos no las tenía todas consigo antes del primer enfrentamiento, después de esto mucho menos.

5

Fess y la gorrita de mapache
De las extrañas maneras de fundar una conciencia nacional

Frank Clement, gobernador de Tennessee, Walt Disney, Fess Parker y Buddy Ebsen

La relación de la futura guerra de Texas con Hollywood fue siempre una relación amorosa. Sobre esta guerra se han filmado más películas y documentales que sobre cualquier otro hecho bélico de la futura leyenda estadounidense. Un historiador del mundo fílmico hollywoodense, Jon Ted Wynne, recuenta sobre la batalla de El Álamo un número superior a 20 películas, más que sobre el desembarco en Normandía. Desde las prehistóricas *The immortal Alamo*, de 1911 y *Martyrs of the Alamo*, de 1915 (dirigida por Christy Cabanne y supervisada por D. W. Griffith), que caricaturizaba de mala manera a los mexicanos, pasando por *With Davy Crockett at the fall of the Alamo*, de 1926 (dirigida por Robert N. Bradbury), *Heroes of The Alamo* (1937, dirigida por Harry L. Fraser), *The Alamo: Shrine of Texas liberty* (1938, dirigida por Stuart Paton), *Man of conquest* (1939, dirigida por George Nichols), una de las películas más caras de su época, hasta *The man from the Alamo*, de 1953 (dirigida por Budd Boetticher), con Glenn Ford haciendo un personaje basado en la rumorosa historia de un desertor llamado Louis Rose.

Pero la pieza clave inicial en la construcción legendaria de lo que aquí vamos a contar sería *Davy Crockett: King of the wild frontier*, dirigida por Norman Foster, tercera parte de una miniserie televisiva emitida el 23 de febrero de 1955 y realizada por Buena Vista, una empresa del grupo Disney.

Un film disneyiano y por tanto bastante pueril, hijo de la guerra fría y de su retórica, con un Crockett modélico al nivel del absurdo interpretado por Fess Parker y pensada para un público infantil, captó no solo a éste sino a los adultos y a los adultos que serían esos niños cuando crecieran. La película culminaba con Fess Parker con su gorrita de mapache repartiendo mandobles, con su rifle descargado y tomado del cañón, a decenas de soldados mexicanos poco antes de que se produzca el desvanecimiento al negro en la pantalla y luego a una bandera texana que ondea con su estrella solitaria (bandera que por cierto nunca ondeó en El Álamo). Se trataba de impedir que los niños se perturbaran viendo la carnicería que los mexicanos harían de su héroe.

Se había creado un, como diría Kaufman, «héroe suave y decente hasta el grado de lo naíf». El *New York Times* diría al paso del tiempo que fue «el show más influyente en Estados Unidos por las siguientes dos décadas»; «Un fenómeno nacional», añadiría uno de los compradores de la película años más tarde.

Fess Parker vestido de David Crockett (versión Disney) recorrió en tareas promocionales 42 ciudades de Estados Unidos, 13 países y fue la atracción principal en la apertura de Disneylandia en 1955.

Curiosamente en ese mismo año se estrenaría sin mayor gloria *The last command*, dirigida por Frank Lloyd, con Sterling Hayden, uno de los actores más interesantes de Hollywood —que por cierto odiaba la actuación—, haciendo un protagónico Bowie «decente» y un año después llegaría a los cines *The first texan*.

Ambas películas pasarían desapercibidas y en cambio el futuro mito *alamoísta* tendría su sustento físico, su imagen adorada: David Crockett con gorra de mapache.

¿Pero el signo singular, propio, esa coqueta gorra de piel de mapache cuya cola colgaba sobre la nuca, realmente existió? Sin duda la gorra original, que se hacía despellejando a un mapache y conservando su cabeza, piel y cola, fue un sombrero distintivo de algunas tribus indias y pasó a los pioneros que comenzaron a establecerse en Tennessee y Kentucky. El que Crockett en la batalla de El Álamo usara una gorra así fue sugerido por un testimonio muy poco fiable, el del sargento Félix Núñez, que identificó a un personaje durante el combate: «Vi a un estadounidense alto que tenía un abrigo largo de *buckskin* (algo así como una piel amarillenta que supuestamente era de venado y la mayoría de las veces de oveja) y una gorra redonda de piel de zorro, con su larga cola colgando a la espalda».

Eric von Schmidt cuenta que David Crockett nunca mencionó haber usado una gorra de mapache y la única referencia que existe al respecto es la de un periodista en Memphis de que cuando Crockett salía para Texas lo vio con una. Walter Long concluye: «Probablemente nunca usó una gorrita de mapache en su vida».

Hubiese o no existido en realidad la gorrita de mapache, lo cierto es que ahora sí existía. Decenas de millares de ellas, manufacturadas por el equipo de *merchandising* de las empresas Disney, se vendieron en los siguientes meses. El precio de la piel de mapache subió de 25 centavos la onza a ocho dólares y el pobre animalito estuvo a punto de extinguirse. *USA Today* registraría que el fenómeno Crockett- Parker, solo superado posteriormente por el rey Elvis, llegó a niveles de locura y que hubo días en que llegaron a venderse 5 mil gorritas de mapache, junto con miles de copias en madera del rifle, relojes, loncheras, piyamas y hasta barbacoas. Las cifras a lo largo de 1955 oscilaron entre 100 y 300 millones de dólares en ventas.

Los tiempos han pasado y la película resulta excesivamente naíf para los hijos de *La guerra de las galaxias* y en tiempos de *Avatar* en tres dimensiones, pero puede comprarse en Amazon a un dólar y 61 centavos. La película ha muerto, pero el mito prevaleció.

6

El fortín

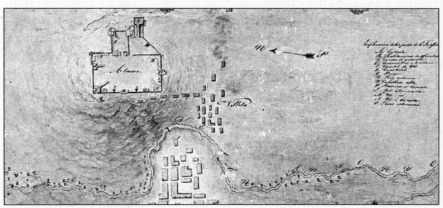

Fragmento del plano de Labastida

En las afueras de San Antonio, más o menos a 550 pasos del pueblo, la vieja misión de El Álamo estaba abandonada, no era más que un enorme corral con las paredes de piedra recubiertas de adobe. Cuando la certeza de que las tensiones iban a desembocar en un choque militar estaba sobre la mesa, el general Cos ordenó que se fortificara. Los coroneles Domingo de Ugartechea y José María Mendoza dirigieron la construcción de las defensas durante la segunda quincena de octubre y los primeros días de noviembre, usando a las tropas del Batallón de Infantería Morelos y las compañías de caballería Álamo de Parras y Béjar. Se fortificó con rampas terraplenadas para la artillería, se hicieron troneras, se limpiaron y adecuaron los interiores de las casas, utilizando a veces materiales de la iglesia semiderruida, formando un extraño fuerte casi rectangular; pero como dice Stephen L. Hardin: «para los estándares de la época El Álamo no era ciertamente una fortaleza. Carecía de fuertes puntos de apoyo (semilunas, bastiones, baluartes, revellines, saledizos) [...] para defenderse de un asalto». «No resistiría fuegos de flanco», añadiría en esos años el teniente coronel De la Peña.

Kevin R. Young, en un divertido artículo que se titula «¿Dónde estaban los baños?», registra que se conoce la existencia de al menos cuatro planos de la misión convertida en fortaleza: el de Green

B. Jameson, desaparecido y reconstruido posteriormente; los dos del teniente coronel José Sánchez Navarro, que era miembro del estado mayor de Cos, y finalmente el que realizaría unos meses más tarde el oficial de zapadores mexicano Ygnacio Labastida. Sánchez Navarro realizó un dibujo muy meticuloso del fortín y además de dar las indicaciones de posición lo culminó con el siguiente texto, en el que sobraba voluntad patriótica y faltaba ortografía:

«El que bea este diceño no bea en bano/ Que, aunque mal delineado, le recuerda/ (Si tiene en algo el nombre Mejicano/ Y quiere que tal nombre no se pierda),/ Que á Texas marche, y con robusta mano/ Haga que el vil colono el polvo muerda,/ Hasta que el honor Patrio, hoy ultrajado,/ Quede con sangre y fuego vien bengado».

En 2011 apareció un nuevo mapa que se había traspapelado en los archivos de San Antonio y que incluía un plano dibujado en 1849 con notas de François Giraud.

Con pequeñas diferencias las versiones coinciden. Pero la precisión enloquecerá a los estudiosos *alamoístas*, esos futuros perseguidores del número de plumas en las alas de los ángeles. ¿Estaba el corral más o menos a la izquierda? ¿El hospital estaba en este edificio o en aquel? ¿Dónde estaba la cárcel?

Casi 150 años después, en 1978, aparecieron los arqueólogos. Anne Fox dirigió excavaciones en la zona norte del emplazamiento y confirmó que las paredes eran de piedra y no adobe como algunos pensaban. Apareció una trinchera dentro del fuerte y las posiciones para la artillería.

Con todos estos materiales, a los que se suman muchas crónicas, más una detallada descripción que dejó el general Filisola, más la descripción que dejó Reuben Marmaduke Potter entre 1860 y fines de la década siguiente, es posible reconstruir con mayor o menor precisión lo que era el fuerte de El Álamo a fines de 1835:

El resultado es, como bien dicen Eric von Schmidt y Bob Reece, tres etapas arquitectónicas que se solapan una a otra; la misión, el presidio y el fuerte. Estaba formado por un gran rectángulo imperfecto con una amplia plaza de armas en el centro, que tenía su entrada principal al sur y las partes más largas al oeste (140 metros) y al este (165 metros), donde estaba la iglesia que Filisola describiría como: «Esta iglesia que nunca se llegó a construir, estaba destechada, pero sus paredes de piedras labradas y de cal se mantienen en el mejor estado». Del lado oeste, la parte trasera de los edificios utilizados originalmente como cuartel por los soldados de la compañía de Álamo de

Parras servían como muro: paredes de piedra de tres a siete metros de altura recubiertas de adobe, de un metro o más de espesor. Partiendo de la iglesia había apoyado al primero un rectángulo menor que tenía a espaldas de los muros del convento un corral de estacas. El Álamo estaba levemente elevado sobre la tierra que lo circunda y los ingenieros zapadores de Cos intentaron aprovechar esto construyendo una serie de elevaciones con tierra a las que se accedía por rampas, para instalar cañones.

No era una gran fortificación, pero aunque la mayor parte de las tropas de Cos permanecieron en el centro de San Antonio, El Álamo se presentaba como una opción para una resistencia más larga.

7

El Generalísimo

Santa Anna

Se llamaba Antonio López Pérez, aunque le gustaba que oficialmente se le conociera como Antonio de Padua María Severino López de Santa Anna y Pérez de Lebrón; por falta de nombres no habría de quedar. Descendiente posiblemente de gitanos portugueses (aunque otros dirán que de gallegos de Orense), tenía además entre sus ilustres apellidos un «Lebrón» que debería ser una corrupción del francés Lebrún. Mucho nombre se había puesto, aunque la verdad debía haber sido bastante más simple: Antonio López Pérez, por parte de madre y padre. Nacido en Jalapa en 1794, era novohispano, veracruzano y mexicano, por ese orden, y era el hombre que gobernaba México.

A los 14 años se enlistó como cadete en el ejército realista, rehuyendo las intenciones de su padre de dedicarlo al comercio («No he nacido para trapero») y combatió a los insurgentes. Su primera herida la recibió en 1811 de una flecha disparada por un indio de una de las tantas guerrillas insurgentes que no han pasado a la historia, las tropas de Rafael, que casi hubo de costarle la mano. Mano que estuvo a punto de perder posteriormente porque falsificó una carta de su coronel para hacer una estafa y en aquella época ciertos delitos se cobraban con rigidez salvaje. Siendo militar realista persiguió con saña a la guerrilla del insurgente Guadalupe Victoria, que habría de ser el primer presidente del México independiente.

Santa Anna abandonaría las fuerzas del imperio colonial para pasarse a la tropa del Plan de Iguala de Iturbide, que lo nombrará coronel. No le será fiel eternamente y terminará en un segundo chaqueteo dejando solo al emperador y proclamándose republicano; las malas lenguas, que en la biografía de Santa Anna serán su eterna compañía, dirán que le cobró a Agustín de Iturbide que le hubiera bloqueado el paso a la cama de su hermana, Nicolasa, princesa del imperio.

Será en la naciente república donde vaya adquiriendo su fuerza como militar y su prestigio como líder. En el gran vacío político que deja la desaparición de los numerosos cuadros de la independencia muertos en diez años de terrible guerra, el desastre de la falsa salida imperial iturbidista y la posterior vida frágil de la titubeante y dividida república, Santa Anna asciende, se eleva, se vuelve útil e indispensable. Irineo Paz dirá: «El gran Santa Anna, que por fuerza tenía que ser grande cuando lo rodeaban tantos pequeños».

En junio de 1829, siendo gobernador de Veracruz, se produce la expedición de Barradas para restaurar la monarquía española en México. El español viene acompañado de un pequeño ejército de 2 mil 700 hombres. En septiembre, tras muchos titubeos porque prefiere las conspiraciones a los combates abiertos, Santa Anna, con el general Terán, atacarán a Barradas en Tampico y en doce horas tomarán la plaza y lo obligarán a capitular.

Hombre dado a la parranda, sus amores eran las peleas de gallos, los juegos de cartas y las mujeres, muchas. Sus contemporáneos, que eran bastante malignos, decían que era adicto a las tres «B»: la baraja, la botija y la berija (discúlpese la ortografía de la época, necesaria para hacer cuadrar el chiste).

Zamora Plowes, autor del libro más lúcido sobre el santanismo (*Quince uñas y Casanova aventureros*), contaba que el eterno general decía de sí mismo que solo había leído un libro. Nunca sabremos cuál, y menos aún por qué. Y lo retrataba de la siguiente manera: «Una cabellera negra ensortijada, peinada de atrás hacia delante, con tufos chulescos sobre las sienes. La nariz semiaguileña, algo arremangada y el labio inferior colgante, revelaba su sensualismo. El gesto de la cara era inteligente, firme pero benévolo; sus maneras graciosas, su pronunciación veracruzana». Habría que añadir que rebasaba el metro setenta y cinco de estatura, de piel color oliváceo, frente amplia, ojos negros.

Santa Anna llega al poder presidencial como liberal en mayo del 33 («no obstante carecer de la edad que la ley requería»), aunque pronto se retirará y dejará al más liberal Gómez Farías, su vicepresidente, a cargo de los asuntos de la nación para irse con licencia a Veracruz. Sale de su hacienda de Manga de Clavo en el 34 para tumbarlo al grito de «libertad y fueros», que ocultaba una propuesta centralista y clerical («contra la libertad mal entendida», dirá Irineo Paz que SA dijo), con el ejército como garante.

Un anónimo pasquín liberal que circulaba en la capital decía de él: «el camaleón sin segundo que en la revolución en México ha mudado de color a cada paso, el hipócrita más descarado que después de ser ateísta e impío quiere ahora pasar por cristiano católico». Fortalecerá su fama de hombre duro dirigiendo la represión a sangre y fuego contra los sublevados de Zacatecas en 1835.

¿Es un hombre enamorado del poder? Sí, pero solo de algunas de sus formas. Prefería las del halago, el desfile y la guerra; no las de la administración y el dominio del país cotidiano, al que frecuentemente renunciaba para recluirse en su hacienda con la hamaca y los gallos.

No tardará en dejarle la presidencia a Miguel Barragán, un exrealista de 50 años bastante anodino, muy religioso, para que gobierne en su nombre y bajo su sombra.

En 1835 Antonio López de Santa Anna le escribirá a su esposa: «*Nada me gustaría más que volver a Manga de Clavo para estar al pie de tu lecho pero tengo la desgracia de gobernar un país sin pies ni cabeza, donde nadie sabe dar un paso sin mi aprobación. Oficialmente, el general Barragán ocupa la presidencia, pero no detenta el poder, porque todos acuden a mí para tratar los asuntos del Estado... ninguno tiene los pantalones para tomar una decisión. Los generales no dejan de importunarme con sus intrigas, el clero me abruma... ¡Dios mío, qué difícil es servir a la patria!*».

8

La columna sale hacia el norte

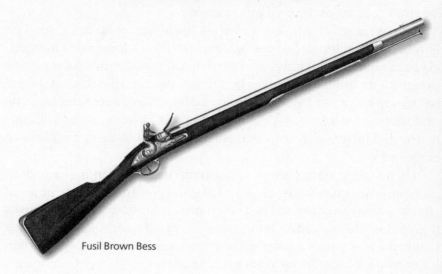

Fusil Brown Bess

Había, se creía, seis millones de mexicanos, el cometa Halley surcaba los cielos, la superstición lo asociaba con Moctezuma que vio en él la caída del imperio azteca y por lo tanto se auguraban los peores de los males para México (como de costumbre, porque en esto de predecir catástrofes los mexicanos nos pintamos solos), que había salido desangrado de una guerra de independencia culminada tan apenas quince años atrás; país dominado por las deudas, el analfabetismo, el clero, los agiotistas y los militares.

En la capital de esta república, el 17 de noviembre de 1835, proveniente de su hacienda de Manga de Clavo, apareció fulminante, todo energía, todo resolución, Antonio López de Santa Anna, pero no para reasumir la Presidencia de la República ante la crisis texana, sino a la busca de «los azares de la guerra» y no de «la vida seductora y codiciada de palacio», según diría en sus memorias.

«En mi edad ardiente, dominándome una noble ambición, cifraba mi orgullo en ser el primero», dirá de sí mismo, acostumbrado a una glotonería verbal que terminará creyéndose. ¿El primero en qué? Rápidamente, se instala en el palacio arzobispal en Tacubaya y anuncia que dirigirá la campaña militar en el norte.

Es curioso este dictador que no dicta, que renuncia a la presidencia para irse a jugar en las peleas de gallos en Veracruz o bailar fandangos, al que no le interesan despachos oficiales, órdenes y oficinas, crisis y trámites, y que si se siente enormemente atraído por el poder —y eso lo mostrará infinitas veces a lo largo de su vida— no será por las rutinas de un poder civil que lo aburre.

La guerra se levanta sobre el oro y los billetes y no hay dinero en la tesorería nacional. Supuestamente existía un fondo de emergencia para combatir una invasión extranjera, pero cuando Santa Anna preguntó de qué tamaño era, le dijeron que tan solo 10 mil 34 pesos tenían en caja. El Generalísimo estaba iracundo, enfurecido, «de un humor de mil perros», contarán los que lo frecuentaban. El ministro de Hacienda dirá solemnemente: «Todo lo de la nación está empeñado».

Un par de semanas antes, el gobierno de Barragán había pedido un empréstito consistente en ofertar bonos por un millón de pesos al cuatro por ciento mensual por cinco meses, hipotecando los futuros ingresos del fisco, dando las minas de Fresnillo como garantía, suspendiendo los pagos a los prestamistas y agiotistas que controlaban los ingresos aduanales en Veracruz, Mazatlán, San Blas y Guaymas, y fijando un nuevo impuesto a la propiedad urbana del uno por ciento. Los fondos no se obtuvieron, los prestamistas chocaron con el gobierno amenazándolo y los arrendatarios no pagaron. Quince días más tarde, comunicaciones como la que informaba que la aduana de Matamoros no podía recaudar los fondos eran comunes.

Aun así el Generalísimo comienza a darle forma a la columna que lo acompañará al norte. En principio se encuentra con que no puede disponer de más de 2 mil hombres, la mayoría soldados de leva y de dos batallones veteranos, el de Toluca y el de Zapadores. Desoye el llamado del ministro de Guerra, José María Tornel, de crear una milicia nacional, basada en combatientes voluntarios organizados por regiones, y sigue sumando fuerzas a las que se añadirán la que ya se encuentra en Texas y la columna que quince días antes fue formada por el gobernador de Zacatecas, Ramírez y Sesma, que ya avanza hacia Saltillo.

¿Qué tiene entre las manos Santa Anna para formar el ejército de operaciones? ¿Qué puede organizar? Lo que es claro es que no confía en su cuñado el general Cos para acabar con la secesión texana.

El ejército mexicano en esos años era el producto directo del militarismo ineficaz que habían dejado los cuartelazos de 1832 y 1833. Vito Alessio Robles lo definirá en tres palabras: «Corrupción e ineptitud». Formado fundamentalmente por soldados de la llamada leva, capturados en pulquerías y sacados de las cárceles, hombres perseguidos por deudas, a los que se sumaba obligatoriamente al ejército y que el coronel De la Peña calificaba como «padres de familia que no son los mejores soldados [...] hombres que esperaban en el calabozo el castigo de sus crímenes».

Soldados que integraban una infantería sin entrenamiento (la mayoría de ellos dispararían por primera vez en su vida en esta campaña), que en el mejor de los casos avanza en masa y dispara descargas de volea, una descarga cerrada sin precisión. La compañía de Tamaulipas en Laredo tenía un tercio de los hombres, pésimamente montados y poco menos que desnudos; la presidial en Lampazos no tenían apenas armas ni mucho menos caballos; sin embargo abundaban las bandas de guerra y los uniformes lujosos en la capital. Los oficiales, según José Joaquín Pesado, estaban «llenos de galones, bordados, plumas, rizos y aguas de olores, adornando los teatros, las procesiones, los paseos», cuando no estaban haciendo negocios turbios con los haberes de la tropa, vendiendo pasturas o robándose material de la intendencia.

Cuando al ministro de Guerra Tornel lo criticaron por lo precario del ejército, respondió que no era cierto y que solo le faltaba al ejército de operaciones «la ópera italiana para ensalzarlos». Sin embargo, cuando se intentó crear los hasta entonces inexistentes servicios médicos, no hubo voluntarios y se prescindió de ellos en lo fundamental.

Si la calidad de la tropa es muy mala, la de los mandos no es superior. Santa Anna, con su retorcido sentido del humor, le confesaba a José Fernando Ramírez que «en cualquier otro ejército los generales del ejército mexicano —incluido él— no pasaban de ser cabos». Se trata de coroneles y generales que no han vivido desde la fila de los insurrectos la guerra de independencia culminada quince años atrás, que habían hecho armas primeras del lado imperial español y solo al final cambiaron de bando sumándose a la independencia, que no tienen las motivaciones ideológicas ni la larga experiencia insurgente, ni la tenacidad ni la conciencia nacional de los viejos guerrilleros; en su enorme mayoría eran hijos del imperio de Iturbide y del ejército regular colonial español, como el propio Santa Anna.

Lo es su compadre Vicente Filisola (nacido en 1789), al que dará el día 18 de noviembre el cargo de segundo jefe. Italiano en el ejército español, se suma al Plan de Iguala y será segundo de Iturbide, que lo nombra general. Imperialista en México, general en el imperio, activo hasta el 33 en que se retira por enfermedad, recuperado por Santa

Anna en 1835. Curiosamente, este segundo jefe del ejército de operaciones también era socio de una de las empresas latifundistas de Texas con Austin, Williams, Beale y Reynolds. Los retratos de la época lo muestran con los ojos muy juntos en un rostro bobalicón y cubierto con uniformes muy pomposos; hombre titubeante y hecho para seguir a un caudillo, no para tomar iniciativas.

A cargo de la retaguardia profunda desde la ciudad de México Santa Anna tendrá al ministro de Guerra, José María Tornel (marzo de 1795): un veracruzano, de origen insurgente, que fue secretario de Guadalupe Victoria y del propio Santa Anna, periodista, masón lancasteriano; exgobernador del Distrito Federal, traductor de Lord Byron, embajador en Estados Unidos (1830-1831); ideólogo del santanismo y hombre de todas sus conspiraciones. Acusado de chaquetero e incongruente, después denunciado públicamente de haber desviado fondos destinados a la guerra de Texas para construirse una casa suntuosa. Un general que, como decía De la Peña, «no había visto jamás el aspecto horrible de un campo de batalla».

En aquel ejército repleto de oficiales superiores iban también el general habanero Antonio Gaona, «gárrulo y vanidoso», de 43 años, que había combatido a los insurgentes durante una década antes de apoyar el Plan de Iguala; el general de caballería tamaulipeco Ventura Mora, de 43 años; el coronel nacido en Cádiz José Vicente Miñón, de 34 años; el ayudante de campo de Santa Anna, el coronel Manuel Fernández Castrillón, con una mata de pelo rizado y blanco, educado, de voz sonora, que pecaba de arrogante y autoritario; el coronel Francisco Duque; el coronel Nicolás de la Portilla, también santanista de pro; el coronel poblano Juan Morales, de 34 años, cadete con Agustín de Iturbide; el singular coronel Juan Nepomuceno Almonte, el ya mencionado hijo de Morelos, al que su padre había enviado al exilio para protegerlo durante la guerra de independencia: se había unido al golpe de Santa Anna contra Iturbide. Autor en 1834 de un reporte secreto a la Secretaría de Guerra sobre Texas, había también publicado un informe estadístico sobre las condiciones locales, producción, caminos, asentamientos, clima. Almonte habría de jugar el papel de guía real de la expedición.

Aunque la mayoría de ellos habían sido realistas, estaban también dos franceses que participaron en las filas insurgentes con la expedición de Francisco Javier Mina: el coronel Adrian Woll y el general Juan Arago, 48 años, nacido en los Pirineos, masón yorkino y liberal.

Entre los que marchaban de avanzada, dos generales, Joaquín Ramírez y Sesma, del que José C. Valadés diría que «gustaba del juego, de la orgía y del dinero», tenía la mancha de haber combatido a los insurgentes y maltratar a Vicente Guerrero (la frase «con el negro pellejo de Guerrero se haría un buen par de botas» se le atribuye cuando éste estuvo preso en Oaxaca y Sesma era gobernador allí), y el general José de Urrea, de 38 años, de grandes patillas y facha lupina, nacido en el presidio de San Agustín de Tucson, que también en su juventud había combatido a los insurgentes y luego apoyado el Plan de Iguala. Urrea sería convocado a la campaña cuando se encontraba combatiendo a los apaches en Durango.

Casi todos estuvieron con el Ejército de las Tres Garantías cuando en 1821 se consumó la independencia; juntos reunirían en años posteriores un buen prontuario de asonadas, golpes militares, represiones. La variedad de orígenes, típica de los criollos que componían las élites del primer México independiente, dio paso a que en una enciclopedia estadounidense, muchos años después, se pudiera leer: «Muchos de los oficiales de Santa Anna eran mercenarios extranjeros veteranos» y el *alamoísta* Lee Paul añadiría entre los «extranjeros», después de calificarlos como «aventureros de Europa y América», a un tal Johnson de Illinois, «mortal francotirador». No hay tal, podían ser un montón de militarotes ineptos, pero eran mexicanos de aquel país difícilmente reunido y más difícilmente mantenido en pie; ninguno se había unido al ejército para participar en esta campaña.

Los *alamoístas* contarían que el ejército de Santa Anna estaba equipado con fusiles comprados a los británicos después de la independencia, los Tower Musket Mark III, también llamados «Brown Bess», anticuados en esos momentos y que no tenían un alcance preciso más allá de los 50 metros, y con algunos Baker capturados a los españoles en la expedición de Barradas; éste era un rifle diseñado por Ezekiel Baker y usado por los ingleses en Waterloo que tenía mayor alcance (unos 150 metros), cuya mayor virtud era una bayoneta de casi 60 centímetros. El dato era cierto, había Brown Bess y Bakers, pero no se decía que la mayor parte del armamento era prehistórico material de la guerra de independencia con la excepción de, según José C. Valadés, «unos centenares» de fusiles ingleses. A esto hay que añadir cuatro cañones obuses de 178 milímetros, siete cañones que disparaban balas de 1.8 kilos, cuatro de 2.7 kilos, cuatro de 3.6 kilos y dos de 5 kilos.

¿Por qué Santa Anna no hizo la campaña por mar? De Veracruz a un puerto de la costa texana con posibilidades de desembarco, como por ejemplo La Bahía, también llamada Goliad, o hasta la frontera cerca de Matamoros; algunos de los oficiales así lo habían sugerido para evitar una larguísima marcha con pésimas comunicaciones, cruzando ríos, grandes extensiones desérticas, sin posibilidades reales de buenos abastecimientos. Pues básicamente porque Santa Anna quería hacer marchar un ejército por el centro del país, mostrar su poderío en territorio mexicano. El coronel De la Peña criticará la ausencia en la expedición de los mencionados servicios médicos y también la de trenes de pontones para pasar los ríos.

El 28 de noviembre de 1835 el ejército sale hacia el norte. En la ciudad se piensa que la expedición era «pintoresca», que bien podría Santa Anna para combatir a un grupo de aventureros en Texas dejarle el mando del ejército a un general menos significado. Bustamante será más cáustico y cuenta que el Generalísimo se va, «dejándonos bien desabridos con las locuras que haría en la expedición».

Vestido con un abrigo que algunos llamarían guardapolvo o levita verdosa que lo hacía parecer un tendero, un leguleyo, aunque con un baúl donde lleva varios uniformes entorchados (Valadés dirá que el curioso personaje «era desafecto a los uniformes»), el presidente que no lo es, el ministro de Guerra que no lo es, el general del ejército de operaciones sobre Texas sale en un carruaje con una escolta de 50 oficiales que serán distribuidos entre las fuerzas que se irían formando en el viaje. Lo acompaña un carromato del proveedor del ejército con 30 mil pesos en moneda, la tropa y muchas mujeres y niños.

9

Milam

Ben Milam

Ben Milam (1790) era un virginiano que, a diferencia de la mayoría de los colonos establecidos en Texas, era católico de verdad y no un *cambiacasaca*; se había convertido y bautizado en Kentucky; extrañamente era también un masón de alto rango. Había estado involucrado en mil y una revueltas y conspiraciones desde épocas previas a la independencia de México: en 1819 intervino en la expedición pirata fallida de Long y tuvo que huir a Nueva Orleans. Volvió a intentarlo, en la lógica de crear una república independiente en Texas con 75 hombres en 1821; fracasó y encontró en la independencia de México promovida por Iturbide una salida. Cuando su amigo Trespalacios fue nombrado gobernador de la nueva provincia de Texas y asesinó a Long, Milam participó en un complot para vengarlo y siendo descubierto fue a dar a la cárcel, donde Iturbide ordenó su fusilamiento, pero la intervención del embajador estadounidense Poinsett lo impidió y fue liberado en el otoño de 1822, regresando a Estados Unidos.

Sabiendo que se preparaba un alzamiento contra el imperio, viajó en un pequeño bote hasta Veracruz, donde se unió a un ambicioso militar que comandaba la guarnición, llamado Santa Anna; con él combatió en México hasta la caída de Iturbide. Vivió en la ciudad de México hasta 1825, cuando el gobierno le concedió una dotación amplia de tierras en el noreste de Texas, en el condado de Red River, aquel extremo de la provincia que hacía frontera con Estados Unidos, donde se estableció en 1826. Se había traído consigo el derecho para operar un bote fluvial de vapor, aunque como muchos de los colonos de la primera época, más bien se dedicó a la especulación de tierras, comprando y vendiendo terrenos cuya única realidad se encontraba en el papel y participando en varios proyectos de colonización con emigrantes estadounidenses y firmas inglesas.

Al inicio de 1835 estaba envuelto en una disputa legal y viajó a Monclova para representar sus intereses. Allí lo sorprenderá el alzamiento centralista de Santa Anna y estará involucrado en un fallido levantamiento del gobernador Viesca contra la dictadura. Milam regresaba a Texas cuando fue capturado y Santa Anna decidió enviarlo a San Juan de Ulúa, la cárcel con la peor fama de México. Se fugó en Monterrey gracias a sus amistades con oficiales del ejército mexicano y el 9 de octubre de 1835 se cruzó con un grupo de rebeldes que iba dispuesto a atacar Goliad. En este nuevo levantamiento, Milam parecía haber encontrado el destino que aparentemente lo estaba persiguiendo.

10

La toma de San Antonio de Béjar

Plaza central de San Antonio de Béjar

Según el coronel Sánchez Navarro, San Antonio de Béjar a fines de 1835 era un pueblo de no más de 2 mil 500 habitantes, casi todos ellos mexicanos (aunque Potter y otros autores hacen crecer la cifra hasta 7 mil). Estaba construido en torno a una plaza principal, en la que se encontraban el ayuntamiento y la iglesia y de la que salían cuatro calles en forma de cruz; la ciudad se completaba con los barrios y los presidios situados en las afueras: El Álamo y la Villa de San Fernando, y un poco más lejos los barrios de chozas: La Villita, Laredo. El centro tenía 700 metros de diámetro y en su mayoría estaba formado por viviendas de adobe y unas cuantas casas de piedra.

En el momento del choque todas las calles que llevaban a la plaza estaban cubiertas por barricadas en las que se colocaron piezas de artillería, lamentablemente servidas por voluntarios, porque en la tropa de Cos no había artilleros; las casas de piedra estaban fortificadas.

Los rebeldes se habían ido aproximando a la población desde finales de octubre ante la sorprendente pasividad del general Martín Perfecto de Cos. El 1 de noviembre Stephen Austin demandó la rendición de la plaza, Cos rechazó la oferta. Austin movilizó su caótico ejército de irregulares desde la misión de La Concepción hacia San Antonio el 2 de noviembre y se aproximó hasta acampar en el río San Antonio, en el noreste de la ciudad. Se organizaron patrullas para impedir la llegada de refuerzos o abastos. Dos días después, Austin demandó a Cos la rendición de la plaza por segunda vez; el general mexicano lo ignoró y los rebeldes se acercaron a una zona llamada los Molinos de Zambrano a un kilómetro de la ciudad; hasta ese momento solo se habían producido escaramuzas insignificantes.

Ese día un consejo de guerra votó por 44 a 3 en contra de atacar la ciudad. ¿A qué se debían tantas dudas? De uno y otro lado la cautela dominaba a los jefes. Cos no entendía qué era realmente lo que tenía enfrente y Austin estaba preocupado por la calidad de los voluntarios texanos y estadounidenses, muchos de los cuales llegaron en un «estupor alcohólico» al campamento. Ese mismo día pidió ser relevado de la dirección militar del movimiento y lo volvió a hacer sin resultado el 6 de noviembre; un general mexicano que no quería actuar y uno anglotexano que lo único que pedía era renunciar.

Desde el 1 de noviembre, a 235 kilómetros al noreste, se había reunido en San Felipe una convención de representantes de las municipalidades texanas. Se hallaban presentes delegados de Austin, Gonzales, Biseca, Liberty, Matagorda, Washington-en-el-Brazos, Nacogdoches, Mina, Bevil, Columbia, San Augustine y Harrisburg. La convención produjo el día 7 una declaración y creó un gobierno provisional. Es curiosa la poca importancia que los historiadores estadounidenses han dado a los pasos formales de declaración de guerra, pareciera que aceptan que se trata de una ola de acciones impulsadas desde abajo las que llevan el mando del proceso en aquellos días. Mientras tanto, sin que Cos pretenda tomar la ofensiva, en el campo rebelde se producen definiciones y el 7 de noviembre, tras la declaración de los alcaldes de estado de guerra, Austin es desplazado de la dirección del movimiento, Sam Houston es nombrado jefe del ejército pero sobre el terreno, en las afueras de San Antonio, es Edward Burleson, un propietario sin mayores luces ni méritos más allá de su pasada experiencia en las guerras indias, quien actúa como jefe.

La declaración dice a la letra que dado que «Santa Ana, asociado con otros gefes militares han destruido por medio de la fuerza armada las Instituciones Federales de la Nación Mejicana, y disuelto el pacto social que existía entre el Pueblo de Texas y las demás partes de la confederación Mejicana, el buen Pueblo de Texas, usando de sus derechos naturales, declara solemnemente [...] que ha tomado las armas en defensa de sus derechos y libertades», ratifica su adhesión a la Constitución de 1824, y «se considera con derecho de separarse de la Unión a Mejico durante la desorganización del Sistema Federal y el régimen del despotismo», y que «recompensará con donaciones de tierra y los derechos de ciudadanía a los voluntarios que prestasen servicios en la presente lucha. Esta es la declaración que profesamos delante del mundo, llamando a Dios por testigo de la sinceridad de nuestras intenciones, invocando su maldición sobre nuestras cabezas en el caso de faltar a ella por doblez o intención dañada».

¿Y qué pretendía realmente el «buen pueblo» anglo de Texas? Smithwick dirá: «Algunos estaban por la Constitución de 1824, otros por la independencia, otros por nada, pero todos estaban dispuestos a luchar». ¿Lo estaban todos? ¿Quiénes eran los todos? Los anglotexanos de las colonias del noreste no parecían estar demasiado dispuestos, los texano-mexicanos se mantenían al margen. ¿Quiénes, entonces? Sin duda una parte importante de los colonos del sur y la oleada de voluntarios que llegaba de Estados Unidos.

El gobernador Smith, mientras se está librando la batalla, emite varios decretos para conseguir dinero, uno de ellos es un impuesto de un dólar por cada esclavo. Mucha Constitución del 24, pero en materia de esclavitud, mejor ignorarla. Y fija nuevos repartos de tierras para aquellos que se unan al ejército. Nombra intermediarios y contratistas para abastecer al ejército con compras en Estados Unidos que habrían de ser entregadas en San Felipe; la lista parece bastante absurda porque, aunque incluye casi 500 kilos de café, 333 chalecos y 666 pares de calcetines, solo añade 20 hachas y dos docenas de sables. En la siguiente semana se ordenará la compra de fusiles y cañones, pólvora, balas, tambores y pífanos así como «2 mil uniformes grises», café, whiskey, coñac, oporto y tabaco de mascar de Kentucky.

El 9 de noviembre se produce un choque entre la guarnición texana de Goliad y una columna mexicana a la que derrota. Durante el resto de noviembre, dudas y espera. Stephen L. Hardin resume correctamente lo sucedido en el terreno militar: ha pasado «un mes de confusión, desorden e indecisión». Pero si así ha sido para los rebeldes, más aún lo será para el cercado Martín Perfecto de Cos que ha optado por rehuir el choque militar a la espera de la llegada de refuerzos: una columna dirigida por el coronel José Juan Sánchez que debería enlazar con Ugartechea, al que Cos envió a Laredo (a 300 kilómetros) para cubrirlo y guiarlo.

El 26 de noviembre Deaf Smith, «el Sordo», nacido en el estado de Nueva York en 1879, casado con una texano-mexicana, uno de los pocos anglotexanos que hablaban bien el español y que a pesar de ser sordo era experto en rumores, llegó al campamento rebelde gritando a todo aquel que quisiera oírlo que un convoy se acercaba a San Antonio con la plata para pagar a la tropa. La historia produjo gran sensación y Jim Bowie se lanzó a confrontarlos con un centenar de jinetes a los que siguieron grupos no organizados de hombres a pie, aburridos de días de espera y a la busca del botín. El convoy mexicano no traía plata, se trataba de un grupo de forrajeadores que llevaban zacate a San Antonio para alimentar a los caballos y fue interceptado cerca de la Colina del Alazán; a la primera descarga los burros que traían el pasto salieron huyendo hacia San Antonio, y la cosa no hubiera ido a más si Cos no envía desde la ciudad una compañía de infantería con dos cañones para cubrirlos. El tiroteo se generalizó y los mexicanos se replegaron hacia San Antonio con fuertes bajas (60 de ellos caerían según los texanos, que no reportaron heridos ni muertos).

Para el inicio de diciembre los sitiadores tienen 600 hombres y siguen llegando voluntarios estadounidenses, entre ellos dos compañías de Nueva Orleans de los llamados «grises» y un grupito de Mississippi. Burleson duda, hay descontento. Parece que ni unos ni otros tienen muchas ganas de enfrentarse, pero conforme pasan los días a los rebeldes no les queda otra opción que atacar o retirarse. El 3 o el 4 de diciembre la llegada de tres ciudadanos de San Antonio al campo rebelde parece obligar la toma de decisiones. Los huidos de la ciudad cuentan que Cos está convencido de que no lo atacarán y dan pormenores sobre las defensas. Ahí es cuando se produce la intervención de Ben Milam que, según las memorias de Creed Taylor, junto a Frank Johnson entra a la tienda del general Burleson, discute agriamente con él y al salir cojeando, apoyado en su bastón (en esos momentos tenía un ataque de artritis), convoca a la gente ondeando su sombrero y llama a los rebeldes a gritos: «Muchachos, ¿quiénes vienen a Béjar con Ben Milam?». Milam traza con su bastón o su rifle, nunca estará muy claro, una raya en el suelo e invita a los que quieren combatir a que crucen la raya; unos 300 hombres lo hacen.

Al amanecer del 4 al 5 de diciembre dos grupos dirigidos por Milam y Johnson van penetrando por las calles, tomando algunas casas por sorpresa, el objetivo es la plaza que está cubierta por las barricadas. Las dos columnas se mueven en la oscuridad hasta acercarse a 50 metros de la casa de Veramendi cuando un centinela los descubre y hace fuego; Deaf Smith lo mata de un disparo y toman la casa. La respuesta es un fuerte fuego de los soldados mexicanos. El grupo de Milam ocupa la casa de los Garza al otro lado de la calle. Durante la noche los rebeldes colocan sacos de arena para reforzar las posiciones.

A lo largo de todo el día 5 la situación se estanca, aunque Herman Ehrenberg registra que la confusión permitió que se infiltraran dentro de la ciudad más combatientes rebeldes y que a los disparos se unía el estruendo de los cañonazos y el sonido de la banda de guerra. La banda de guerra era mexicana, pero los cañonazos que Ehrenberg escuchó no solo salían de las barricadas de los hombres de Cos, sino de la pieza de Gonzales que fue disparada por Neill hacia El Álamo haciendo más ruido que daño.

En el interior de San Antonio la batalla se vuelve un duelo de francotiradores. Los texanos logran varias veces obligar a los soldados mexicanos a alejarse de sus cañones, que están expuestos. Durante la noche una trinchera que conecta a los dos grupos de rebeldes es cavada en la calle Soledad.

El 6 al amanecer los mexicanos han ocupado las azoteas y abierto troneras en la casa del cura y la catedral. Hacia las tres de la tarde Milam ordena la evacuación de la casa Garza. De nuevo la noche es usada para mejorar las posiciones y los texanos llevan a las suyas otros sacos de arena

Al día siguiente el ejército mexicano comienza a hacer un uso más eficaz de su artillería y montan dos baterías, una desde la misión de El Álamo y otra en la calle Comercio, que baten la casa Veramendi provocando muchas bajas entre los rebeldes.

Hacia las once de la mañana, cruzando por la trinchera que se había hecho, Milam llegó hasta la casa de los Veramendi. Sin hacer caso de la advertencia de que a través de un agujero producido por un cañonazo estaba en la línea enemiga de fuego, el coronel se dedicó a recoger balas sueltas del suelo. En ese momento un disparo lo mató impactándolo en la sien. La leyenda dice que Deaf Smith, herido ese mismo día, descubrió a un francotirador trepado a un alto ciprés cerca del río en la calle Comercio y lo mató. Si era éste el hombre que acabó con Ben Milam nunca lo sabremos. Esa noche el coronel Johnson fue nombrado jefe de las tropas que atacaban la ciudad y el mayor Morris su segundo. Se combatía no solo casa a casa sino a veces mexicanos y texanos compartían espacios en una misma construcción a metros unos de otros, lo que hacía inútil el fuego de artillería.

El incendio de una cerca que servía como barricada en el exterior de la vivienda del cura obligó a los soldados mexicanos a retirarse y combatir desde las casas de piedra, donde las troneras estaban mal hechas y no permitían el fuego cruzado; Filisola dirá que era un «fuego directo y de muy poca utilidad».

Esa noche el calor disminuyó y una lluvia insistente comenzó a caer.

El día 8 los texanos avanzan y van tomando casas, ya están prácticamente en el centro de la ciudad de cara a la plaza, ocupan la de la familia Navarro, contigua a la que sirve de cuartel al Batallón Morelos, se combate cuarto a cuarto.

Esa misma tarde se producen terribles combates por el control de la casa de Zambrano, que toman unos y otros. Finalmente los texanos la dominan y en la noche caerá en sus manos la casa del párroco, donde abren aspilleras que les permiten controlar la plaza principal.

En esos momentos Cos, viendo que en el combate callejero iba perdiendo posiciones, intentó un contraataque. La idea no estaba desprovista de sentido. Al atardecer del 8 de diciembre lanzó una columna de 600 hombres sobre el campamento de los rebeldes en un movimiento de pinza. Henry B. Dance dejó un testimonio del despliegue de los mexicanos: «Parecía que íbamos a ser engullidos por la caballería, la infantería y los lanceros, tocando más música de la que yo nunca había oído». Bastó una descarga de metralla del cañón que Neill había dispuesto, para que el ataque se desinflara y se retiraran hacia sus posiciones.

Sin embargo la derrota de los mexicanos se equilibra con los rumores de que están a punto de llegar a la ciudad 500 hombres de refuerzo. El coronel Sánchez Navarro cuenta que tras una marcha terrible en que les incendiaron las praderas para dejar sin pasto a las cabalgaduras, los refuerzos de Saltillo llegaron a San Antonio el 9 a las 6.30 de la mañana (Filisola dirá que con el toque de diana) y entraron sin problemas en la plaza. El contingente está formado por infantería, las caballerías presidiales y algunos cañones, con muchos hombres descalzos y casi sin ropas, muertos de hambre, tras una marcha agotadora. Sánchez Navarro reconoce: «¡Qué mal socorro les llevábamos! [...] [con una] tropa de tan mala calidad como la que les habíamos traído», y señala que el grupo de reemplazos «no sabía ni cargar un fusil». Para acabarla de joder, vienen sin víveres, que ya de por sí están escasos en la ciudad.

Los refuerzos entran en San Antonio, pero no conectan con los mandos del ejército mexicano. ¿Dónde se encuentra Cos en esos momentos? ¿Preparando su ofensiva contra el campo rebelde desde El Álamo?

El recién llegado coronel Sánchez Navarro se ve solo en la plaza. Se incorpora al tiroteo sin mucho orden ni concierto y «después de haber visto tirar muchos fusilazos y haber tirado yo algunos a mi entender sin objeto, pues el enemigo se abrigaba en caminos cubiertos y en casas», a las cuatro de la tarde se queda dormido porque llevaba dos días sin bajarse del caballo. Un capitán lo despierta poco después con una noticia alarmista: «El enemigo se ha apoderado de la plaza». Mientras tanto Cos decide refugiarse en El Álamo, deja de retén en San Antonio una pieza de artillería y una parte del Batallón Morelos.

A la una de la mañana del 9 al 10, Sánchez Navarro observa cómo se está organizando ese repliegue hacia El Álamo. Hay un continuo fuego de artillería y fusilería. ¿Quién dispara y a quién? Poco después se corrió el rumor de que el «general y cuatro capitanes con sus compañías han corrido». No era cierto en el caso de Cos, pero sí en los demás: al ayudante inspector de Coahuila Juan José Elguezábal le ha entrado el pánico y ha salido huyendo con sus 23 hombres. A la desbandada se sumaron los capitanes Ignacio Rodríguez, Juan Galán y Rudecindo Barragán de las caballerías presidiales de Coahuila, Tamaulipas y Bahía, arrastrando a 400 hombres (algunos historiadores estadounidenses, confundiendo compañías presidiales con compañías de expresidiarios, atribuyen a eso la desbandada).

En el fortín de la misión de El Álamo cunde el caos, a la tropa desorganizada y con grandes deserciones se han sumado muchas mujeres y niños. Cos trata de poner orden, es una noche oscura, lo atropellan en medio de gritos de «Traición, nos quieren entregar, somos perdidos». Filisola contará: «Los gritos apagaban la voz del afligido general».

La resistencia sigue en la ciudad hasta que a las seis de la mañana Cos manda a buscar a Sánchez Navarro. Unos 70 hombres aún defienden el centro de San Antonio, pero para el general la batalla está perdida. Envía al coronel con dos vecinos a negociar un alto el fuego. Pero Condelle, que dirige el Batallón Morelos, lo expulsa con amenazas y le dice que el Batallón Morelos nunca ha capitulado; los oficiales lo insultan, hasta le sueltan un balazo que falla. Sigue avanzando con bandera blanca y lo rodean los texanos, hablan inglés, que Sánchez Navarro no entiende, se les une un cura. Son las siete de la mañana, hasta las nueve aparece el comandante estadounidense Burleson, quien le pregunta si ahora es en serio, porque tres veces mandaron parlamentarios y los recibieron a cañonazos. Sánchez Navarro ofrece un alto el fuego para retirar de la zona de combate a mujeres y niños. No se aclaran. Sánchez Navarro manda al teniente Rada a ver a Cos, y quedan él y un civil apellidado Múzquiz como prisioneros. A las diez se alza en El Álamo bandera de parlamento y aparece Rada para negociar. Siguen las dudas, los gringos piensan que los mexicanos están ganando tiempo para sacar a la caballería de El Álamo. Iba y volvía Rada con mensajes de Cos; finalmente informa que éste se encuentra muy enfermo y que no han salido más tropas de la ciudad que las que habían huido, unos 300, y eran conceptuados como desertores. Burleson da órdenes de perseguirlos a caballo (¿lo ordena o solo lo simula?). Smith, que había actuado de traductor, estaba en esos momentos borracho. Las negociaciones prosiguen hasta las doce de la noche del día 10, cuando finalmente y por cansancio se llega al pacto.

El 11 de diciembre de 1835 Cos capitula entregando a los rebeldes toda la propiedad pública, 816 rifles, municiones, más de 20 cañones y se compromete a abandonar territorio texano allende el Bravo y nunca volver a tomar las armas contra ellos.

Las bajas que los historiadores estadounidenses dan de la batalla de San Antonio se encuentran sin duda distorsionadas. Se habla de 200 a 400 soldados mexicanos muertos y otros tantos heridos; según estas mismas fuentes los texanos tuvieron 2 muertos y 26 heridos. Si Cos deja el territorio con más de 800 hombres (mil 5 según Jeff Long, de mil 500 que tenía bajo su mando), si se le habían escapado previamente varias compañías, si hubo sin duda muchos heridos que tuvo que dejar atrás, si el número de desertores sueltos debe haber sido importante, si tuvo bajas en los anteriores combates, las cifras son imposibles.

Los anglotexanos festejan su primera real victoria. El «buen pueblo de Texas» ha tomado la capital de la provincia. ¿Realmente lo ha hecho? ¿Cuántos de los rebeldes son texanos? Texanos viejos o nuevos, da lo mismo. ¿Cuántos del más de medio millar de atacantes fueron mexicanos? Si juzgamos por los nombres de los oficiales (los registros nos permiten obtener 17 de ellos: Milam, Frank Johnson, Bowie, Cheshire, Lewis, Sutherland, Crane, Morris, Llewellyn, English, Landrum, Swisher, Alley, Duncan York, Gill, Cook y Patton), todos son de origen europeo o estadounidense, de los cuales la mayoría han llegado a Texas en las últimas semanas.

Para el día de Navidad el ejército mexicano había cruzado el río Grande en retirada. El general Cos, no tan elegante como había salido de México y ahora derrotado, quedará libre de responsabilidades por el desastre; su jefe superior, el general Tornel, ministro de Guerra, atribuirá el descalabro a la falta de municiones y comida (lo que era falso, porque cuando se retiraron traían 50 cartuchos por cabeza) y a que Ugartechea llegó tarde al auxilio.

11

John Wayne al rescate del mito

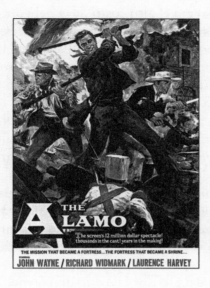

Póster de la
película dirigida
y protagonizada
por John Wayne

Cuando John Wayne, el actor más taquillero del mundo en su momento, decidió hacer una película sobre la batalla de El Álamo, estaba ajustando cuentas con su propio pasado. Randy Roberts y James S. Olson, en su libro *John Wayne: american*, recogen unas declaraciones de su hija, Aissa Wayne, que decía que la película tiene mucho que ver con que John se sentía culpable de no haberse alistado en la Segunda Guerra Mundial. «Pienso que haciendo *El Álamo* mi padre obtuvo su propia forma de combate. Más que una obsesión, posiblemente fue el proyecto personal más intenso de su carrera.» Frank T. Thompson (en *Alamo movies*) recoge las palabras de Wayne: «Mi problema es que no soy un hombre guapo como Gary Grant... que lo seguirá siendo con 65 años. Yo quizá pueda hacer algunas más de ese tipo de escenas románticas antes de que sea demasiado tarde, ¿pero después qué? [...]. Tengo que ser director, he esperado todos estos años para ser uno de ellos. *El Álamo* dirá cuál es mi futuro».

Pero la historia se remontaba muchos años atrás en el pasado del actor. Hacia la mitad de la década de los cuarenta intentó levantar el proyecto dentro de los estudios Republic y tropezó con muchas discrepancias en la manera como Herbert Yates veía la película. Entre

1950 y 1952, Wayne comenzó a buscar exteriores para lo que se había convertido ya en el fantasma de El Álamo que poblaba sus sueños. Fundó una productora que tras un primer desencuentro con su socio terminó llamándose Batjac y en 1956 llegó a un acuerdo con la United Artists. El problema central era el alto costo de la película que Wayne traía en la cabeza, se pensaba que 8 millones de dólares, una cifra muy importante para la época, eran necesarios. La United le propuso un acuerdo según el cual financiaría la mayor parte del proyecto y le permitiría dirigirla si tomaba un papel principal en el film y firmaba un contrato con la empresa para otras tres películas.

Eso lo obligó a quedarse con el papel de David Crockett y para darle seguridad al proyecto, que necesitaba de actores importantes en los estelares, tras haber desechado a Clark Gable como Travis, curiosamente el conservador Wayne eligió a un actor que venía ascendiendo en el cine británico, el judío lituano Laurence Harvey, crecido en Sudáfrica y educado en Londres, a pesar de que era conocido como homosexual. El papel de Bowie fue sugerido a Charlton Heston y a Burt Lancaster para terminar siendo seleccionado Richard Widmark.

Contaba con un guión del escritor favorito de Wayne, James Edward Grant, muy en la línea de los *westerns* que había previamente protagonizado y estaba repleto de incoherencias históricas incluso ante lo que serían las versiones canónicas estadounidenses. Entre otras muchas de las que se hablará más tarde en este libro, atrasaba la muerte de la mujer de Bowie, ignoraba su enfermedad que lo haría no participar en la batalla, aumentaba el número de acompañantes de Crockett y los hacía previamente conocidos, mostraba una inexistente carga de la caballería mexicana, situaba la batalla a plena luz del día, adelantaba la captura de Fannin por Urrea, se inventaba la voladura del polvorín del fortín, y exageraba contando que Santa Anna utilizó en el asalto 7 mil hombres.

La decisión de dónde establecer la locación no fue fácil. Se pensó primero en Panamá, luego en México, donde los costos y el reclutamiento de extras harían más barata la producción, pero esta última idea se abandonó por razones políticas cuando amigos conservadores le advirtieron que los texanos lo matarían si filmaba al sur del río Bravo una película sobre El Álamo, y probablemente los mexicanos también. Además, aparecieron algunos millonarios texanos que ofrecieron apoyo económico si se filmaba en Texas. Así, Wayne eligió el rancho de un terrateniente llamado James T. «Happy» Shanan, en las afueras de Brackettville, donde se habían filmado ya un par de *westerns*. Solo había un pequeño problema: se cambiaba el paisaje boscoso de San Antonio por el árido horizonte del occidente texano.

En diciembre del 57 comenzó la construcción de una réplica de la misión a una escala de tres cuartos del original, usando más de 2 millones de ladrillos de adobe, claro está, realizados por albañiles traídos de México; casi dos años de trabajo de carpinteros, albañiles, instaladores, pintores, para construir 20 mil metros cuadrados de edificaciones.

La película habría de filmarse en las vísperas de la elección de 1960, en medio de una ferviente fiebre anticomunista producida por el triunfo de la Revolución cubana y Wayne dejó clara su posición: quería una historia que pudiera «vender el ideal estadounidense a los países amenazados por la dominación comunista» y en el film se repite varias veces la frase «soportar la opresión o rendirse». Wayne diría más tarde que la libertad tiene que ver con los derechos individuales, pero paradójicamente haciendo la historia de El Álamo no tuvo problema en soslayar el tema de la esclavitud.

La filmación se inició con un sacerdote católico, el padre Rogers de Santa María de San Antonio, bendiciendo el proyecto y estableciendo la trilogía obligatoria: Dios, la defensa de la libertad y Texas. Durante tres meses se rodaron los exteriores llevando como fotógrafo a William Clothier y un equipo de 340 personas (sin contar a los extras) y mil 600 caballos. Randy Roberts y James S. Olson citan al actor Hank Worden, que recuerda que «había algo así como millares de serpientes de cascabel en cada milla cuadrada». El calor era opresivo. En septiembre la temperatura era ya de 29°C a las diez de la mañana, y a las tres de la tarde era de 37°C que abrasaban. La humedad era terrible, no era en absoluto el calor seco que habían esperado. Embutido en su traje de piel y con su sombrero de piel de mapache (que heredó de la película previa de Disney), Wayne vertía tan profusamente sudor que a veces tenía que cambiarse la ropa antes de ponerse delante de la cámara. No solo sudaba por el calor, el presupuesto estaba desbordado y saltaría de 8 a 12 millones de dólares, convirtiéndola en la película más cara que había filmado Hollywood. Wayne perdió once kilos y fumaba cinco paquetes de cigarrillos al día debido a la presión.

Aun así no hubo demasiadas tensiones en el rodaje, fuera de que Laurence Harvey se rompió una pierna por el retroceso de un cañón y que Wayne y Richard Widmark tuvieron un breve encontronazo sobre la manera de interpretar una escena. Quizá el peor momento fue la aparición de John Ford durante la filmación. Sin haber sido invitado, el director del que se pueden encontrar fácilmente rastros de influencia por todas partes de la película (en la manera de disponer las cámaras, el uso del humor para crear luego el contrapunto dramático) comenzó a dar órdenes y sugerencias. Wayne se libró de él enviándolo a filmar unas escenas de la caballería mexicana que nunca fueron usadas, lo cual no impidió que Ford finalmente declarara que *El Álamo* era «una de las más grandes películas que he visto».

Tras el rodaje de *El Álamo* el set no fue derribado y fue aprovechado para hacer en él más de 20 películas; actualmente es una atracción turística conocida como *Alamo Village*. Wayne solo volvió a tomar el mando de una película una vez, codirigiendo en 1968 una película propagandística sobre la intervención estadounidense en Vietnam, *Los boinas verdes*.

El resultado fue un «*western* patriótico», con las virtudes del primer género y los defectos del segundo, guiado por un Travis bobalicón, un Crockett (en que Wayne se interpretaba a sí mismo) todo sabiduría populista y heroicidad que daba sentido a su vida, acompañado de una tropa de borrachos y putañeros que no tienen nada claro por qué están ahí, excepto que la situación les da la oportunidad de matar algunos mexicanos. Como sacada del reflejo en el espejo de un film del realismo socialista, esta joya del realismo capitalista, repleta de discursos y arengas que eluden el tema de la esclavitud y el despojo nacional a México, que evaden la cuestión de los especuladores de tierras y la angloamericanización de la independencia texana, la película jugaría sin embargo su función de propagar el mito. En la memoria popular estadounidense el Wayne-Crockett volando un polvorín se superpondría al Fess Parker-Crockett repartiendo mandobles con su rifle.

La versión original fue recortada de 202 a 192 minutos, para terminar en 167, y la taquilla fue un éxito relativo: la película recaudó cerca de 8 millones de dólares, convirtiéndose en la quinta más vista de ese año en Estados Unidos, pero no era suficiente, Wayne estaba repleto de deudas y tuvo que vender a la United Artists los derechos del film. Al paso de los años la UA ganaría mucho dinero con los derechos de televisión y otros derechos secundarios, la venta internacional y la redistribución en Estados Unidos.

Pero el momento de la verdad se produjo en la XXXIII Ceremonia de los Óscares, el 17 de abril de 1961 en el Auditorium de Santa

Mónica. *El Álamo* había recibido siete nominaciones a los Premios de la Academia: mejor película, actor de reparto, fotografía, canción original, banda sonora, edición y sonido. En un duelo enormemente simbólico se enfrentaba al *Espartaco* de Kubrick, la película de los antimacartistas, los purgados. *El Álamo* recibió un solo Oscar y *Espartaco* cuatro, aunque en temas muy secundarios. Aún era pronto para que Hollywood aceptara el retorno del liberalismo. La gran ganadora fue *El apartamento*, una comedia de Billy Wilder. Respecto a *El Álamo* la respuesta de la crítica en Estados Unidos varió del desprecio de la revista *Time*, «Plano como Texas», a las cuatro estrellas que le concedió el *New York Herald Tribune*.

12

La expedición a Matamoros

John Quincy Adams

La relativa facilidad del triunfo obtenido en San Antonio repletó de delirios de grandeza a los triunfadores; en ese terreno abonado el escocés James W. Grant, nacionalizado mexicano con el nombre de don Diego Grant, comenzó a agitar a los hombres para que se lanzaran a una expedición hacia Matamoros, 450 kilómetros al sur y fuera del territorio texano. Grant, que había sido herido en los combates, era un latifundista que poseía grandes intereses al sur del río Bravo, en particular en Parras, Coahuila, había sido detenido años antes en México como especulador y estaba convenciendo a los mercenarios de que la acción sería el preludio a que todo México se desmoronara.

La propuesta no gustaba demasiado a los colonos estadounidenses y texanos, pero la chusma de voluntarios que había llegado de Estados Unidos buscaba victorias fáciles y botín rápido y se mostró entusiasmada con los cuentos de pilas de pesos de plata y bellezas morenas que los esperaban al sur de la frontera. Hacia fines de diciembre se podía contar con 70 voluntarios en Washington-en-el-Brazos, 80 en Goliad y 200 en Velasco, todos estadounidenses, entre ellos el resto de la brigada formada en Nueva Orleans que llevaba el nombre de Greys, cuya vanguardia ya había actuado en San Antonio.

No sin oposición, el Consejo aceptó la idea y ante la imposibilidad de ponerse de acuerdo en quién la comandaría, a causa de las rivalidades internas entre los miembros del nuevo gobierno texano, ofrecieron el mando conjunto a James W. Fannin y Frank Johnson. Houston intentó poner a cargo de la aventura a James Bowie y así le escribió el 17 de diciembre, pero parece ser que la orden nunca le llegó.

Finalmente, el gobernador Smith frenó a Fannin y Grant partió con una columna encabezada militarmente por Johnson, quien le escribió al Consejo que saldría «con 530 voluntarios de Texas y Estados Unidos, los que me nombraron comandante». Los discursos bordeaban el más oscuro racismo: «La última gota de sangre antes de que nos inclinemos bajo el yugo de esos medio indios».

Neill, que se quedaba atrás, a cargo de la custodia de El Álamo y San Antonio con una guarnición de 60 hombres, llamaba a la expedición una locura y se quejaba de que no habían dejado un solo animal de carga. La expedición a Matamoros consumía los escasos recursos militares texanos.

Mientras tanto, el ambiente en el sur de Estados Unidos seguía estimulando el flujo de aventureros armados hacia territorio mexicano. Uno de ellos, el doctor Joseph Barnard, había dejado Chicago el 14 de diciembre y viajado en carreta hasta Nueva Orleans. En el camino recibió noticias de la toma de San Antonio por los rebeldes y la muerte de Milam, y fue testigo de una dramatización teatral de los sucesos que produjo grandes aplausos. Entró a Texas acompañado de un grupo dirigido por el doctor Shackelford, un médico acomodado de Alabama de edad madura, que ilustraba el «fuerte poder y la extensión del entusiasmo que producía la revolución texana». El grupo cuya columna vertebral formaban los Red Rovers de Alabama creció hasta integrar unos 70 miembros. No sería un camino fácil, muchos eran aventureros, hombres de violencia a flor de piel, y de vez en cuando «salen a relucir los cuchillos y se muestran las pistolas». La marcha al iniciarse febrero se hace bajo vientos del norte y lluvia.

En el vacío parecían caer las palabras de John Quincy Adams en el Congreso estadounidense el 25 de diciembre: «Una guerra, lamento decirlo [...] estimulada por provocaciones de nuestra parte desde el mismo inicio de esta administración hasta la reciente autorización dada al general Gaines para invadir territorio mexicano [...] es una guerra civil mexicana y una guerra para el restablecimiento de la esclavitud donde esta había sido abolida [...] y se ha hecho todo posible esfuerzo para mantenernos dentro de ella, del lado del esclavismo».

13

Sufriendo por dinero

Documento de De la Peña que registra el estatus de las tropas

No será fácil seguir al ejército de operaciones mexicano en su marcha hacia el norte; originalmente fragmentado en tres cuerpos sufre multitud de subdivisiones, contramarchas, reagrupamientos y avances de la vanguardia al margen del cuerpo principal, todo ello en medio de dificultades que serán peores que los pronósticos.

Viajando por Arroyo Zarco, Santa Anna llega a León, Guanajuato, donde los comerciantes no aceptan la moneda de cobre que trae el ejército y están a punto de cerrar las tiendas. El Generalísimo tiene que conciliar y por más que no le falten ganas de reprimir a los ingratos, sigue su marcha. La única buena noticia es que ha sumado a un batallón de veteranos de Dolores.

Llega con 3 mil hombres a San Luis Potosí solo para descubrir que no había comida allí para su ejército. La terrible situación durará cinco días. Rascando debajo de las piedras logrará que dos usureros le presten 50 mil pesos: un tal Errazu entregará 40 mil con el aval de las futuras contribuciones de Zacatecas, Jalisco, San Luis Potosí y Guanajuato, y Santa Anna conseguirá 10 mil más en préstamos, avalándolo con su propia hacienda de Manga de Clavo. Eso en el papel, en realidad lo que ha prometido es cerrar los ojos para que esos dos agiotistas puedan contrabandear en Matamoros.

Suma mil 500 hombres a los que ya trae, novatos, levados, voluntarios inexpertos. Ordena la fabricación de cartuchos, requisa fusiles a particulares. Los jefes de brigada quieren dar instrucción a los reclutas, Santa Anna responde que ya se foguearán en el combate.

Mientras intenta conseguir dinero, manda a Filisola que se adelante para que con las fuerzas del general Ramírez y Sesma se sumen a las que están en Texas con Cos (en San Antonio, piensa). Las instrucciones para Filisola son que tiene que progresar hacia Laredo y no ser sorprendido, no comprometerse en batalla sino ir a la segura. La columna de Sesma, que salió de San Luis Potosí el 17 de noviembre (el mismo día en que Santa Anna llegaba a la ciudad de México), viaja con gran lentitud sufriendo por el camino: «Los caballos y la mulada han llegado estropeadísimos y estos pueblos mezquinos y apáticos no prometen ningunos recursos», va teniendo dificultades para sumar nuevas tropas y llegará a Saltillo con mil 500 hombres. Poco después se enterará de que Cos se ha rendido en San Antonio. La noticia en la ciudad de México causa sorpresa y enojo. Valentín Gómez Farías declara: «Si Texas no se recobra, la ignominia será nacional».

Ramírez y Sesma atribuye su lentitud a la falta de dinero y que en Saltillo no ha encontrado los esperados refuerzos. Lo lento no le quita a este general despótico lo gandalla: obliga préstamos forzosos y genera quejas en los pueblos por los que pasa, donde roba mulas y caballos y saquea a las comunidades sin pagar la comida. Enfermedades y deserciones han reducido su fuerza, De la Peña registra unos 50 hombres perdidos entre ambas ciudades. El 26 de diciembre se reúnen en Río de la Laja, en las cercanías de Laredo, con el general Cos y sus derrotados («desnudos, descalzos, enfermos de los pies y casi extenuados»), poco después llegará Filisola. Sánchez Navarro cuenta: «Aquí está la brigada al mando del señor general don Joaquín Ramírez y Sesma, parecen soldados mejicanos; pero nosotros cosacos de la Siberia». El coronel toma nota con envidia de que los recién llegados están bien pagados, sus caballos están gordos y tienen «excelente proveeduría».

Finalmente, el 2 de enero Santa Anna sin pompa ni gloria deja San Luis Potosí. Va el general en su carruaje tirado por mulas, lo siguen carretas de bueyes con tasajo, harina y totopos y un centenar de mulas con municiones, más dos millares de fusiles para armar los contingentes que se fueran sumando. Venían entre 4 mil 500 soldados y 2 mil o 2 mil 500 soldaderas. De la Peña cuenta: «escuadrones de mujeres, arrieros, carreteros, muchachos y vivanderos; familia semejante a la langosta que todo lo arrasa». El coronel calcula que por cada diez soldados, había seis acompañantes civiles. Quedan mil 600 kilómetros para el destino. Hace mucho frío.

El Generalísimo, en lo que pensaba sería un desfile, ha perdido el primer mes y viene muy preocupado de las deserciones y los rezagos, por la lentitud de la columna; con frecuencia visitaba el campamento y se echaba potentes arengas. Para esos momentos conocía que Cos había sido derrotado y que todo Texas estaba en poder de la rebelión.

El 30 de diciembre el Congreso mexicano declara que los extranjeros en armas deben ser tratados como piratas y por tanto fusilados. Santa Anna arribará a Saltillo, a unos trescientos kilómetros al sur del río Bravo, el 6 de enero de 1836. Allí intenta obtener nuevas contribuciones y fracasa, se encuentra con un *no* por todos lados. Consigue algo del clero, su gran aliado político en la última confrontación con los liberales, como impuesto de guerra. De la Peña advierte que los generales Juan Andrade, Arago y Gaona trataban de convencer a Santa Anna de que aminorara el paso mientras el ejército conseguía lo indispensable. «Santa Anna fiaba todo a su fortuna.» Pero lo que le faltaba de previsor le sobraba de ánimo; Valadés contará más tarde que el Generalísimo revisaba personalmente a sus tropas, yendo de soldado en soldado para cerciorarse de que llevaban los pies calzados y la mochila a la espalda. Podrían estar calzados, pero en Saltillo, de los 2 mil reclutas algunos no sabían disparar un rifle y no tenían ninguna formación militar. Un año y medio más tarde, en 1837, Santa Anna habría de quejarse de que más de la mitad de los hombres eran novatos recién reclutados. La explicación de su premura era que «tenía que reconquistar Texas y hacerlo en el menor tiempo posible» (para evitar conatos de rebelión en el interior de México) y no dejar a los texanos «recibir refuerzos que en los periódicos del norte se anunciaban como muy numerosos». Sus prisas se verán afectadas por una situación accidental: «una grave enfermedad me postró en la cama dos semanas».

Dos rutas conducen hacia Texas desde el centro de México, el camino de Atascosito que desde el río Bravo, partiendo de Matamoros, lleva hacia San Patricio, Goliad, Victoria, y las colonias del noreste sobre el río Sabine y la frontera de Estados Unidos en Luisiana y el viejo camino real de San Antonio. Para esos momentos el presidio de La Bahía (Nuestra Señora de Loreto), llamado por los estadounidenses Goliad, y la guarnición de San Antonio, estaban funcionando como primeros bloqueos, los primeros estorbos para el avance del ejército mexicano en cada una de las dos rutas.

De la Peña dice que la mayoría de los mandos proponía utilizar la ruta del este, el acceso a Texas por Goliad hacia las colonias del norte y no perder el tiempo en San Antonio, pero Santa Anna no les hizo el menor caso. No solo quería recuperar San Antonio y vengar la ofensa hecha por los rebeldes al ejército mexicano; probablemente guiado por Almonte, que había explorado el territorio dos años antes, se dejó llevar por la imagen de que por el camino a San Antonio de Béjar podía encontrar pastos y abastecimientos, aunque viéndose obligado a cruzar zonas desérticas.

Desde el lecho, a causa de la enfermedad, opta por una solución combinada: ordena a Urrea, que acaba de llegar a Saltillo, que avance hacia Matamoros donde había de sumar 300 mayas de un batallón yucateco y progrese por la costa; sitúa a Sesma en Monclova, de donde avanzaría al río Grande reuniéndose con Filisola. Luego les ordenaría retroceder de nuevo hacia Monclova. Esa contramarcha de diez días resulta un absurdo repleto de penurias, pierden 32 soldados y mueren muchas mujeres. El 4 de enero entrarán de nuevo en Monclova.

Mientras tanto Santa Anna pasa revista a las tropas en Saltillo. Su columna tiene 3 mil 869 hombres (185 zapadores, 120 artilleros, 3 mil 64 infantes y 500 jinetes) más 12 cañones. En total las tres columnas sumaban 6 mil 111 hombres y 21 cañones.

El 12 de enero la vanguardia de Ramírez y Sesma avanza hacia San Antonio.

14

Neill, indecisiones

Campamento de indios comanche

Tras la caída de San Antonio y la salida de la expedición a Matamoros, una buena parte de los colonos anglotexanos habían regresado a sus hogares. El movimiento se estaba nutriendo en esos momentos de una mayoría de voluntarios estadounidenses recién llegados; en el sur y el oeste de Estados Unidos comenzaba a producirse la fiebre texana. Nueva Orleans era el centro real de la revuelta y sus financieros, como dice Edward L. Miller, tenían en sus manos la clave. En esa ciudad el reclutamiento se realizaba en mítines y actos públicos y hasta estaba en cartelera una obra de teatro. El nuevo gobierno texano avaló préstamos en Estados Unidos al ocho por ciento de interés, pagaderos con dinero o tierra, lo que movilizó a especuladores de Kentucky y Virginia. De Nueva York llegaban colectas y aportaciones que ascendían a 25 mil dólares. A pesar del acta de neutralidad que impedía el apoyo militar estadounidense a la revuelta, Jeff Long registra que un congresista de Estados Unidos declaró a una banda de voluntarios en camino a Louisville que los estadounidenses podían ir a donde quisieran y podían hacerlo armados para defenderse. Los recién llegados, tan solo cientos y no miles, entraron rápidamente en contradicciones con los «perros de la guerra» texanos y desde luego con los texano-mexicanos. Tras la caída de San Antonio, Creed Taylor cuenta que los novísimos se dedicaron a saquear a los *texmex* y en Goliad, donde estaba estacionado Fannin, hubo violaciones de mujeres y atracos, provocando una huida de la población a los ranchos cercanos. Curiosamente, como dicen Roberts y Olson, «los anglotexanos tenían miedo de una guerra racial que terminara en un apocalipsis sexual contra las mujeres blancas». James Fannin decía en su correspondencia que qué se podía esperar de los soldados mexicanos, «cuando sus propias mujeres son prostituidas por un soldado licenciado, como un estímulo para viajar a las colonias [...] sus amadas esposas, sus madres, sus hermanas [amenazadas] por una banda de bárbaros».

En San Antonio se había quedado al mando de un centenar escaso de voluntarios el teniente coronel James Clinton Neill, que había estado en Gonzales (el autor del primer cañonazo en esta guerra) y en la toma de la ciudad. Un estadounidense de 46 años, casado y con tres hijos, aposentado en Texas desde 1831, al que Walter Lord califica como «concienzudo pero carente de imaginación». Su experiencia militar era haber combatido a los indios creek en la milicia de Tennessee. Fue elegido por sus vecinos para que los representara en la convención de San Felipe y al iniciarse el levantamiento vivía en un pequeño poblado sobre el río Colorado.

Las tropas de Neill estaban formadas, según cuenta, por hombres que en algunos casos «no habían estado en el ejército por más de cuatro días y la mayoría no excedía las dos semanas», eran un conglomerado de varias pequeñas compañías, una de artillería comandada por William Carey que se hacía llamar «los Invencibles», un pequeño grupo de los Greys de Nueva Orleans y la guardia de Béjar del capitán Robert White. No tenían muchos caballos (el doctor Sutherland menciona que vio una veintena) pero en cambio habían heredado de la guarnición derrotada una gran cantidad de fusiles, espadas y bayonetas, pistolas y cuchillos, abundantes municiones e incluso una importante dotación de pólvora. El abasto alimenticio no era muy bueno, los de Matamoros «arbitrariamente» se habían llevado ropas, mantas (Neill cuenta que muchos de sus hombres solo tenían una manta y una camisa) y medicinas, y lo que era peor, todos los animales de tiro (bueyes, mulas, burros). La guarnición distribuida entre San Antonio y la misión de El Álamo vivía de carne (abundaban los rebaños de vacas) y pan de maíz de los granjeros locales.

En El Álamo se estaban haciendo obras menores de fortificación. Contra lo que la mayoría de los que han escrito sobre estos acontecimientos suele decir (el doctor Sutherland, que llegó a sumarse en esos días al alzamiento, habla de la transformación gracias a Neill de la ruinosa «misión» en una «instalación militar»), las principales obras de fortificación se habían realizado en El Álamo con el trabajo de los ingenieros militares mexicanos en el otoño de 1835, entre otras cosas altos andamios de madera sobre el techo de la iglesia que permitían usar la parte superior desaparecida como parapeto para tiradores, y las trincheras consistentes en una zanja y una pared de tierra apisonada entre dos empalizadas. Los estadounidenses se habían limitado a cavar un poco dentro del recinto, por ahora sin éxito, para no tener que tomar agua de las acequias, hacer algunas troneras en los muros, una trinchera a lo largo del muro norte que nunca fue terminada y reubicar los cañones. A cargo de esa operación se hallaba Green B. Jameson.

El número de cañones con que contaba la misión ha sido objeto de una interminable polémica a lo largo de los años. ¿Cuántos cañones había? ¿Cuántos estaban desmontados? El narrador, que tiene grandes dificultades para escaparse de la enfermedad del minipositivismo, registra que Neill hablará de 24 piezas de artillería (tres de ellas desmontadas); Reuben M. Potter, que visitó la misión años más tarde, haría una minuciosa reconstrucción de la distribución de los cañones y dirá que fueron 13; Sánchez Navarro dirá que 18; el coronel De la Peña dirá que 19 y Santa Anna hablará en su futuro parte de guerra de 21, Green B. Jameson le escribirá a Houston diciendo que 20; autores del siglo XX harán decrecer la cifra a 13 o 14, pero el estudio de Nofi la fijará claramente en 18 a 21 y casi todos coinciden en que existían tres piezas desmontadas; de cualquier manera la mayor concentración de artillería al oeste del Mississippi y al norte del río Grande. Muy lejos estaba la revuelta del original cañoncito de Gonzales.

El 6 de enero Neill escribió al gobierno texano: «Tenemos 104 hombres y dos distintas fortalezas (se refería a la misión de El Álamo y a la ciudad de San Antonio) que proteger y cerca de 24 piezas de artillería. Ustedes sin duda saben que no tenemos provisiones o ropa desde que se fueron Johnson y Grant. Si alguna vez ha habido un dólar aquí, no tengo conocimiento de ello» y señalaba en cambio que podía contar con un importante apoyo de los texano-mexicanos de San Antonio, que por cierto les habían prestado 500 pesos (aunque no los abastecían de caballos), para terminar pidiendo que lo apoyaran con 300 hombres más, provisiones y ropas.

Su estimación era que para defender El Álamo necesitaba 500 hombres y estaba muy lejos de esa cifra. Pero su especulación no tenía base: ¿defenderse de cuántos atacantes?

El 8 de enero recibió a un «embajador de la nación comanche» que le anunció que su tribu estaba en «actitud de hostilidades hacia los texanos», pero que se podía evitar la guerra si se establecía un tratado de amistad. No ha quedado registro del tratado, si lo hubo, aunque parece que los comanches ante aquella guerra de «blancos» parecieron ponerse al margen.

Las cartas continuaron y el 14 de enero Neill le escribió al comandante de la insurrección, Sam Houston, contando que sus hombres solo habían cobrado el primer mes de los cuatro que llevan en servicio y que «casi todos hablan de irse a casa y no menos de 20 se irán mañana». Pedía un refuerzo de al menos 100 hombres, porque con ellos «combatiré contra mil [...] y no me rendiré». Ese mismo día volvía a escribirle al gobierno provisional: «A no ser que seamos reforzados y avituallados, nos convertiremos en una presa fácil para el enemigo en caso de ataque». ¿Por qué la duda? *¿En caso de ataque?* Fundamentalmente, las previsiones de los anglotexanos eran que Santa Anna pospondría las operaciones hasta el verano.

Sin embargo, en San Felipe el Consejo texano deliberaba sobre cosas que deberían parecerles más importantes: Carlos Barret proponía que se impidiera la emigración de negros libres a Texas, «la residencia de esos negros libres y mulatos entre nosotros, que probaría en caso de ser tolerada una diabólica dificultad difícil de remediar». Y hablaba de cómo producirían una «infusión de insatisfacción y desobediencia en el cerebro de honestos y contentos esclavos (de los cuales había en esos momentos cerca de 5 mil, según James S. Mayfield), por negros libres vagabundos que niegan la sociedad de los blancos»; Mayfield, el mismo personaje que declaraba que «la verdadera política y prosperidad de este país [Texas] dependen del mantenimiento» de la esclavitud.

15

Jim Bowie

James Bowie

S egún su más preciso biógrafo, William R. Williamson, James Bowie nació en un villorrio en el condado de Logan en Kentucky, tal vez en abril de 1796 (aunque muchas fuentes erróneamente sitúan su origen en Georgia o Tennessee), hijo de una familia que era reconocida como la máxima propietaria de esclavos de la zona: tenían veinte.

Cumplía 6 años cuando un drama familiar sacudió a los Bowie: su padre fue detenido por asesinato y su madre lo sacó de la cárcel con la ayuda de un esclavo. Emigraron a la Luisiana francesa donde Jim Bowie vivirá una «juventud salvaje» según el historiador Jeff Long; su hermano John, alimentando el futuro mito, dirá de Jim que «solía lazar y cabalgar cocodrilos»; historiadores más precisos dirán que usaba el río para el comercio de leña y domaba caballos salvajes, aunque añadirán a lo de los cocodrilos que cazaba osos con trampas cuando tenía 20 o 21 años.

Tras un breve paso por la milicia, los hermanos Bowie tendrán una cierta popularidad por sus relaciones con el pirata Jean Lafitte en la trata de esclavos. Las leyes estadounidenses en esos momentos permitían en los estados del sur la compra y venta de negros esclavos que se encontraran dentro del territorio, no el tráfico desde África; Lafitte se metió en el negocio usando a Cuba como estación de paso y los hermanos Bowie (Jim, Rezin, John) se convirtieron en sus socios. O bien recogían los negros que Lafitte introducía desde Texas (donde tenía un mercado de esclavos en la isla Galveston) y los transportaban por la ruta oriental a Luisiana, o usaban un mecanismo fraudulento denunciando a supuestos traficantes cuyos esclavos eran detenidos por las autoridades, y entonces la ley les otorgaba la mitad de los esclavos en propiedad, que al estar dentro de Estados Unidos eran ya «legales»; los llevaban a subasta donde ellos mismos los compraban, a dos dólares por kilo, para revenderlos más tarde. Cientos de esclavos negros recorrieron esta ruta, e incluso en una ocasión una treintena de ellos se fugó hacia territorio mexicano y los Bowie los persiguieron. El dinero de la trata les permitía vivir como caballeros en la próspera Nueva Orleans.

Con los 65 mil dólares que ganaron en el tráfico de esclavos, establecieron la plantación de azúcar de Arcadia, con más de 700 hectáreas de tierra y muchos esclavos en las cercanías de Thibodaux, con el primer molino de vapor de la región. Sin embargo, mientras Rezin era electo para la legislatura estatal de Luisiana, Jim Bowie comenzó a especular con bienes raíces en el sur del estado y en Arkansas, traficando con falsos títulos de supuesto origen español y recibos de compraventa.

Se dice que Jim participó en la expedición filibustera de Long contra México en 1819 junto a Benjamin R. Milam, que terminó con el fusilamiento del aventurero; de ser así, Bowie no estaba entre los detenidos.

Fueron años sin duda agitados que parecen llevar la biografía del personaje hacia la historia del cuchillo, centro absoluto e indisputable del mito Bowie. Todo parece haberse iniciado en 1826, cuando se enfrentó en una disputa con el *sheriff* Norris Wright de Rapides Parish, un director de banco que además le había negado un préstamo. Parece ser que tras el intercambio de gritos Wright le disparó fallando y Bowie se le fue encima para tratar de estrangularlo, lo que impidieron los mirones. La leyenda dice que después de esto Rezin le regaló a su hermano un cuchillo, mezcla de instrumento de carnicero y cuchillo de caza con una hoja de más de 23 centímetros, y Jim Bowie nunca lo abandonó.

La historia crecería un año más tarde cuando en un banco de arena en las afueras de Natchez, sobre el Mississippi, se produjo un duelo. Entre los participantes, que eran más de una docena, 16 según algunas crónicas, se encontraban Bowie y Wright apoyando a diferentes duelistas: Samuel Levi Wells III y el doctor Thomas Harris Maddox se dispararon por dos veces, fallando. Supuestamente ahí terminaba todo, pero los amigos de los tiradores no quisieron quedarse atrás y empezaron su propio combate. Bowie quedó herido en la cadera; trató de levantarse cuchillo en mano pero su atacante, uno de los hermanos Blanchard, le rompió una pistola en la cabeza. Su viejo enemigo Wright le disparó fallando, entonces sacó un estoque de su bastón y se lo clavó. Cuando trataba de recuperar su estoque, Bowie reaccionó matándolo con su cuchillo de carnicero; muchas puntadas tuvieron que dar los doctores que estaban presentes en el enfrentamiento.

La leyenda hará a Bowie a partir de este duelo intranscendente, uno más de los que se producían todos los días en la región, «matador de tres asesinos en Texas», «legendario luchador conocido en todo el sur» o «personaje internacionalmente famoso»; pero todo ello habría de generarse muchos años más tarde.

Como más tarde sería que el cuchillo de carnicero, mitad machete, de Bowie, se volviera notorio. Originalmente, después de que le dieron el balazo y cuando estaba convaleciente, su hermano Rezin le dio un cuchillo (¿uno más, uno nuevo?) con una hoja más ancha, un borde con filo curvado, endentado y cóncavo de unos 35 centímetros. ¿De dónde lo había sacado? Rezin dirá que él lo había diseñado y lo realizaron cuchilleros profesionales; lo que resulta claro es que Jim Bowie nunca diseñó ese cuchillo, y que ese cuchillo no fue el que mató a Wright.

La más perfeccionada de las leyendas es que en 1830 James Black, un herrero, lo hizo en Washington, Arkansas, y la supuesta prueba es que sus iniciales, JB, se encuentran en el mango. Cuando la fiebre texana, Black hizo un gran negocio vendiendo sus hojas a los aventureros que iban hacia Texas: todos querían el cuchillo de Bowie. Black los forjaba en la trastienda de su fragua, tras una misteriosa cortina para guardar el secreto de su técnica. Y ya en medio del delirio bowiano, muchos afirmaron que Black había redescubierto la fórmula para producir acero de Damasco.

Jim Bowie sobrevivió a sus heridas y continuó haciendo negocios turbios con propiedades fantasmas y manejando su plantación azucarera. Por esos días estaba prometido con una muchacha de 24 años, Cecilia Wells, de Alexandria; pero en septiembre de 1829, poco antes de la boda, Cecilia murió. Cuatro meses más tarde, el primer día del año 1830, James Bowie decidió darle un vuelco a su vida y llevándose a varios de sus esclavos salió de Arcadia hacia Texas.

En Nacogdoches y en San Felipe se presentó como un rico propietario de cientos de hectáreas en Arkansas y conoció a Stephen F. Austin. El 20 de febrero aplicó para obtener la nacionalidad mexicana. Tenía 34 años y vivía en un mundo repleto de fraudes, apariencias, juegos de salón donde corría el dinero, deudas no pagadas y negocios turbios. En San Antonio descubrió que el Estado mexicano garantizaba a los nacionales la adquisición de 16 mil hectáreas de tierra por menos de 5 mil dólares, hizo amistad con el gobernador de Coahuila, Juan Martín Veramendi, y con un préstamo se hizo con las tierras. Al paso de los años, llegaría a tener 30 mil 300 hectáreas usando todo tipo de chanchullos, préstamos y garantías sobre garantías. Riqueza de papel, tierras que nunca vería, que nunca se trabajarían, riqueza buena para hacer fraudes, mala para ser realmente rico.

En aquellos años era descrito como un hombre de 1.80 metros, fornido, «normalmente calmado, afable hasta que su temperamento se despertaba»; personaje de «pequeños ojos azules» (grises y amigables, según otros) y pómulos altos. Su hermano John habría de definirlo así: «Tenía una mirada fiera pero no era pendenciero, sino suave y calmado, incluso en los momentos de acción. Era muy sociable y de alguna manera proclive a la intemperancia, pero nunca borracho». Poseía un arte maravilloso para ganar a la gente y era muy pródigo con su dinero. Su poder muscular era tan grande como su encanto. Su amigo Caiaphas K. Ham reconocía dos cualidades: era «atento a las damas en todas las ocasiones» y también «un personaje que nadie se atrevería a subestimar y muchos temían».

En el otoño de 1830, Jim Bowie acompaña a la familia Veramendi a Saltillo para iniciar algún negocio con el algodón y la lana, supuesta su experiencia en el asunto. El 5 de octubre se bautizó católico. Con el dinero de uno de sus nuevos amigos, Angus McNeill, de Natchez, compró un molino de algodón por 20 mil dólares.

Por amor o por dinero, James Bowie pidió en matrimonio a la hija de Veramendi, Úrsula, de 19 años, a quien uno de sus amigos calificaba como «una bella dama castellana de dulces maneras», pero pospuso la boda hasta que tuviera el suficiente dinero para casarse con ella y regresó a Kentucky. En febrero de 1831, los hermanos Bowie comenzaron a buscar compradores para vender sus tierras, el molino y los 82 esclavos que trabajaban en él por 90 mil dólares.

De regreso en San Antonio en marzo de 1831, su español en esos momentos era al menos bueno y el 22 de abril se firmó el contrato matrimonial, con el alcalde como testigo; por cierto que Bowie, en un acto de coquetería, mintió sobre su edad declarando que tenía 32 años en lugar de los reales 35. En el documento decía que tenía bienes por 150 mil pesos, aunque la mayoría no existían en efectivo, sino que eran supuestas deudas por cobrar. Hablaba de 20 mil 200 inexistentes hectáreas de tierra en Arkansas; en total decía que poseía más de 222 mil dólares. Realmente había pagado a McNeill el molino de Saltillo y le debían el dinero de la venta de la plantación de Arcadia. En el documento elaborado por el cura Refugio de la Garza, James Bowie se volvía por artes de la traducción Santiago Buy.

Con dinero prestado (mil 879 dólares de su suegro y 750 de la abuela de Úrsula) se fue de luna de miel a Nueva Orleans y regresó meses más tarde con Úrsula y su hermano Rezin. Los Bowie se establecieron en San Antonio. Durante un tiempo vivió del dinero de la familia, cazando, haciendo viajes de negocios, buscando minas de oro que no existían. En la búsqueda de la mina perdida de Los Almagres, cerca de la desaparecida misión de Santa Cruz, a fines de 1831 chocó con una partida de indios en un combate que se decía duró trece horas.

Mientras James estaba en Natchez, en uno de sus muchos viajes de negocios, tuvo un ataque de fiebre amarilla. Simultáneamente brotaba en Coahuila y Texas una epidemia de cólera que causó estragos. La enfermedad atacó a Úrsula y a su madre en Monclova, donde tenían su residencia de verano. El 10 de septiembre de 1833 ambas resultaron muertas y, según algunas fuentes, el cólera mató también a los dos hijos de Úrsula y Jim (hijos que algunos historiadores niegan puesto que no hay pruebas documentales de su existencia). Mientras tanto Bowie, sin conocer lo sucedido, redactó su testamento el 31 de octubre. Es sintomático que en él no haya mencionado a su mujer y legara todos sus bienes a Rezin y a su hermana Martha.

Conociendo las noticias de la muerte de su mujer y una vez repuesto, retornó a San Antonio, se estableció en la casa vacía de los Veramendi y volvió a beber. Según Stephen L. Hardin, «Bowie tomó el camino de la botella».

Salió de su letargo durante la fiebre texana de 1834 y 1835 y comenzó a actuar como intermediario en las compras de tierra forzadas porque el estado tenía las arcas vacías; además vendió a sus amigos especuladores de Natchez parte de las tierras de John T. Mason. En septiembre de 1835, muy poco antes de iniciarse los conflictos, Bowie hizo tratos por 200 mil hectáreas. En una tierra donde florecían los especuladores como flores silvestres, era todo un récord.

No resultaba difícil para un personaje así, una vez que se iniciaron las tensiones entre los colonos estadounidenses y México, alinearse con el partido de la guerra.

J. R. Edmondson dirá que «Bowie es uno de los defensores de El Álamo más incomprendidos» y Jeffrey Dane, intentando una versión de compromiso, dirá que «algunos reclaman que Bowie era un busca-pleitos, un briago, un estafador, tenía oscuros tratos de negocios [...]. Otros dirán que tenía un carácter noble; que había desarrollado una cierta clase de cultura que ocultaba sus modestos orígenes [...] que tenía esa elusiva clase de carisma imposible de definir, difícil de explicar, imposible de imitar pero muy fácil de reconocer». Don Santina será menos generoso: «Bowie no fue mucho más que un cuchillero pendenciero de mala muerte».

16

Defenderse

Sam Houston

El 17 de enero de 1836 el general Sam Houston, desde la retaguardia, en la que parecía sentirse más cómodo, informó al gobernador Henry Smith que había enviado a James Bowie a San Antonio para desmantelar y volar las defensas de El Álamo y apoyar la retirada de Neill: «Bowie está a punto de partir hacia Béjar con un destacamento de 30 a 50 hombres [...]. He ordenado que las fortificaciones en el pueblo de Béjar sean demolidas [...] y los cañones y las municiones sean transportados a Gonzales». Aunque informaba del hecho, Houston estaba claramente pidiendo autorización al Consejo para hacerlo. Smith no aprobó la propuesta de Houston, que incluía el abandono también de Goliad, cediendo el espacio de la Texas del sur, donde solo se conservarían *scouts*, para armar un ejército en el noreste, más cerca de la frontera con Estados Unidos.

El 18 de enero Bowie llegó a San Antonio. Según Antonio Menchaca, fue a verlo y tras abrazarlo lloró con él por la muerte de su esposa, a la que no había visto fallecer. Al día siguiente entró a caballo en El Álamo donde fue bien recibido por Neill. Cuando Bowie expuso los argumentos de Houston al jefe de la guarnición, encontró resistencias. Neill pensaba que San Antonio era el freno que podía detener al ejército mexicano en el camino real hacia el norte y además señalaba que resultaría imposible mover los cañones sin bueyes, mulas o caballos y más cuando algunos estaban sin cureñas; parecía absurdo abandonar un arsenal así. Bowie le hizo saber que la propuesta de Houston le permitía a él un margen de maniobra y que estaba sujeta a la aprobación del gobernador.

Bowie quedó muy impresionado por Neill, escribió sobre él que «ningún otro hombre en el ejército podía haber mantenido a estos hombres en el puesto» y aceptó su punto de vista. No era la suya la única opinión favorable a una defensa de San Antonio desde el fortín de El Álamo: Green B. Jameson, el jefe de ingenieros, escribió a Houston apoyando la propuesta de mantener la fortaleza, y el 26 de enero James Bonham pasó un escrito en ese sentido que fue firmado por la mayoría de los hombres y que Bowie firmó en segundo lugar.

Se sucedieron una serie de cartas entre los oficiales que se encontraban en San Antonio, Houston y el gobernador Smith; en una de ellas Neill reportaba rumores de que el ejército santanista vendría por la costa y que la batalla se daría en La Bahía (Copano/Goliad). En ese caso, si se encontraba una manera de mover la artillería, pedía que se le enviara a esa zona de combate y desmantelaría las defensas de El Álamo; claro está, se quejaba de la falta de comida y ropas.

Houston pensaba que la expedición a Matamoros sería un desastre y que había que reconcentrar en el norte el ejército disperso, pero sus opiniones chocaban con todo el mundo: el gobernador, el Consejo y los propios defensores de los puestos avanzados, Neill y Bowie en San Antonio y Fannin en La Bahía.

El 28 de enero Neill escribió, arrebatado por un alarde patriótico: «El destino se verá obligado a reconocernos como sus favoritos». Tres días más tarde, el 2 de febrero, Bowie le escribió a Smith que Neill y él habían decidido «morir en estas trincheras». La propuesta de Houston, que nunca decidió viajar hacia San Antonio, estaba desechada y él mismo regresó a San Felipe, sin control sobre el ejército, a recluirse en «la soledad de la naturaleza».

«Este no va a ser más que un paseo militar»

El general Martín Perfecto de Cos

El 30 de enero el coronel Sánchez Navarro, que ha estado en los últimos momentos de la derrota de San Antonio, se presenta a Santa Anna en Leona Vicario (Saltillo) y le pide incorporarse a la campaña. Deja testimonio del campamento: «Muchas tropas [...] pero no advierto que haya buenos sistemas, político, militar y administrativo. Su Excelencia por sí mismo despacha todos los asuntos, sean grandes o pequeñísimos. Veo con asombro que en su persona están reasumidas las facultades y atribuciones del mayor general [...] del cuartel maestre, del comisario, de los generales de brigada, de los coroneles, de los capitanes y hasta las de los caporales de los tiros de artillería, proveedores, arrieros y carreteros [...]. ¿No sería mejor que desprendiérase Su Excelencia de tan engorroso trabajo...»

El mismo Sánchez Navarro registra un diálogo con el general Castrillón: «Este no va a ser más que un paseo militar». Y piensa: «Como si el enemigo pudiera ser conquistado solo despreciándolo».

El 1 de febrero el ejército deja Saltillo rumbo a Monclova (a más de cincuenta leguas). En una marcha fragmentada, diferentes divisiones se van uniendo y separando, escasea el maíz, escasea el agua potable. Al día siguiente Sánchez Navarro sigue sumando impresiones sobre el general en jefe, lo califica de pichicatero, avaro, ruin, y que basta para ponerlo de mal humor pedirle un peso. «Su Excelencia es muy económico y hasta miserable [...]. Mejor da un despacho a un coronel que diez pesos.» Sus consejos de guerra no tienen ninguna importancia, sus generales dicen lo que él quiere oír. En el campamento nadie quiere hablar de Cos, su experiencia no será tomada en cuenta, recibe el trato de un paria.

Santa Anna parece tener otras preocupaciones, además de apurar al ejército; desconectado informativamente del mundo, a Su Excelencia le obsesionaba averiguar si los estadounidenses intervendrían apoyando la rebelión texana.

En el diario de Almonte, que a lo largo de todo el viaje mantiene correspondencia con viejos conocidos liberales estadounidenses en Nueva York y Filadelfia, va registrando temperaturas y lluvias, existencia de pastos y agua potable. El 3 de febrero cuenta que hay muchos soldados enfermos de diarrea, y algunos con los pies llagados; el maíz se vende a dos reales. Santa Anna mientras tanto intenta en Monclova resolver a su manera los problemas de provisiones y pagos para el ejército. Un día más tarde, Almonte anotará que en Monclova se reducen las raciones de galletas y totopos a un cuarto de kilo. (Martínez Caro, el secretario de Santa Anna, criticará la medida por absurda: a partir de ese momento tenían enfrente el desierto y había que cruzarlo con raciones menguadas.) Se da a los oficiales libertad para lograr sus abastos. Los dos coroneles que comienzan a servir como los más fieles informadores coinciden en la crisis de los alimentos: Sánchez Navarro describe que es desesperante la búsqueda de comida, cuando la intendencia tiene suficiente bajo el control del cuartel maestre Adrien Woll y no puede evitar la reflexión: «como si fuera un turco y las provisiones que ordeno y que estoy dispuesto a pagar en efectivo fueran para los rusos». Se queja amargamente: «Estamos pereciendo de hambre y miseria [...]. Estamos en la miseria, sin pagas, cuando conseguimos un peso, buscamos en vano maíz, leña, forraje y nada hallamos, aunque todo veamos, porque siempre nos contestan con las terribles palabras de "Es para el ejército"». De la Peña añade que además la comida estaba mal empacada: galleta, arroz y sal en sacos en lugar de en barriles, lo que generaba mucho desperdicio.

El 9 de febrero Santa Anna sale de Monclova con una pequeña escolta de 50 hombres de a caballo para alcanzar la columna de Ramírez y Sesma. Sánchez Navarro se pregunta: «¿Para qué va dejando atrás todo el ejército? ¿Creerá que solo su nombre es bastante para derrotar a los colonos?».

William Barret Travis

Travis

Nació el 1 de agosto de 1809 en Carolina del Sur, en un lugar llamado Red Bank, aunque el historiador Jeff Long da a su lugar
de nacimiento un nombre mucho más atractivo: Pandemónium. En
1818 la familia emigra hacia Alabama. Siembran algodón, utilizando
esclavos rentados o prestados. Sin formación, se vuelve maestro de escuela en Clairborne. Hay registro de su amor por la lectura («adora-
ba las novelas de Walter Scott»). Comienza prácticas como abogado
improvisado, muchos dirán que se dedicaba a cobrar deudas de mo-
rosos y a organizar fraudes de tierras. Se casa con una de sus alumnas,
llamada Rosanna. Entra en la logia masónica; en la milicia edita cada
viernes un semanario local. Vive de una manera bastante miserable: es
esta historia del fracaso como periodista y como abogado.

En 1831 abandona a su mujer embarazada de cinco meses de su
segundo hijo, y va a Texas, la huida hacia delante; dirá que lo hace a
causa del aburrimiento y la búsqueda de aventuras. En el enjambre de
leyendas con que se reconstruiría en el futuro su biografía, existía en
su familia la versión de que su fuga hacia la Texas mexicana se debió a
que había matado a un hombre que estaba acostándose con su mujer
y salió bien del asunto porque culpó de la muerte a un esclavo. Parece

más lógico pensar que se fue al sur porque estaba a punto de irse a la cárcel por deudas.

En Texas se registró como viudo. Se establece en Anáhuac, donde realiza trabajillos de abogado. Se hace mexicano y por tanto católico para poder comprar tierras de acuerdo con las leyes mexicanas, pero permanece siendo metodista. Es en aquellos años un militante defensor de la esclavitud, para Travis las leyes mexicanas «violaban el sagrado derecho de la propiedad», dirá William Davis en *Three roads to the Alamo*.

Se ha sumado a la facción belicista de los colonos y participa en la toma del puerto de Velasco en 1832, por la que será detenido. Practica la abogacía, sigue habituado a llenarse de deudas aunque va ganando en liquidez, comienza a invertir en tierras. No bebe pero juega con frecuencia, sobre todo juegos de cartas. Sigue leyendo, de Herodoto a novelas populares de aventuras. No envía dinero a su mujer y sus dos hijos.

Quizá lo más revelador de esos años es que mantiene un diario bilingüe a lo largo de 1833 y 1834, detallando con gran minucia sus conquistas sexuales, a las que iba dando un número progresivo: «Chingaba a una mujer que es la 56 en mi vida», anotaba las pérdidas en el juego y los negocios. Contaba los centavos que había dado a unos niños o que se había comprado un melón. En 1834 establece relaciones más serias de lo habitual con una mujer casada, Rebecca Cummings, y le propone matrimonio unas vez que ambos hayan obtenido su divorcio. Pero al parecer la fidelidad no entra en sus planes y adquiere una enfermedad venérea, que le transmite a Rebecca. Para curarla se aficiona al calomel, clorhidrato de mercurio, que tiene efectos secundarios terribles: alucinaciones, irritabilidad.

En esos años prospera económicamente pero su bonanza parece estar hecha de humo: negocios fantásticos que no tienen sustento, apariencias, grandes sumas en el papel. Para 1835 dirige el asalto de la guarnición mexicana de Anáhuac, pretendiendo provocar una sublevación.

Un poco antes de que inicie el levantamiento de Texas se produce la reaparición de su mujer, que viene de Alabama con sus dos hijos y le demanda el divorcio, lo cual logrará en semanas y Rossana podrá casarse de nuevo de inmediato. Curiosamente Travis pone como condición que le dé la custodia de su hijo de 6 años, aunque luego lo abandonará dejándolo encargado con un amigo.

Hay seis ilustraciones, pinturas y dibujos, que aparecen en multitud de libros y portales de internet relativos a la historia de Texas y pretenden ser la imagen verídica de William Barret Travis. La versión más común entre los historiadores *alamoístas* es que ninguna es digna de confianza; o sea que tenemos realmente un héroe sin rostro, cosa imperdonable para la construcción de un mito. De los retratos solo uno parece ser contemporáneo, el dibujo que le hizo Wiley Martin en diciembre de 1835, pero su fidelidad es discutible y como dice Kevin Young, «su origen es incierto». El retrato a lápiz de Martin muestra a un personaje de orejas pequeñas y grandes patillas, entradas en el pelo y una mirada risueña. Los cuadros posteriores de H. A. McArdle y Charles B. Norman no tienen sustento y de los dibujos que más circulan uno mejor parece un retrato de Ben Milam y el otro de James Fannin.

De las descripciones de sus contemporáneos podemos establecer que tenía el pelo rojizo, era apuesto, pesaba casi 80 kilos y era alto, más de 1.80 metros. José María Rodríguez, un niño en tiempos de esta historia, recuerda que Travis frecuentemente visitaba su casa, la primera al cruzar el río de El Álamo a la población, para hablar con su padre y que «era un hombre bien parecido de altura por encima de lo ordinario».

Pocos años después de la batalla, Reuben M. Potter intentará un retrato del personaje: «Travis, aunque ambicioso [...] había sido en la vida civil habitualmente cauteloso al rehuir enfrentamientos personales, tan es así que sus contemporáneos más duros tomaban como signos de timidez lo que creo tan solo indicaba un temperamento frío». Ben H. Proctor, en *La batalla de El Álamo*, describe a Travis como «egoísta, orgulloso, vano, con fuertes sentimientos de grandeza respecto a su destino, acerca de la gloria y de su misión personal en ella». Albert Nofi, un historiador contemporáneo, resumirá al personaje en una frase bastante cruel: «Un joven con grandes urgencias de grandeza, aunque con pequeñas calificaciones para ella». Creo que aun las más duras de estas calificaciones son blandas ante este pequeño canalla.

19

Llega la caballería

El Álamo

El abogado William B. Travis no había combatido en los primeros enfrentamientos de la campaña, limitándose a conseguir caballos y quemar praderas, e incluso había regresado a San Felipe para reanudar sus labores de abogado; más aún, el 6 de noviembre de 1835, cuando estaba San Antonio bajo cerco, Travis le había presentado a Austin la renuncia. Pero ante la inminente invasión del ejército mexicano intentó crear una «Legión de Caballería». De lo primero que se preocupó fue de buscar que el nuevo cuerpo tuviera apariencia militar y fuera elegante: diseñó un uniforme de casaca gris con botones amarillos. Irían armados con pistolas y escopeta; era su idea de un ejército regular. Los uniformes fueron encargados a Nueva Orleans y deberían costar entre 20 y 72 dólares, pero no llegaron a tiempo. Comenzó el reclutamiento, que debería alcanzar la suma de 100 hombres, aunque solo llegó a los 40.

El gobernador Smith ordenó entonces a Travis que con su «Legión de Caballería» se sumara a las fuerzas de Neill estacionadas en San Antonio. Travis le suplicó al gobernador que reconsidera la orden: «No tengo deseos de arriesgar mi reputación (tan querida para un soldado) e ir hacia territorio enemigo con tan pocos medios y tan mal equipados». Luego intentó renunciar pero Smith se impuso y los 40, a los que se sumaría Joe, el esclavo negro de Travis, salieron hacia San Antonio.

Joe, que amerita lo observemos con un poco de atención a la luz de futuros acontecimientos, según Ron Jackson, había nacido hacia 1813 en el sur de Estados Unidos; llegó a Texas en 1833 como propiedad de un tal Mansfield. El 13 de febrero de 1834 Travis lo compró como sirviente; un año más tarde, necesitado de dinero, estaba pensando en venderlo. Robert Durham (en el Alamo Forum) sugiere de una manera un tanto críptica que «puede ser que se conocieran antes en Alabama, y su relación puede haber sido mucho más profunda que la que se esperaría entre amo y esclavo».

Por el camino Travis compró en cinco dólares una bandera de la que nunca tendremos más noticia.

Hacia el 2 o el 3 de febrero el coronel de 26 años William B. Travis arribó a San Antonio con 31 hombres, por el camino 9 habían desertado llevándose las provisiones que comprara. Él y Jim Bowie se conocían bien, era difícil que no ocurriera en el pequeño mundo de la Texas blanca. Travis había acaudillado en 1835 el partido de la guerra, al que Bowie se adhirió, y fue el abogado de éste en un par de casos a partir de 1833, haciéndole reclamaciones de tierras y defendiéndolo en un juicio.

En esos momentos los defensores llegaban a unos 130 y Travis se sumó a la opinión de Bowie y Neill: era más inteligente defender la misión que destruir el emplazamiento.

20

David Crockett

Crockett

Aunque le gustaba contar que nació en la cima de una montaña, realmente lo hizo en una cabaña aislada de la civilización en el margen del río Nolichucky, al este de Tennessee, el 17 de agosto de 1786. Davy Crockett (originalmente David de Crocketagne), el quinto de nueve hijos de una familia descendiente de hugonotes franceses que tras establecerse en Irlanda emigraron a América, recibió el nombre de un abuelo paterno al que habían matado los indios.

De acuerdo con las versiones que sobre sí mismo hizo circular, mató un oso a los 3 años de edad; aunque sus más serios biógrafos lo dudan, el relato trascendió en su época. Pocos años más tarde, el primer día de clases golpeó a un compañero que lo estaba ridiculizando, y para evitar el regaño de un estricto profesor dejó de acudir a la escuela. Varias semanas más tarde el maestro escribió al padre de Crockett y éste decidió que era un desperdicio gastar dinero en la educación de su hijo. David huyó de casa para evitar la previsible tunda y pasó muchos años vagando de pueblo en pueblo. Crockett aseguró que durante este periodo había visitado la mayor parte de los pueblos y aldeas de Tennessee y desarrolló sus habilidades como cazador y trampero. Hacia los 12 años estaba ayudando a conducir ganado hacia Virginia.

Alrededor de su cumpleaños 19, Crockett volvió a casa. Durante los años transcurridos, su padre había abierto una taberna y Crockett se detuvo allí para beber algo; solo lo reconoció una de sus hermanas menores. Para su sorpresa, la familia lo acogió de nuevo.

Se casó a los 20 con Polly Finley y trató de ser granjero en el condado de Duck River y luego en el de Lincoln. No tuvo mucho éxito porque prefería andar vagando por tierras salvajes, cazando osos y venados. Al paso del tiempo reconocería: «Descubrí que era mejor aumentando mi familia que mi fortuna».

Hacia 1813 dejó granja y familia y se enroló en la milicia para combatir a los indios creek, aunque al terminar su periodo de alistamiento de noventa días regresó a casa. Dos años más tarde Polly moriría de malaria y Crockett se casó con Elizabeth Patton, una viuda que tenía dos hijos y aportó una importante dote. Ahí comenzó su carrera política: magistrado local, juez de paz, comisionado y coronel de la milicia.

En 1821 ganó un lugar en el congreso estatal. Su carrera como legislador no fue muy interesante y, según Jeff Long, lo único que hizo bien fue cazar osos y no tantos como los 105 que se atribuía.

En 1827 ganó las elecciones que lo llevarían al Congreso estadounidense en Washington, donde sirvió dos periodos (1827-1831). Según varios testigos, al contador de historias, jugador, holgazán y rústico personaje, ser congresista le pareció un trabajo muy aburrido. Alexis de Tocqueville, que conoció a Crockett en Washington en 1831, quedó horrorizado de que alguien tan primitivo hubiera ascendido tanto en la escala política estadounidense; se refiere a él como «un individuo llamado David Crockett, que no tiene educación, que lee con gran dificultad, no tiene propiedades, no tiene residencia fija, sino que pasa su vida cazando, vendiendo sus piezas y vagando por los bosques».

Identificado con Andrew Jackson, el séptimo presidente de Estados Unidos, terminó alejándose de él por las leyes que enviaban a los indios del sureste a las reservas de Oklahoma.

Curiosamente, para alguien que no había tenido educación formal, fueron los libros y el teatro los que lo elevaron a la gloria. Todo empezó con el estreno en Nueva York de *El león del Oeste* de James Kirke Paulding, que contaba la historia de un coronel llamado Nimrod Wildfire, sin duda basada en las leyendas que circulaban sobre Crockett. La obra tuvo un gran éxito y cuando en diciembre de 1833 se estrenó en Washington, ahí estaba David Crockett en la primera fila, recibiendo el reconocimiento del actor principal y del público que lo aclamaba.

En el verano de 1834 viajó por el noreste vestido con piel de venado, cargando un viejo rifle al que llamaba «Betsy», y según algunos, usando una gorra de zorro o de mapache con todo y la cola colgando: el personaje teatral lo había poseído.

En ese mismo año se publicó en Filadelfia *A narrative of the life of David Crockett, of the state of Tennessee.* Y al año siguiente *Davy Crockett's almanack of wild sports of the west, and life in the backwoods*, que alcanzaría las 50 ediciones, ambos libros autorizados por Crockett como autobiografías, aunque sin duda no los había escrito.

Era en esos momentos congresista por tercera ocasión y los liberales utilizaban su figura de «genuino hombre del pueblo» para enfrentarla a la de Andrew Jackson. Tras haber estado cultivando la posibilidad de una carrera presidencial, la coyuntura no le fue propicia y se limitó a intentar volver a ser congresista por Tennessee. Muy generosamente, su biógrafo Paul Hutton escribió: «Era demasiado independiente y demasiado honesto para ser un congresista, más aún presidente». Fuera un problema de independencia y honestidad o simplemente que las puertas se le habían cerrado, las andanzas políticas de David Crockett terminaron cuando fue derrotado para un tercer periodo en el Congreso en 1835. En la campaña advirtió a los electores que si no votaban por él, estaba pensando en irse de Estados Unidos. En enero, en su último discurso tras la derrota, culminó con un potente «He terminado con la política por el presente, pueden irse todos al infierno, yo me voy a Texas».

Probablemente David Crockett no fuera culpable más que parcialmente de haber elaborado una versión falsa de sí mismo, pero se montó en ella y hay que reconocerle que era muy respetuoso de su propio mito. Es más, era por completo dependiente de su mito.

21

¿Quién manda aquí?

Antonio Menchaca

El 9 de enero David Crockett escribió a sus hijos una carta en que se lanzaba a una descripción de una Texas paradisiaca y llena de oportunidades económicas: «Es el jardín del mundo. La mejor tierra y los mejores prospectos […] que haya visto. Hay un mundo para colonizar […]. Cada hombre tiene derecho a más de 4 mil acres [mil 618 hectáreas] y puede pagarlos con el trabajo de la tierra».

Tras registrar que tenía excelente salud y la moral alta, y que había sido recibido en Texas con cenas y bailes y una «fiesta de damas» en Nacogdoches y San Agustín, donde hasta dispararon un cañón en su honor, ese mismo día tomó el juramento que lo hacía texano y se unió al ejército rebelde por seis meses. Venía cautivo de su fama y esperaba más tarde establecerse al borde del Red River, que «no tengo dudas es la tierra más rica del mundo; buena tierra y mucha madera y los mejores arroyos y corrientes de agua clara para mover molinos». Se le hacía la boca agua con el «paso de las manadas de búfalos dos veces al año y donde hay abejas y la miel en abundancia».

La carta dejaba claro que detrás de su conversión en combatiente estaban sus ambiciones políticas y económicas: «Todos los voluntarios tienen derecho a votar por un miembro de la Convención o a ser votados y no tengo dudas de ser electo miembro para darle una constitución a esta provincia» (¿provincia de quién?). «Tengo regocijo por mi destino. Mejor estar en la presente situación que ser electo a un cargo en el Congreso (estadounidense) de por vida, y tengo esperanza de hacer una fortuna para mí y mi familia.»

Eric von Schmidt y Bob Reece lo interpretan así: «En la medida en que su supervivencia se debía a que era un hombre de la frontera, Texas era la última frontera [...]. Ésta era una nueva tierra, una en la que la gente estaba aún haciendo sus propias reglas», y Jeff Long aventura que las intenciones ocultas de Crockett eran hacer un desplante militar para poder ser candidato presidencial en la Convención texana, por lo tanto, «quería y no quería pelear».

El 8 de febrero, por el viejo cementerio mexicano al oeste del arroyo de San Pedro, un grupo de 14 hombres que traía muchos kilómetros encima llegó a las cercanías de San Antonio; venía comandado por el capitán Harris y se hacían llamar los «Voluntarios Montados de Tennessee», que curiosamente eran una mezcla de hombres de Kentucky, Pensilvania y Ohio. Junto a ellos viajaban David Crockett con un viejo traje de piel de ante, su violín y su rifle largo, y un buen amigo suyo, Micajah Autry, su vecino y abogado de 43 años, exmaestro, excomerciante, que también tocaba el violín y escribía poesía. Uno de los cronistas dirá que «se le habían acabado las cosas en que creer cuando oyó hablar de Texas». No era el único, Texas se había vuelto la nueva frontera: abogados, pistoleros, mercachifles, doctores quieren la tierra y la aventura. Long dirá que tras un lenguaje pomposo y patriotero que ocultaba la ambición, «combatir a los mexicanos era una abstracción».

Bowie los recibió y los guió a la ciudad, donde se instalaron en la casa de Erasmo Seguín, y Crockett, todo un personaje, conferenció con Travis y Neill. Según el doctor Sutherland, Travis le ofreció un mando en el destacamento que guardaba la ciudad (lo que algunos historiadores interpretaron como que se le ofreció el mando de la guarnición) y en la plaza se produjo un improvisado mitin. Subido en un cajón, David Crockett rechazó la oferta y dijo que quería ser tan solo un combatiente. «La voz [...] del distinguido orador se elevó gradualmente y descendió en los oídos de todos con un suave y vivo acento.» Interrumpido con frecuentes aplausos, Crockett desgranó anécdotas y fue armando un discurso patriótico en el que recordó que se había despedido de sus paisanos con *pueden irse al infierno, yo me voy a Texas* y remató: «Conciudadanos, estoy entre ustedes».

El 10 de febrero se celebró un baile en su honor, según Long se trató de algo mitad fandango, mitad baile sureño. A Antonio Menchaca le pidieron que «invitara a las principales damas de la ciudad». Según madame Candelaria, de la que se hablará más tarde en este libro y quien regenteaba una pensión, hubo fuegos artificiales y una cena en su casa con abundante alcohol. Crockett tocó el violín y se mostró sorprendido porque las señoritas fumaban grandes tabacos.

Menchaca cuenta que hacia la una de la madrugada llegó un correo preguntando por Seguín, con un mensaje (escrito según esto cuatro días antes) en que se decía que Antonio López de Santa Anna marchaba hacia San Antonio con 13 mil hombres. Bowie leyó la nota y llamó a Travis, quien le respondió que no molestara porque estaba bailando con la dama más bella de San Antonio; Crockett se les acercó. Travis dijo que no había que preocuparse porque le tomaría no menos de dos semanas llegar. El baile prosiguió hasta las siete de la mañana. La historia, por más que divertida, no puede ser cierta: en esos momentos Santa Anna se encontraba saliendo de Monclova y la vanguardia del ejército mexicano no había llegado al río Bravo; la memoria sin duda traiciona a Menchaca.

El mismo día en que se celebró el baile, se produjo una crisis en la guarnición de San Antonio. James N. Neill anunció que partiría poco después con «un permiso de 20 días». Poco antes había recibido noticias de Bastrop donde le informaban que su familia estaba enferma y lo necesitaban desesperadamente; según otras fuentes, aprovecharía para recoger una donación de 5 mil dólares que había hecho un ciudadano de Nashville.

Antes de irse y entregar una guarnición de 117 hombres, tenía que resolver el problema de quién lo sucedería en el mando. Travis reportó: «A consecuencia de la enfermedad de su familia el teniente coronel Neill ha dejado este puesto [...] y me ha pedido que tome el mando». Si bien la decisión no causó conflicto entre los «regulares» que Travis mandaba, los voluntarios, acostumbrados a elegir a sus jefes, se amotinaron y realizaron una votación en la que Bowie resultó nominado como coronel en jefe. Neill, bajo presión, optó por una decisión en la que Travis mantendría el mando de los regulares y Bowie el de los voluntarios hasta su regreso.

El 11 de febrero Neill partió dejando la guarnición en conflicto. Aunque algunos de los *alamoístas* dicen que la solución salomónica no causó una ruptura entre ambos comandantes, es obvio que se produjeron continuos roces y choques. En una carta al gobernador Smith, Travis decía que lo habían colocado en una «situación extraña» y que la noche posterior a la elección Bowie lo celebró emborrachándose y armando en San Antonio una «parranda embrutecida» durante la cual liberó a varios presos de la cárcel, se peleó con Seguín a causa de un mexicano que quería liberar y detuvo carros de bueyes de nativos de la ciudad que querían dejar la población.

Travis escribió al gobernador Smith acerca de Bowie: «Ha estado estruendosamente borracho todo el tiempo [...]. Si no sintiera que estaban mi honor y el de mi país comprometidos, hubiera partido instantáneamente para algún otro lugar con las tropas bajo mi mando porque no quiero ser responsable de las irregularidades alcohólicas de ningún hombre». No solo lo dijo, Travis sacó durante unos días a sus regulares de San Antonio y los llevó al río Medina.

El hecho es que a partir del 14 de febrero Bowie y Travis co-firmaron las órdenes a la guarnición, supuestamente hasta el regreso de Neill.

22

Desvanecido

El Generalísimo

Para el resto del país, Santa Anna se ha disuelto en la nada. Los cónsules mexicanos en Estados Unidos han tenido noticias de la caída de San Antonio, y así lo comunican a México vía Veracruz, pero la presencia del Generalísimo saliendo de Monclova es ignorada por la nación.

La excesiva fragmentación hecha con el argumento de que un ejército como ese sería una plaga devastando económicamente una región muy poco poblada, es criticada por el coronel Sánchez Navarro: «Desde aquí a Río Grande [las poblaciones] no prestarán auxilio ni para 50 hombres [...] que vayan las fuerzas unidas o desunidas, no importa». De la Peña no es demasiado amable con la decisión de Santa Anna: «[Estamos] sin vínculo, sin punto de contacto, sin comunicaciones con los demás».

Aunque uno de los primeros analistas de la guerra de Texas, Potter, justificaba la situación por la carencia de pastos para caballería, bueyes y mulas, Almonte en su diario de los días 9 al 12 de febrero registra que irán encontrando buenos pastos para los caballos, pero no fuentes de agua hasta su arribo al presidio de Río Grande, llamado

Villa Guerrero, al borde del Bravo. Sánchez Navarro añade: «quedan atrás rezagadas cargas y carretas. Las mujeres interrumpen el orden. No hay sistema». En una villa los locales no quieren vender víveres al ejército.

El camino desde Monclova estará según Filisola «cubierto de fragmentos de carretas, aparejos, cajones, esqueletos de bueyes, mulas y caballos y de montones de galleta podrida»; «crucecitas de pequeños y toscos palos» dan noticia de muertos más por la falta de atención médica que por enfermedad. Por dondequiera se ven rezagados.

No le está yendo mejor a la columna de vanguardia que dirige Ramírez y Sesma, que trae tras de sí a una banda de comanches que viene robando los restos dejados por el ejército aunque no los ataca. La tercera columna, la del general Urrea, avanza desde Matamoros hacia la costa texana golpeada por el frío.

El río Grande resulta Bravo

José María Tornel

La columna principal del ejército de Santa Anna avanza en un clima que alterna el calor y el frío. Se produce una epidemia de telele por beber en aguas estancadas, pequeñas agresiones de comanches, robos de ganado de los apaches lipanes. El diario de Almonte registra fríamente los datos: «Día 13, en el río Grande, tiempo tormentoso». Una tremenda nevada, frío y hambre, mulas, caballos y bueyes muertos. De la Peña: «¡Qué cuadro tan hechicero! Todo lo que la vista alcanzaba era de nieve». Reciben noticias de que los estadounidenses han quemado el puente sobre el Nueces.

El año 1836 fue uno de los más fríos en la historia de Texas. Los llamados *blue northers*, oleadas de viento helado que bajaba de Canadá por las planicies texanas, le pegaron al ejército expedicionario mexicano dos veces, la primera al salir de Monclova y la segunda al intentar cruzar el río Bravo: vientos de gran velocidad precedidos por lluvia y una terrible nevada que causó un gran pánico. Sánchez Navarro registra que «en lo general pasa la nieve del alto de una cuarta». Hasta las cinco de la tarde del 14 de febrero siguió nevando. Más deserciones. El ejército avanza verdaderamente castigado, se pierde comida.

Santa Anna escribe que resultaban enormes «las penalidades del desierto; basta decir que los árboles suplían las tiendas de campaña y los animales silvestres completaban el rancho del soldado».

Durante tres días se produce el cruce, una experiencia muy difícil: las carretas de bueyes no pueden pasar y transportan nada menos que las municiones. Había que hacer balsas, pero para construirlas se necesita madera y clavos y el ejército no los trae, ni eso ni un cuerpo de ingenieros, lo más parecido es un capitán español de apellido Esnarreaga que tiene muchas habilidades, pero al que le rompió la pierna una coz de caballo. Comienzan a construirse balsas. Han muerto muchos caballos; Santa Anna registra las deserciones: «se perdieron cuatro centenares de hombres» en 48 horas. En días posteriores atacan las enfermedades.

Una parte del ejército, comandada por Ramírez y Sesma por delante del cuerpo principal, resulta muy afectada por el frío. Ese mismo 13 de febrero la columna principal queda atrapada en una nevada terrible con nieve hasta las rodillas, se pierden muchas mulas, el frío mata a 50 yuntas de bueyes. Es normal, un buey necesita ocho horas de pastura por ocho de trabajo y ocho de descanso, en estas condiciones no es así y los animales van muriendo de agotamiento.

Hacia el 16 de febrero se ha logrado el cruce. Buena parte de la pólvora está mojada. Muñoz dirá años más tarde: «El ejército va dejando una estela de cadáveres y despojos». Son un poco más de 2 mil hombres, 21 cañones, mil 800 mulas (Valadés en su recuento le quita un millar a la cifra de las mulas), 33 carromatos y 200 carretas de municiones.

El segundo jefe, el general Filisola, dirá que el ejército continúa sin armeros ni médicos, «ni un mal botiquín, ni una hila, ni una vara de lienzo siquiera para vendaje de heridos». No es exacto, pero la variación de la información suministrada por Martínez Caro no mejora demasiado la situación: «llevaba unos míseros practicantes y un botiquín de 300 pesos arreglado en Saltillo». Los armones de la artillería cargaban a derrengados y enfermos. Tras ellos, junto a ellos, sin que nadie los cuente, porque para los historiadores no hacen historia, una retaguardia de mujeres y niños.

Es notable la capacidad del Generalísimo en medio del desastre. Santa Anna es perseguido por sus propios fantasmas, el más potente el de la ambición de gloria a la que sacrificaba «poder y riqueza» (Valadés). Pero también es la indecisión, las órdenes contradictorias; un carácter irascible, unido a una capacidad de seducción y una capacidad de trabajo sobrehumanas, que producen en torno a él un gran carisma.

Ese mismo 16 de febrero, con una pequeña escolta, Santa Anna deja al cuerpo principal del ejército para alcanzar a Ramírez y Sesma, que va por delante en ánimo de rapiña: «arrasa los carrizos y el zacate sin perdonar las uvas verdes».

Antes de la partida Santa Anna le escribe al ministro de Guerra Tornel, probablemente respondiendo a una circular de aquel en que le recordaba que los esclavos negros, por el solo hecho de haber entrado en un territorio nacional, eran libres, y que el comercio de armas con los cherokees se castigaba con la pena de muerte. En su carta, Santa Anna establece la necesidad de liberar a los esclavos negros que se han introducido en el territorio bajo contratos de trabajo falsos. (Cuando Santa Anna salió de México, se decía en las comunidades de anglos en Texas que venía a liberar a los esclavos.) Luego plantea que hay que precisar instrucciones y propuestas para promover un poblamiento de la zona, repleta de tierras ricas, sin cometer los errores que propiciaron los asentamientos angloamericanos. No hay necesidad de darle esas tierras a extranjeros cuando existe una posibilidad de presencia mexicana bajo la forma de colonias militares.

El 17 de febrero Santa Anna cruza el río Nueces. Sintiéndose en el territorio conflictivo, emite un manifiesto: «Los candidatos a los acres de Texas aprenderán por su desgracia, que sus auxiliares de Nueva Orleans, Mobila (*sic*), Boston, Nueva York [...] son insignificantes». Según el diario de Almonte, alcanzará la columna del general Ramírez y Sesma en Río Frío, una zona de malas pasturas. Tiene que hacerse un puente y en la tarde cruzarán. Un día más tarde, el 20 de febrero, estarán en Río Hondo. Almonte registra: «La noche fue clara y agradable», se encuentran a ochenta kilómetros al sur de San Antonio.

24

Rumores de mexicanos

La misión de El Álamo

Para los defensores de San Antonio y la guarnición de El Álamo, febrero fue el mes de los rumores. Hacia el día 15 se decía que Santa Anna venía, no venía; iría por La Bahía (Goliad), iría por la ruta de la costa, vendría hacia San Antonio. Su presencia era la de un jinete al mando de un enorme ejército que cabalgaba en una ola de cuchicheos y falsas noticias; la verdad es que aunque los alzados no lo esperaban en febrero, sino hasta marzo, la desastrosa marcha había tenido la virtud de ganar un mes.

El 20 de febrero el primo de Juan N. Seguín, Blas Herrera, destacado como espía por su pariente, llegó en la tarde de ese sábado con la noticia de que dos días antes se habían visto soldados mexicanos cruzando el río Grande. Se hablaba de 5 mil efectivos, mil 500 de caballería, que podrían madrugarlos en cualquier momento, aunque el cuerpo principal del ejército viajaba con mayor lentitud.

José María Rodríguez, un niño de San Antonio, contará más tarde: «Un reporte llegó a mi padre de una fuente confiable, que Santa Anna avanzaba hacia San Antonio con 7,000 hombres [...]. Mi padre mandó a llamar al coronel Travis y vino a nuestra casa [...]. Travis le dijo a mi padre que no podía creerlo, porque el general Cos solo había sido derrotado hacía tres meses y no era posible que el general Santa Anna pudiera organizar en tan poco tiempo un ejército tan grande como ese». Seguín avaló a Herrera y eso forzó la realización de un consejo de guerra en casa de Travis. La mayoría consideró la información «el reporte de un mexicano», por lo tanto sin credibilidad (ah qué los mexicanos, tan chismosos), y se mantuvo en la idea que Santa Anna no podría llegar hasta la primavera, cuando volvieran los pastos.

Aproximándose

Juan Nepomuceno Almonte

Del diario de Juan Nepomuceno Almonte: «Febrero 21, domingo a las 7 y media dejamos Arroyo Hondo, nubes, ligeras lluvias, no hace frío, viento del sureste [...]. Al río Medina. A las 2 y cuarto llegó el presidente [...] la división completa a las 5 de la tarde cuando empezó una lluvia fuerte, todos mojados aunque el equipaje permaneció seco. A las 12 de la noche aclaró».

El ejército pasaría el día siguiente en las márgenes del Medina, donde Santa Anna recibe una visita inesperada: un cura y un tal Navarro que le hacen la confidencia de que en San Antonio no había más de 250 hombres, y andaban de fiestas y de alcoholes. Santa Anna planea la sorpresa, junta a toda la caballería posible, incluso los caballos de los oficiales de infantería y ordena a Cos que les dé un madruguete. Pero todo el día ha llovido: una «tormenta que vino del norte deshizo el valle»; el río crecido con aguas rápidas hacía muy difícil el cruce y más aún para el tren de artillería. Se desmorona la posibilidad. Santa Anna lo registra en una carta al ministro de la Guerra Tornel y Mendívil: «Mi objeto era sorprender [a la guarnición de El Álamo] al atardecer el día anterior, pero una fuerte lluvia me impidió hacerlo».

Almonte dirá en su diario: «Se cree que el enemigo ha descubierto nuestros movimientos». Se equivoca. Santa Anna ordena a Mora que cruce al este de San Antonio para ocupar la misión de La Concepción, que le parecía más peligrosa en términos defensivos que El Álamo.

Santa Anna se fue a bailar

Santa Anna

José María Rodríguez, un niño de 7 años en 1836, recordaría mucho más tarde que «una mañana temprano, un hombre llamado Rivas llamó a nuestra casa y nos dijo que había visto a Santa Anna la noche anterior, espiando disfrazado en un fandango en la calle Soledad».

Madame Candelaria contó muchos años después que Santa Anna, antes de iniciarse el cerco, entró en San Antonio; iba montado en una mula y fue haciendo pequeños planos de la disposición de la ciudad.

El sargento Félix Núñez dará una versión mucho más precisa: «Poco después de su llegada a El Alazán se enteró de que se iba a llevar a cabo un baile en San Antonio, en la casa de Domingo Bustillo, al norte del Southern Hotel. Santa Anna se disfrazó como mulero y fue al baile. Ahí descubrió la fuerza exacta de las tropas que estaban en la ciudad […] así como los sentimientos de los habitantes sobre la invasión». En la versión de Núñez, Santa Anna discutió acaloradamente con un supuesto señor Vergara, el suegro del capitán John W. Smith, cosa que los *alamoístas* desestiman, porque Smith era yerno de un tal Curbelo, no del inexistente Vergara. El historiador estadounidense Stephen L. Hardin, que analizó minuciosamente las declaraciones de Núñez, concluiría: «Esta historia de Santa Anna como agente secreto solo puede ser considerada y desechada como rumores de campamento. Santa Anna estaba acampado a 45 kilómetros de la ciudad, detenido por la crecida del río Medina».

¿Podría ser cierta la historia, en la que coinciden tres testimonios? Si bien es cierto que Santa Anna conoció que la guarnición de San Antonio estaba de fiestas y por eso pensó dar un golpe sorpresa con la caballería de Ramírez y Sesma, decenas de testimonios más fiables lo sitúan a buena distancia de la población. Dada la variedad de fuentes informativas mexicanas que lo aseveran, Santa Anna no pudo bailar ese día en San Antonio. Lástima. Evidentemente la historia es falsa, pero no por ello deja de ser representativa del caos de rumores, equívocos testimonios y leyendas que rodean esta historia.

El 23 de febrero

John Sutherland

John Sutherland cuenta que en la mañana del 23 de febrero «se observó que los habitantes se encontraban en una inusual agitación […] las casas se vaciaban». Comenzaba un pequeño éxodo en carros e incluso los más pobres abandonaban la ciudad a pie. «Se emitieron órdenes para que nadie abandonara la población y varios vecinos fueron arrestados e interrogados sin resultados. La respuesta más común era que salían al campo a preparar la próxima cosecha.»

Travis recibió la explicación de la inusitada emigración de boca del comerciante Nathaniel Lewis; según éste, la caballería mexicana habría llegado al arroyo de León, a casi trece kilómetros de la ciudad, la noche anterior, y envió un mensaje a los ciudadanos para que evacuaran y no quedaran atrapados en medio del combate. No había tal, el mensaje según las fuentes mexicanas nunca existió, pero sí la aproximación de Ramírez y Sesma tan solo con 160 hombres a caballo a las siete de la mañana al arroyo León o del Medio, a tres leguas de San Antonio, y progresó hasta detenerse hacia las 12.30 en las colinas de Alazán, a tres kilómetros de la ciudad, donde podían abastecerse de agua. Ahí se detuvo esperando al cuerpo principal y la respuesta de los defensores de San Antonio.

Resulta sorprendente la falta de reacción de los mandos de la guarnición texana. Travis parecía no acabar de creérselo: finalmente se subió al campanario de la iglesia de San Fernando y oteó el horizonte buscando huellas de los mexicanos hacia el sudoeste. Nada. Dejó a uno de sus hombres encargado de hacer sonar la campana.

Entre doce y una el resto de la división, con Santa Anna, descansa en la loma del Alazán. Contaba con mil 541 hombres y su escolta (el general en jefe en un carruaje con su estado mayor, el Regimiento de Dragones de Dolores y tres batallones de infantería), con dos piezas de artillería. Los rumores y algunos testimonios posteriores dirían que el ejército mexicano contaba con 6 a 10 mil hombres. Si la reacción de los texanos era absurdamente lenta, la de los mexicanos lo era más con aquella sorprendente calma en la aproximación: de haberse lanzado el ataque, se habría impedido a los defensores fortalecerse en El Álamo; pero Santa Anna no sabía qué era lo que tenía enfrente y tanto la vanguardia como su columna avanzaban sin exploradores. Diría más tarde que «un ataque por sorpresa hubiera ahorrado toda la sangre vertida».

Travis finalmente mandó a Sutherland y Smith hacia el sur por el camino de Laredo. Sobre la cresta de una loma los dos *scouts* creyeron divisar el brillo de las corazas «reluciendo a los rayos del sol», pero las tropas mexicanas no usaban corazas, o sea que en este caos quién sabe qué fue lo que vieron o quisieron ver, de cualquier manera salieron cabalgando velozmente hacia la ciudad; en el apresuramiento el caballo de Sutherland tropezó y su jinete fue a dar a tierra, atrapándole una pierna.

Mientras tanto, en el campo de los rebeldes reinaba el caos, falsas alarmas de centinelas, *scouts* que volvían con informaciones contradictorias. Travis había ordenado el repliegue a El Álamo de todos los combatientes. Alguien arrió en San Antonio la bandera de la insurrección, la tricolor con las dos estrellas de Coahuila y Texas.

Juan N. Seguín recordaría más tarde que mientras los voluntarios iban por la calle Potrero hacia El Álamo, un grupo de mujeres los contemplaba diciendo cosas como «Pobres tipos, los van a matar a todos».

En el repliegue, un grupo de texanos saqueó los jacales en los alrededores de la misión y encontraron unas 80 o 90 fanegas de maíz. Bowie con otro grupo reunió unas 20 o 30 cabezas de ganado y las condujo hacia el interior del fuerte.

Aunque Seguín muchos años después la situaría mucho más tarde, Francisco Antonio Ruiz, alcalde de la ciudad, sería muy preciso: «A las 2 de la tarde el general Santa Anna con una parte de su ejército entró en San Antonio». Y lo hizo cruzando el cementerio y sin disparar un solo tiro. Las memorias de jóvenes como Juan Díaz, recogidas varios años más tarde, recordarán que encabezaba la marcha una banda de guerra tocando los tambores, a la que seguían unos abanderados. Aurelia Yorba hablará de las bayonetas que brillaban al sol cuando desfilan por el «pueblo» de San Antonio las tropas santanistas. ¿Sería ese el reflejo que había visto Sutherland o nuevamente la memoria de un niño lo traicionaba?, porque ¿para qué tendrían que ir con bayoneta calada en ese momento las tropas?

Eric von Schmidt y Bob Reece registrarán en falso: «el ejército mexicano estaba espléndidamente uniformado, al modo napoleónico». El narrador no se lo puede creer. Se trataría más bien de unas harapientas tropas que habían resistido 88 días de marcha en condiciones terribles, eso sí, con oficiales floreados que llevaban en baúles sus pertenencias personales.

Mientras el improvisado desfile se produce, los últimos defensores se repliegan a la misión. Susanna Dickinson contará que su marido el capitán se le acercó a galope y le gritó: «Los mexicanos están sobre nosotros, dame el bebé y salta detrás de mí».

La marcha de Santa Anna ha cubierto millares de kilómetros en condiciones materiales y atmosféricas terribles, cuatro meses de penurias. Se trata sin duda de una gran hazaña militar, pero una hazaña inútil en la medida en que no ha aprovechado la sorpresa.

En esos momentos una parte importante del ejército de operaciones se encontraba bajo el mando de Gaona en el presidio de Río Grande, 300 kilómetros atrás. Santa Anna lo regañará infundadamente por la lentitud de su marcha y mandará mensajeros para que la acelere.

A las tres de la tarde William Barret Travis, sin saber aún que se encontraba ante el mismísimo Santa Anna, escribió una nota a Andrew Ponton en Gonzales: «El enemigo con una fuerza grande está a la vista. Necesitamos hombres y provisiones [...] y estamos determinados a defender El Álamo hasta el final». Poco más tarde redactó una segunda nota que firmó junto a Bowie para James W. Fannin (en Goliad): «En esta situación extremosa esperamos que nos envíe todos los hombres de que pueda prescindir puntualmente [...]. Nos parece innecesario repetir a un bravo oficial que conoce su deber, que lo llamamos para que nos asista». Sutherland y Smith salieron hacia Gonzales y el teniente James Butler Bonham lo hizo hacia Goliad.

Poco antes de salir, Sutherland registra que Crockett le pidió a Travis que le diera una posición en la defensa y éste le ordenó que con su docena de compañeros cubriera la empalizada en la esquina de la iglesia, bajo el supuesto de que eran buenos tiradores. En el camino se encontró con el capitán Nat Lewis, que como muchos otros había salido corriendo, dejando su comercio con las puertas abiertas y entrado en la misión para luego abandonarla; otras crónicas registrarán entre los primeros desertores al capitán Philip Dimmitt y el teniente B. F. Nobles.

El mismo Lewis le contaría años más tarde a Potter que el fuerte se encontraba en un completo desorden: «Algunos de los voluntarios que habían vendido sus rifles para obtener medios de disipación, clamaban por armas de cualquier clase».

Santa Anna ordena que en la torre de la iglesia de San Fernando, que puede ser vista perfectamente desde la misión, sea colgada una bandera roja, símbolo de que no habrá cuartel. Algunos historiadores darán vuelo a su imaginación y añadirán que la bandera tenía en el centro el cráneo y los huesos cruzados.

En respuesta Travis ordenó que los artilleros William R. Carey y el herrero y capitán de milicias Almeron Dickinson respondieran con un cañonazo de una de las piezas de 18 libras. Con los dos cañones con que contaba, el ejército mexicano montó una pequeña batería y respondió con dos descargas sobre el fuerte.

Jim Bowie, que no estaba de acuerdo con haber abierto el fuego, redactó una nota a mano en español y envió a un hombre con bandera blanca. La breve nota hablaba de la confusión creada por el primer cañonazo y preguntaba «si en efecto querían parlamentar». Santa Anna años más tarde dirá: «Le contesté indignado». Indignado o no, su ayudante de campo, el coronel José Batres, transmitió al mensajero que «por orden de Su Excelencia el ejército mexicano no puede llegar a ningún arreglo bajo ninguna condición con rebeldes extranjeros […] si quieren salvar la vida […] tienen que ponerse de inmediato a disposición del supremo gobierno».

Travis no podía quedarse así. Bowie no debería negociar por su cuenta y envió un segundo parlamentario, Albert Martin, un exoficinista de Nueva Orleans, que cabalgó de nuevo con bandera blanca para entrevistarse con el coronel Juan N. Almonte y otros oficiales. El mensaje era el mismo: si los mexicanos querían negociar, Travis los recibiría con mucho gusto y oiría sus términos. Almonte secamente le comunicó que no tenía más proposiciones que hacer y que escucharía las de los estadounidenses, que solo para eso tenía permiso.

Con la ciudad tomada y la misión de El Álamo a la vista, Santa Anna ordenó un descanso y comenzó a reunir información sobre qué era lo que tenía enfrente. Los vecinos de San Antonio le dijeron que en la misión había entre 130 y 150 gringos armados. Luego llamó a las tropas que destacara en la mañana en La Concepción para que se les reunieran. Una parte de la columna mexicana se dedicó a un saqueo organizado de las casas y tiendas que quedaron abiertas y que pertenecían a los defensores, donde se recuperaron 50 rifles.

Durante la noche una pequeña batería de artillería fue situada cerca del río y de la casa de Veramendi. Almonte no duerme, estará a cargo de contar el botín de guerra reunido en San Antonio, que se venderá en 3 mil 594 pesos y 6 reales que se distribuyen entre la tropa.

El sitio

"A degüello"

Aunque algunas fuentes insisten en contar que los que se habían encerrado en El Álamo estaban muy escasos de provisiones (Sutherland dirá que no había café, ni sal o azúcar) para resistir un sitio prolongado, la realidad es muy diferente. Según una lista previa al inicio del cerco, había casi 125 kilos de res y puerco en salazón, 2 mil 20 kilos de café, 2 mil 40 de azúcar y 10 sacos de sal, además de pimienta y vinagre. A esto había que sumar las 20 o 30 reses y el maíz requisados a los bejareños. Los sitiados tuvieron más suerte, no tendrían que salir de la misión para recoger agua en las acequias, del pozo que estaba siendo cavado en el interior del recinto comenzó a brotar agua.

Hacia las nueve de la mañana Santa Anna inspeccionó la misión aproximándose a caballo, estaba a distancia de tiro de mosquete. ¿Qué le cruzaba por la cabeza? Solo tenemos dos elementos para saberlo, por sus futuras acciones: ubica las baterías enfocadas hacia la puerta central y se toma todo con mucha calma, sin duda a la espera del arribo del resto del ejército de operaciones.

Al sur y al sureste de El Álamo, en el río San Antonio y en la villita a 175 metros del fuerte, se instalan las primeras piezas de artillería, pero no son piezas de sitio que puedan demoler los muros; se trata pues de mantener la presión sobre los sitiados. Parece importarle poco que en El Álamo haya más de 20 cañones y en eso tiene razón, la artillería de los texanos estaba «en manos de hombres sin habilidades para usarlos, y a causa de la ineficiente construcción, la mayoría tenía un alcance limitado».

A lo largo del día James Bowie, que se había enfermado poco antes, se agravó, temblaba de frío, tenía mucha fiebre y tosía. Algunos dirán que tenía neumonía, otros la convertirán en tuberculosis y también se hablará de tifus. El médico de la guarnición de una manera poco afortunada dirá que «era una enfermedad peculiar de naturaleza peculiar». Su pariente Juana Navarro, esposa de Horace Alsbury, que lo había estado cuidando, tal vez por miedo al contagio, o porque el propio Bowie trató de aislarse, dejó que un par de milicianos lo llevaran a una barraca en la pared sureste y lo depositaran en un catre; allí supuestamente comenzó a atenderlo ese singular personaje llamado madame Candelaria.

El colapso de Bowie dejó a Travis como único mando y la primera acción del ahora comandante supremo fue elaborar nuevas cartas pidiendo ayuda: «Al pueblo de Texas y todos los estadounidenses en el mundo. Compañeros ciudadanos y compatriotas, estoy cercado por un millar o más de mexicanos bajo Santa Anna. He resistido un cañoneo de 24 horas sin perder un hombre. El enemigo ha exigido rendición a discreción, de otra manera la guarnición será pasada por la espada si el fuerte es tomado. He respondido a la demanda con un cañonazo y nuestra bandera ondea orgullosa en los muros. No me rendiré o retiraré. De manera que los llamo en nombre de la libertad, el patriotismo y todo lo que es querido para el carácter estadounidense a venir en nuestra ayuda […] Si esta llamada es desoída, estoy determinado a mantenerme tanto como sea posible y morir como un soldado que nunca olvida lo que debe a su honor y a su patria. Victoria o Muerte».

Travis comenzaba a intoxicarse con su propia retórica: más allá de la exageración de haber sufrido un cañoneo de 24 horas, sus reiteradas ofertas de resistir hasta la muerte sonaban premonitorias. El capitán Albert Martin fue despachado hacia Gonzales, a 100-115 kilómetros, con orden de que se copiara el texto y se reenviara a Goliad, San Felipe, Washington-en-el-Brazos, Nacogdoches y Nueva Orleans.

Contrasta la imagen que Travis despliega en su correspondencia con la visión del doctor Sutherland, quien dice que durante el sitio Travis «gastaba su tiempo en asistir a las jugadas de gallo, a los fandangos y en jugar a los naipes»; curiosamente vivía en el delirio de grandeza de su propuesta retórica, pero no podía dejar de ser quien era.

Al atardecer las dos baterías mexicanas comenzaron a hacer fuego sobre El Álamo. En el diario de Almonte hay un comentario de cómo la música se alternó con las granadas. Otras muchas fuentes hablan de que a lo largo de esa tarde y en los siguientes días un toque de corneta se repitió una y otra vez. Juan N. Seguín, desde el interior de la misión, lo interpretó para los sitiados: se trataba de «A degüello», el toque que avisaba que no habría misericordia para los defensores. Al paso de los años se ha confundido el toque con una marcha morisca de igual nombre que tocaban las bandas de guerra del ejército español, y ha sido reinterpretado en las versiones cinematográficas posteriores de varias maneras, incluso una de Ennio Morricone, muy diferente de «La muerte baila» compuesta por el finés Dimitri Tiomkin para la película de John Wayne. Ninguna de estas versiones tiene que ver con el toque original, que es extremadamente breve aunque puede repetirse, y se repitió un centenar de veces. Versiones poco confiables dicen que el toque de «A degüello» que insistentemente sonaba fue respondido por el violín de David Crockett y la gaita de John McGregor.

En la noche, parte del ejército santanista que se había retrasado siguió entrando en San Antonio.

Al amanecer del 25 de febrero los mexicanos reiniciaron el bombardeo, se trataba de esporádicos cañonazos que fueron respondidos por los cañones de la misión. Pocas bajas se produjeron en ambos lados; en cambio, la corta distancia a la que se estaba combatiendo permitía un florido y continuo intercambio de insultos.

A las 9.30 de la mañana Santa Anna se acercó a la batería, pasó al otro lado del río y manteniéndose cerca de la acción, ordenó al general Manuel Fernández Castrillón que con dos de las compañías de cazadores de los batallones Matamoros y Jiménez, unos 300 hombres, tomaran las casas y jacales al sur del fuerte, colocándose «a medio tiro de fusil». Sin duda estaba probando las defensas. Se combatió durante unas dos horas. Los defensores respondieron metralla de artillería y fuego de fusilería, obligando a replegarse a los mexicanos. Travis reportará que «el honorable David Crockett fue visto en todos los puntos, animando a los hombres a cumplir con su deber». Dos muertos y seis heridos entre los mexicanos que recibieron fuego del fuerte. La acción había mostrado no solo que los texanos estaban dispuestos a defenderse, sino algo más: el superior alcance de los largos rifles de los rebeldes. Travis reportará solo dos o tres hombres con arañazos y cerraba otra más de sus comunicaciones con: «Si nos desbordan, caeremos en sacrificio en el altar de la patria, y esperamos que [...] nuestro país hará justicia a nuestra memoria. Dame auxilio, ¡oh mi país! ¡Victoria o muerte!».

En la noche los texanos quemarían los jacales para que no los pudieran usar los atacantes como protección en futuras acciones. Los mexicanos en cambio cavaron dos trincheras y Santa Anna colocó la caballería al oriente, en unas colinas, para impedir una fuga de los rebeldes y bloquear el acceso a Gonzales. Salieron emisarios para que las tropas de Gaona aceleraran el paso a fin de participar en el cerco. Un viento frío del norte comenzó a soplar, las temperaturas bajaron.

Los rumores decían que el Generalísimo Santa Anna había tomado a una muchacha de San Antonio. Si él estaba contento, no lo estaban tanto sus soldados, que sufrían mucho a causa del frío que prosiguió a lo largo del viernes 26.

El ejército mexicano trató de cortar las acequias que quedaban cerca del fuerte, pero el trabajo resultaba inútil porque un segundo pozo había sido cavado en el interior de la misión. El frío afectaba seriamente también a los sitiados, que se vieron obligados a mandar una partida de exploradores a la busca de leña y se produjo un breve tiroteo con las avanzadas mexicanas. Siguió el fuego artillero «que el enemigo no contestó más que con uno u otro tiro de sus piezas».

El sábado 27 la temperatura seguía bajando y el bombardeo, que Potter pocos años después calificaría como «más bien ineficaz», era frecuente. Cañonazos de día, con piezas ligeras, porque la artillería pesada aún no había llegado, y todo ello con música de «A degüello», tiroteos y provocaciones de noche para no dejar dormir a los defensores. Se plantaron nuevas baterías en el lado este del río, en el noroeste y el sudoeste y sur de la misión. Cuando Potter vio los muros cinco años después, sobre todo el ángulo noreste y la capilla, «estaban menos dañados que lo que podía esperarse». Curiosamente Santa Anna había dejado libre de cañones el oriente, quizá provocando una salida por allí de los sitiados para enfrentarlos en terreno abierto con la caballería. En una carta el Generalísimo comentaba: «He estado ocupado hostilizando al enemigo [...] tanto que no pueden levantar sus cabezas sobre los muros».

Una brigada mexicana salió a los ranchos vecinos de Seguín y Flores, los texano-mexicanos vinculados al movimiento, para apropiarse de maíz, ganado y cerdos. Nada más digno de destacarse. Lo que sí hubo en abundancia fue movimiento de correos, mientras Travis mandó a Bonham pidiendo de nuevo la ayuda de Fannin en Goliad, Santa Anna mandó mensajes a México informando de la toma de San Antonio, a la brigada de Urrea que marchaba por la costa, a Filisola, pidiéndole que enviara sal y que acelerara el paso, y a Cos y Vital Fernández, que se encontraban a sesenta leguas.

Hacia las dos de la tarde un contingente salió de Gonzales al socorro de los sitiados rumbo a la misión, Albert Martin regresaba con ellos. Y en Washington-en-el-Brazos se preparaba una expedición hacia El Álamo con 52 mercenarios de Kentucky dirigidos por Sidney Sherman.

29

James Walker Fannin

Fannin

Hijo ilegítimo del doctor Isham Fannin y de una «dama de buena familia caída en desgracia», nació probablemente al iniciarse 1804 y fue adoptado por su abuelo materno, por eso llevaba el Walker como segundo nombre, quien lo hizo crecer en una plantación cerca de Marion en Georgia. Entró como cadete a la escuela militar de West Point a los 14, pero dos años después abandonó la academia a causa de sus malas notas, ausencias y «lentitud de aprendizaje». Cuando lo hizo era el número 60 de una clase de 86. Su estancia en West Point hizo que muchos de los historiadores de El Álamo le atribuyeran exageradas habilidades: Roberts y Olson dirán que «conocía estrategia, táctica, logística, artillería y tenía un sentido del grado, el mando, control, autoridad y obediencia». Su mediocre paso por la academia militar sin duda lo deja en mucho menos.

Regresó a Georgia y en 1828 trabajó como comerciante en Columbus. Fue secretario de una «sociedad de temperancia» (contra el abuso del alcohol) e inspector de las milicias del estado. Un año más tarde se casó con Minerva Fort, con la que tuvo dos hijas: Jamie (1830) y Eliza (1832).

En el otoño de 1834 se estableció en Velasco, Texas. Cuando llegó a territorio mexicano traía consigo 14 esclavos, que declaró como «negros libres». Creó en sociedad una empresa dedicada al tráfico de esclavos que traían del Congo vía Cuba, que en aquel momento era no solo ilegal en México donde se había abolido la esclavitud sino en Estados Unidos, donde lo ilegal era el tráfico. Se conservan registros de una operación de introducción y venta de 153 personas. Su rancho en San Fernando lo pagó con vales y con 23 negros africanos; ansioso por enriquecerse probó también con la especulación de tierras.

En 1834 y 1835 viajó a Estados Unidos buscando relaciones, financiamientos y apoyos, ofreciendo el paraíso y escribiendo cartas a sus viejos compañeros de West Point para reclutarlos como voluntarios de un futuro movimiento independentista. En abril de 1835, Fannin viajó a Nueva Orleans y fue arrestado por el impago de una deuda. Tras depositar una fianza regresó a Texas, donde rápidamente se sumó a la facción más agresiva de los colonos, la conocida como los «perros de la guerra».

Al iniciarse el movimiento se incorpora a las milicias texanas como capitán de la Guardia de Brazos y colabora con Bowie en las labores de exploración que llevarán a los enfrentamientos contra el ejército mexicano en La Concepción. Houston lo nombrará inspector general del ejército, Fannin le contestará que quiere para sí el título de general de brigada y un «puesto en zona de peligro». Su mediocre paso por West Point parece darle derecho a esos nombramientos. En noviembre Austin lo releva de su cargo y Fannin se retira de las operaciones en torno a San Antonio para «visitar a su familia».

Finalmente obtendrá un nombramiento de coronel de artillería el 7 de diciembre de 1835 y un mes más tarde estará a cargo de la expedición a Matamoros. Sale de Velasco en barco, desembarca en Copano y suma cuatro compañías de los voluntarios de Georgia a la columna. Estando en Refugio y siendo informado de que hacia ellos se dirige la columna militar mexicana salida de Matamoros dirigida por el general Urrea, se separa de los hombres de Grant y se retira a Goliad, 40 kilómetros al norte, donde se hará cargo de la guarnición a partir del 12 de febrero del 36.

El hecho es que la segunda plaza fuerte en el sur de Texas queda en manos de un hombre que, como Jeff Long dice, «no había combatido gran cosa en lo que iba de guerra. Se había perdido los acontecimientos de Gonzales por una gripe y se retiró a casa antes de la toma de San Antonio».

Tiene conflictos con los texano-mexicanos por su mentalidad racista («No debemos depender de mexicanos. Sería una desilusión») y choca permanentemente con los nuevos irregulares voluntarios, los estadounidenses recién llegados, que despreciaban la disciplina formal y elegían a sus mandos. Para un alumno de West Point, aunque fuera un fracasado de West Point, eso resultaba inadmisible. El cabo Ferguson, a sus órdenes en Goliad, decía de él en una carta que la mayoría de los hombres no lo querían porque pensaban que era un personaje que «quería ser grande sin dar los pasos apropiados para alcanzar la grandeza». El *alamoísta* Charles M. Yates intenta un balance: «Si era incompetente, había mucha incompetencia alrededor en Texas en esos momentos. ¿Era un cobarde? ¿Era un inepto? Quizá, dada la situación, no era el mejor comandante para la tarea».

Las imágenes que se conservan de Fannin son contradictorias, y entre los *alamoístas* hay dudas sobre su exactitud; evidentemente una es un cuadro de su etapa de cadete en West Point: escaso pelo rizado, con una barba incipiente y sin bigote, airoso, que supuestamente le hizo su primo Samuel Morse; otra es un retrato que muestra a un personaje de unos 40 años, mofletudo. No parece de 32 años de edad. Hay una tercera que muestra a un caballero anguloso con uniforme militar, más parecido al primero, mirada distraída. Los hombres retratados no se parecen entre sí. Pero esto es normal, nadie se parece a su propio retrato.

30

El indeciso Fannin y el prudente Urrea

Vista de Goliad

Desde San Antonio, 140 kilómetros siguiendo el curso del río San Antonio, a unos cinco o seis días de marcha, está el presidio de La Bahía, sobre el pueblo de Goliad y construido en lo alto de una loma que domina la pradera. Un cuadrado de cerca de 14 mil 164 metros cuadrados circundado por una pared de piedra de más de tres metros de alto y un metro de espesor, con abundantes barracas y una iglesia en su interior. Fannin había concentrado allí una fuerza de 420 hombres.

Estratégicamente no tenía mucho sentido. El doctor Barnard precisará que no controlaba ninguna carretera ni obstruía una ruta para impedir el paso de un ejército, aunque «toda la estructura da la idea de solidez y durabilidad». La zona no le era políticamente favorable a la guarnición porque los granjeros de San Patricio o Refugio eran católicos irlandeses y una parte quería la protección del ejército mexicano contra lo que percibía como una revuelta protestante de los esclavistas del norte de Texas. Sin embargo no era un mal fuerte, de paredes gruesas reforzadas y un bastión en cada uno de los ángulos que daban al sur. El mismo Barnard se complacía en señalar que no era mala la tropa formada en gran parte con voluntarios estadounidenses originarios de Georgia, bien armados, incluso tenían en reserva mosquetes ingleses capturados al ejército mexicano.

Su jefe, James Walker Fannin, parecía sin embargo no tenerlas todas consigo: le escribía al gobernador que había renombrado el fuerte como «Fort Defiance», no sabía qué hacer ante la ausencia de noticias de Sam Houston, reiteraba previos llamados de auxilio al gobierno texano pidiendo más hombres, dinero y material de guerra, y se quejaba de que bajo su mando «muchos hombres influyentes me ven con ojos de envidia y desean [...] mi desgracia». Era evidente que Fannin no era un comandante querido, sus hombres lo encontraban ambicioso, arrogante y no estaban seguros de su valor.

El 20 de febrero el general José Urrea cruzó el arroyo Colorado, pasó por el rancho Carricitos, arribó al rancho Chilquipín, mandó en vanguardia 120 dragones de caballería hacia Santa Rosa y el 24 llegó al río Nueces con 320 infantes de Yucatán, 320 dragones de Cuautla, Tampico, Durango y Guanajuato, y una pieza de artillería. Han recorrido más de mil kilómetros, en los últimos días bajo nieve y fuertes aguaceros, pasando hambre. Dispuso que se hicieran exploraciones y colocó emboscadas en los bosques cercanos al río. Urrea se movió con cautela, intentando averiguar qué tenía enfrente. «Quería explorar el Nueces personalmente.» Un día más tarde, los alcanza una nueva helada que hace que seis soldados mayas del Batallón de Yucatán, que no están habituados al frío y no tienen ropas de cobijo, mueran. Urrea registra que hay noticias de avanzadas de rebeldes en San Patricio y hace avanzar a la infantería. El 25 su vanguardia se aproximó a dos leguas (11 kilómetros) de Santa Gertrudis.

Ese mismo día Fannin recibió el primero de los mensajes de auxilio que le enviaba Travis desde El Álamo. No era grata la situación en que lo ponía el comandante de la sitiada misión; tenía que ir a apoyarlo para enfrentarse a los miles de soldados santanistas y dejar debilitada la guarnición ante el avance de Urrea.

Fannin, por su propia voluntad o bajo presión de sus hombres, decidió finalmente acudir en auxilio de los cercados en El Álamo y el 26 de febrero con 320 hombres, 4 cañones y varios vagones inició la marcha, dejando tan solo 100 hombres de guarnición. La mayor parte de ese día lo perdieron tratando de remolcar la artillería a través del río San Antonio. Cuando lograron cruzar los cañones, tuvieron que retroceder para hacerse cargo del paso de las municiones. Poco después de la salida se les rompió el primer vagón; al final del día estaban a 200 metros de su punto de partida.

Esa noche pegó el viento del norte de nuevo con gran intensidad, por un descuido de la intendencia había poca comida y mientras estaban acampados, varios de los bueyes se dispersaron. Eso fue suficiente. Bien porque desde el principio no estuvieran de acuerdo con la expedición o porque todo parecía salir mal esa noche, el consejo de oficiales decidió regresar a Goliad; Fannin envió una carta a Gonzales informando de su fracaso, y a la mañana siguiente retornaron.

Ese mismo 26 de febrero las exploraciones de Urrea le informaron que «había 60 estadounidenses en San Patricio, esperando ser reforzados por el doctor Grant y sus 60 hombres que habían ido al río Bravo a capturar caballos». Hacía mucho frío y llovía pero Urrea decidió entrar en combate y ordenó la marcha. «Los dragones, que apenas si eran capaces de desmontar, estaban tan entumecidos por el frío que casi no podían hablar.» A las tres de la madrugada llegó a las cercanías de San Patricio y ordenó al capitán Pretalia que con 30 hombres atacara a una docena de estadounidenses que custodiaban unos caballos; con otros 40 dragones desmontados y cubiertos por lo que le quedaba de caballería avanzó sobre el grupo principal. Media hora más tarde se inició el combate en medio de la lluvia, que se resolvió rápidamente. En el terreno quedaban 20 estadounidenses muertos y 32 prisioneros, y las tropas mexicanas solo habían sufrido un muerto y 3 heridos. A toda prisa Urrea, sin tener tiempo para disfrutar su primera victoria, estableció emboscadas puesto que esperaba la llegada del resto del grupo de Grant, y envió un grupo de reconocimiento hacia Goliad.

Fannin acababa de regresar al fuerte cuando recibió noticias del combate entre las tropas de Urrea y un grupo que buscaba caballos y forraje al mando del coronel Frank Johnson y al este de San Patricio. «El enemigo tiene la ciudad de Béjar, con una gran fuerza, y me temo que pronto tendrá a nuestros valientes compatriotas de El Álamo [...]. Otra fuerza está cerca de mí, cruzaron el río ayer y atacaron a una parte por sorpresa», escribió el 28.

El 28 y 29 de febrero Urrea dio un descanso a su tropa castigada en días anteriores por el combate, el frío y las marchas nocturnas. Tenía con él 199 infantes y 183 hombres de caballería, una parte de su tropa aún no lo había alcanzado; no son buenos números porque cree que el coronel Fannin cuenta con 600 hombres y 19 piezas de artillería en Goliad. No solo Urrea está desinformado, los rumores que llegan a Fannin le hablan de que el general mexicano había pasado a cuchillo a todos los capturados. Cundió el pánico; la guarnición se dedicó a reforzarse. Fannin escribió pidiendo ser relevado de su mando, el caos lo rodeaba. Brooks, uno de sus segundos, seguía preparando una expedición a El Álamo con 200 voluntarios. Fannin cayó en la depresión y le escribió a un amigo: «Esperando lo mejor, estando preparado para lo peor».

31

El sitio y los rumores

Juan N. Seguín

El domingo 28 de febrero el tiempo pareció suavizarse y las temperaturas subieron. Igual cosa sucedió con los rumores en uno y otro bando: las noticias de que había salido un refuerzo desde Goliad llegaron hasta los defensores de El Álamo y también hasta Santa Anna, que en la noche decidió cortar el camino, aunque Almonte escribió en su diario «No es verdad». Travis envió nuevamente correos pidiendo auxilio. El cañoneo continuó.

Al día siguiente la temperatura continuó mejorando.

Esperando que o bien de Gonzales o bien de Goliad los anglotexanos intentaran socorrer a los sitiados al atardecer, el Batallón de Allende tomó posiciones al este de El Álamo y más tarde Santa Anna le ordena a Ramírez y Sesma que «salga en busca de los enemigos y que lleve al batallón [...] con él» y bastantes municiones, que lo haga de madrugada para sorprenderlos. Y termina: «En esta guerra sabe usted que no hay prisioneros». A media noche Ramírez y Sesma, sumando a la caballería de Dolores, salió en dirección a Goliad.

No fue el único. En El Álamo una reunión de oficiales esa misma noche acordó enviar a un nuevo mensajero que presionara a Fannin, otro más. Fue elegido el jefe de los texano-mexicanos, Juan N. Seguín, un hombre de 29 años, miembro de una familia de rancheros acomodados, que ocupara cargos públicos en San Antonio y había participado en la toma de esa ciudad. A pesar de que Travis prefería tenerlo en el fuerte porque hablaba perfectamente el español y podía ser útil en futuras negociaciones, fue electo en una votación y salió a las ocho de la noche tras haberse despedido de sus camaradas, convencido de que lo iban a matar. Pidió prestado un caballo a Bowie, quien estaba tan enfermo que no lo reconoció (en otra versión, del propio Seguín, consiguen caballos en un rancho cercano, y en una tercera, contada por el propio Antonio Cruz, éste lo estaba esperando en uno de los jacales al oeste de la misión con un caballo). Tras burlar a la caballería mexicana se internó en los bosques.

A pesar de que Santa Anna aproximó a sus tropas y el cerco supuestamente se había cerrado, a lo largo de todos estos días Travis pudo mandar una docena de correos sin que ninguno fuera capturado y el mismo Seguín da cuenta de que una familia de San Antonio apellidada Pache le enviaba sus comidas con un niño y eso los mantenía informados.

Juan N. Seguín nunca llegó a Goliad, en el camino se encontró a un mensajero de Fannin que le contó de la salida de la columna de apoyo y decidió esperarla en San Bartolo. Horas más tarde un nuevo mensajero le informó del fracaso de la expedición. Seguín se dirigió entonces a Gonzales.

Paralelamente, parece ser que los 60 hombres que se habían reunido en Gonzales, según la carta de Williamson a Travis, fueron mermando en su camino a San Antonio a causa de las deserciones hasta quedar en 32. En la noche fría del 29 de febrero al 1 de marzo, el grupo contempló las hogueras del ejército mexicano circundando a la misión, eran aproximadamente las dos de la madrugada.

Ocultándose en el bosque cercano, una hora más tarde los de Gonzales pudieron infiltrarse en El Álamo. Iban comandados por el teniente (o capitán de milicias) Ensign (o George) Kimble (o Kimbell), Albert Martin y John W. Smith. Para los defensores ésta era la primera buena nueva en muchos días y fue recibida con júbilo porque además de ser el primer refuerzo traían café y harina de maíz. No parece tener ningún fundamento la aseveración de Seguín, años más tarde, de que la llegada de los 32 de Gonzales la permitió Santa Anna porque así los tendría dentro a todos.

El joven Enrique Esparza registrará muchos años después que el martes 1 de marzo «los texanos sonaron el tambor y tocaron la flauta» celebrando el ingreso de los refuerzos.

Santa Anna pareció ignorarlos, estaba más preocupado por la tropa que venía de Goliad, pero esa mañana recibió una nota de Ramírez y Sesma en la que le informaba que su reconocimiento había llegado hasta La Tinaja sin hallar huellas de la columna de auxilio, poco después la caballería mexicana estaría de nuevo en San Antonio.

A mediodía el Generalísimo realizó un reconocimiento en el lado norte de la misión, pareciera estar eligiendo el mejor lugar para el ataque final. En la tarde un disparo afortunado de uno de los cañones de El Álamo impactó en la casa donde Santa Anna se hospedaba en la plaza principal, levantando una polvareda y sin causar bajas.

El 2 de marzo, varias de las fuentes que narraron el sitio y la posterior batalla daban noticia de que la bandera roja que significaba que no habría cuartel fue izada nuevamente en la catedral de San Fernando. Como si el Generalísimo mexicano quisiera dejar claro que el asalto estaba próximo, acercó dos baterías a la misión y el Batallón de Jiménez a unas trincheras a tiro de pistola.

El bombardeo de la artillería ligera mexicana proseguía sin causar mayores daños. Travis dirá: «Al menos doscientos proyectiles han caído dentro de nuestras instalaciones sin haber herido a un solo hombre».

Aunque las versiones más tradicionales dicen que la llegada a El Álamo el 3 de marzo de un nuevo correo, James Bonham, anunciaba que la expedición de Fannin había fracasado y que por lo tanto los sitiados sabían que no podrían recibir refuerzos, la realidad es la opuesta. Bonham portaba una misiva de Williamson, en la que anunciaba la llegada de refuerzos: «Sesenta hombres han dejado esta municipalidad [Gonzales] y con toda probabilidad ya estarán con ustedes para esta fecha. El coronel Fannin con 300 hombres y cuatro piezas de artillería están en marcha hacia Béjar desde hace tres días. Esta noche esperamos trescientos refuerzos de Washington, Bastrop, Brazoria, y San Felipe y no se perderá tiempo en proveerlos de asistencia [...]. Por el amor de Dios sostengan hasta que podamos asistirlos».

Hacia las cuatro o cinco de la tarde arribaron a San Antonio los batallones de Zapadores, Aldama y Toluca. Era la primera parte de la brigada del general Antonio Gaona, con Duque y Cos (846 combatientes), venía con ellos el teniente coronel Enrique de la Peña, que será uno de los narradores claves del final de esta historia. Llegan en el momento en que se están celebrando las noticias del triunfo de Urrea en San Patricio y se disparan cañones. Con esto, Santa Anna contaba en esos momentos con poco más de 2 mil 500 hombres. En el interior del fuerte oyen los bravos y las hurras. Travis, que hasta ese momento pensaba que los sitiadores estaban «al mando del general Ramírez y

Sesma y del coronel Bartres, ayuda de campo de Santa Anna», piensa que el jolgorio obedece a la presencia, finalmente, del Generalísimo. El cañoneo se intensifica, el coronel Sánchez Navarro, que también acaba de llegar, señalará que «no se advierte que las baterías causen daños. El enemigo no asoma detrás de sus parapetos».

Sánchez Navarro contará también que en un reconocimiento Santa Anna «se presenta al peligro sin necesidad». De la Peña lo formulará de otra manera: «Nuestro jefe se enardecía». Realmente lo que sucedía es que el Generalísimo se estaba impacientando. Almonte registra que ese jueves los sitiados hicieron una incursión por el molino de azúcar y que fueron repelidos por las tropas mexicanas. Quizá se tratara simplemente de la salida de nuevos mensajeros.

Esa noche Travis envió a John W. Smith con una serie de cartas. La primera, destinada a la Convención, establecía que Fannin avanzaba hacia ellos con refuerzos, aunque señalaba: «Tengo miedo de que no sea verdad». Volvía a asegurar que aunque contaban con provisiones para otros 20 días y estaban escasos de municiones (lo cual no era cierto, como se demostraría dos días después), «la victoria le costará al enemigo tan cara que será peor para él que una derrota» y se refería a sí mismo y a sus hombres como «patriotas que estaban dispuesto a morir en defensa de la libertad de su patria y su propio honor».

Aprovechaba para escribirle a su amigo Jesse Grimes diciéndole que «si la independencia no se declara, abatiré mis armas, y lo mismo harán los hombres a mi mando. Pero bajo la bandera de la independencia estamos listos para poner en peligro nuestras vidas cien veces al día». Y le encomendaba el cuidado y la custodia de su hijo a su amigo David Ayres.

32

Una línea en la tierra

Enrique Esparza

Existe entre los *alamoístas* y el gran público estadounidense afín a esta historia la leyenda de que en algún momento, entre el 3 y el 5 de marzo, el teniente coronel Travis, tras un fogoso discurso donde negó la alternativa de la rendición, trazó una línea con su espada en la arena de la plaza principal de la misión de El Álamo e invitó a los sitiados a definirse: aquellos que deseaban permanecer en el fortín, combatir y acaso morir, debían cruzarla. Supuestamente todos los defensores menos uno lo hicieron, incluso la leyenda se enriquece cuando se cuenta que un casi difunto Jim Bowie pidió a sus compañeros que lo transportaran en el catre donde yacía gravemente enfermo, para quedar al lado de los que estaban dispuestos al sacrificio.

La primera vez que se hizo pública esta versión fue en un artículo de un historiador llamado William Zuber escrito en 1873, 37 años después de los sucesos. Casi 70 años más tarde, un anciano Enrique Esparza recuperó su memoria infantil y, probablemente estimulado por el periodista que lo entrevistaba, avaló la historia de la raya en la arena, que había ignorado en anteriores entrevistas.

Susanna Dickinson, una de las esposas de los combatientes de El Álamo, al paso de los años dijo que había visto la reunión desde la puerta de la capilla en la víspera del asalto, aunque en posteriores versiones cambió la fecha situándola el primer día del sitio: «el noble

Travis llamó a sus hombres, trazó una raya con la espada» y dijo algo como lo siguiente: «Mis soldados, voy al encuentro del destino. Los que se quieran quedar conmigo, pueden hacerlo, pero los que deseen irse, pueden irse y el que cruce la línea que he trazado, debe irse».

Madame Candelaria, una mujer cuya memoria mejoraba con la edad, dijo, también con posterioridad al relato de Zuber, que no podía recordar lo que Travis había dicho pero que rememoraba vivamente que «dibujó una raya en la tierra con la punta de su espada y preguntó a todos que los que estuvieran dispuestos a morir por Texas, cruzaran la raya y se pusieran a su lado». Dijo que se acordaba de que todos menos dos lo hicieron y que éstos saltaron el muro y desaparecieron. En una versión enriquecida, la mujer cuenta que Bowie, que estaba muy débil para levantarse, con lágrimas en los ojos pidió: «Muchachos, ¿alguno de ustedes puede ayudarme a ir hacia allá?». Crockett y algún otro colaboraron.

¿Historia real? ¿Memoria de segunda mano producto de lecturas y rumores? ¿Una acumulación de cuentos que se van sustentando unos en otros y que recogidos por historiadores se convierten en «la verdad»? Al ensayista estadounidense Phil Rosenthal la historia de la raya en la arena no le gusta: «Cuesta trabajo creer que bajo continuo bombardeo pidiera a la guarnición que se reuniera al aire libre». Wallace L. McKeehan se suma a la impresión mayoritaria entre los *alamoístas* cuando dice que «es más una leyenda que un hecho» y Richard G. Santos es definitorio: «William Barret Travis no trazó ninguna raya».

Algunos como Lee Paul la defienden con argumentos muy sencillos: «Es lógico creer que dio a los hombres la oportunidad de abandonar la guarnición condenada» y Long, aunque la da por buena, tiene problemas para fecharla, porque los correos y la correspondencia que salió de El Álamo el 3 y el 5 de marzo no la mencionan.

Evidentemente la anécdota es falsa y el mito debió originarse en la historia de Milam en San Antonio, el pasado diciembre, cuando una similar raya en la arena fue trazada. Sin embargo, de la versión de Zuber, un dato interesante quedó colgando en el aire: con raya o sin ella, no todos decidieron quedarse.

33

Rose, el fugado y Zuber, su narrador

Zuber

En 1873 un hombre llamado William Zuber publicó en el *Texas Almanac* una historia fascinante que llamó la atención del público (*An escape from the Alamo*). Zuber, nacido en 1820, era un maestro de escuela, autodidacta e historiador aficionado, metodista y masón, veterano de la guerra del 47, que escribía artículos en revistas regionales. Su historia narraba cómo un tal Moisés Rose, llamado originalmente Louis, de unos 51 años, llegó al hogar de sus padres en marzo de 1836 desfalleciendo de hambre. Permaneció varios días con ellos recuperándose y a lo largo de estas jornadas les contó que se había escapado de El Álamo.

Presumiblemente este Rose, según la versión de Zuber y datos complementarios aportados después por algunos historiadores, antes de haber emigrado a Texas había sido un soldado francés que combatió con Napoleón en Rusia, donde ganó la Legión de Honor y adquirió el grado de teniente. Nacido en el poblado de La Fère, en las Ardenas, hacia 1827 se estableció en Nacogdoches donde trabajaba como leñador para un aserradero. En el otoño de 1835 se sumó al levantamiento; participó en la captura de San Antonio y partió en la expedición hacia Matamoros. Por razones que no se conocen, regresó con Bowie a San Antonio y formó parte de la guarnición de El Álamo. Como tenía más de 50 años sus compañeros lo llamaban «Moisés».

Rose, contado por Zuber, es el origen de la historia de cómo Travis trazó con su sable una línea en el suelo y ofreció a los que quisieran irse esa salida. Según eso, todos lo hicieron excepto Rose. Esa noche Louis, aprovechando que se había suspendido el fuego artillero, se descolgó por una ventana y al amparo de la oscuridad se alejó de la misión. A lo largo de esos primeros momentos de su huida tropezó con el cadáver de un mexicano, sus ropas se mancharon de sangre y se hizo varias heridas con las espinas de los cactus y la maleza en las piernas.

Escondiéndose durante el día y moviéndose tan solo de noche cruzó las líneas de los mexicanos en las proximidades de San Antonio, y luego descendió por el curso del río del mismo nombre hacia el sur para finalmente alcanzar la casa de los Zuber en Grimes County; en el camino escucharía los fragores del combate definitivo.

La historia de Zuber fue admitida por muchos y cuestionada por muchos más. Curiosamente, si la existencia «real» de Louis Rose estaba en duda, la versión de «la línea en la arena» se incorporó plenamente a la leyenda. Y surgió un nuevo debate entre los que entonces y muchos años después dieron por buena la historia: ¿era Rose un cobarde y un desertor que había dejado abandonados a sus compañeros o, como se pregunta Rod Timanus, su acto había sido el resultado del sentido común y de la experiencia militar del exsoldado napoleónico?

En su tiempo, la reacción a la publicación de la historia de Zuber, que venía avalada por una nota firmada por su madre, que la autentificaba diciendo que así recordaba lo que Rose les había contado, fue muy crítica y en un determinado momento Zuber admitió que había inventado (recreado) parte de ella, pero nunca dijo qué parte.

En 1901 Zuber reescribió la versión para matizarla. En esos años estaba totalmente sordo, tenía un aspecto cadavérico y usaba una enorme corneta metida en el oído para poder escuchar algo. En 1907 Enrique Esparza confirmó la historia: «Rose se fue después de que terminara el armisticio».

Años más tarde un hombre llamado Louis Rose, al que se identificaría como el personaje de la historia de Zuber, llenó en Nacogdoches una petición de tierra para los veteranos en la que se identificaba como uno de los defensores de El Álamo y aceptaba su condición de desertor.

Se contaba que cuando le preguntaban: «Moisés, ¿por qué no te quedaste en El Álamo con los otros?», invariablemente replicaba:

—Por Dios, no estaba preparado para morir.

Natalie Ornish cuenta que Rose terminó sus días en Nacogdoches, donde fue carnicero y murió en 1851 (otras fuentes sitúan la muerte en 1848), e incluso en 1927 uno de los herederos de su hermano Isaac entregó el fusil de Rose al Museo de El Álamo. Aunque nada podría ser tan sencillo y Richard G. Santos, que niega la veracidad de la historia («Nunca existió un Moisés Rose»), cuenta a su vez que «había sin embargo un hombre llamado Stephen, alias Louis Rose, viviendo en Nacogdoches en 1840 que era conocido como borracho, mentiroso y persona de pésima reputación. Aparentemente estuvo envuelto en reclamos fraudulentos de tierras y usó a lo largo de su vida varios nombres y seudónimos. Este personaje reclamaba que había estado en El Álamo antes del asalto final. Desafortunadamente para él, algunos de sus vecinos de Nacogdoches testificaron que nunca había salido del pueblo en esos días».

Sin embargo, en otra versión del personaje, también notablemente documentada por Donald H. Harrison, ese judío llamado Louis Rose habría de mudarse a San Diego, en California, donde tuvo una larga serie de aventuras económicas que lo hicieron millonario.

Pero para hacer más caótica y confusa la situación, Thomas Ricks Lindley, utilizando todas las fuentes conocidas, revisa la historia en *Alamo traces* para arribar a la conclusión de que es falsa y en apariencia dar por terminado el debate. Pero nada podía ser tan excesivamente simple: el propio Lindley descubrió más tarde las huellas de otros dos hombres apellidados Rose, de Nacogdoches, que al parecer habían salido de El Álamo estando heridos.

Aunque Santos termine su alegato diciendo «Nadie como Zuber para crear los mitos de El Álamo», Randell Tarín, editor en jefe de *Álamo de Parras*, la página web donde se concentraban los avances de investigación, las polémicas, la sabiduría y a veces los delirios de los *alamoístas*, dirá: «Siendo justos con el hombre, William P. Zuber fue considerado por muchos como un personaje respetable y un historiador capaz».

34

La Convención

Georges Childress

Al iniciarse marzo de 1836, con el ejército mexicano cercando El Álamo y avanzando sobre Goliad, se produjo en Washington-en-el-Brazos (llamada así para distinguirla de la capital de Estados Unidos) la tan esperada Convención. Los delegados, que cubrían el vacío de un gobierno provisional que hacía un mes ya no existía, elegidos en febrero, llegaron con un clima muy frío y se vieron obligados a colgar mantas de algodón en las ventanas de una casa sin terminar en la que sería la capital de la nueva república texana.

Jeff Long hace una terrible disección de los convencionistas: de los 59 delegados, «tres cuartos de ellos [eran] nativos de los estados esclavistas del sur [...] solo [había] un delegado de la primitiva colonia de Austin, solo diez habían vivido en Texas más de seis años. Una buena parte solo habían residido en Texas los últimos tres meses. En la elección de delegados en Velasco habían votado 88 hombres, de los cuales 47 llevaban en Texas menos de una semana». Solo había dos nativos texanos, ambos de San Antonio (Francisco Ruiz y Antonio Navarro). Zavala, el otro mexicano, era yucateco. Sutherland comentará: «Pocos ciudadanos mexicanos simpatizaban con la causa de Texas». El doctor W. Channing: «Los texanos en esta guerra han sido poco menos que un nombre, una cobertura, bajo la cual han proseguido su obra de rapiña los aventureros». Moralmente, desde el punto de vista nacional, con los mismos derechos democráticos, una asamblea de mexicanos de Puebla podría haber declarado la independencia de Nueva York en la puerta de una *delicatessen* de la Sexta Avenida.

Durante las sesiones se establecieron negocios privados de compra de tierras y William Gray, un sabueso de las empresas especuladoras, estuvo tratando de imponer un préstamo a la nueva república que se cubriría con centenares de hectáreas de tierras a la tercera parte de lo que la tierra pública se vendía en Estados Unidos.

Con seis días de retraso, un correo llegado de El Álamo trazó el angustioso panorama del cerco y la petición de refuerzos de Travis.

George Childress, un abogado de Tennessee que había llegado hacía tres meses a Texas, fue el responsable de dirigir la comisión que habría de elaborar la declaración de independencia. El documento se redactó en 24 horas y fue aprobado en minutos. El texto seguía con bastante fidelidad las ideas de Thomas Jefferson y copiaba su equivalente estadounidense. Inmediatamente se aprobó una constitución que sería ratificada quince días más tarde: establecía la libertad religiosa, garantizaba la propiedad privada, la libertad de prensa, prohibía la cárcel por deudas y establecía los juicios con jurado, permitía que cada ciudadano estuviera armado «en defensa de sí mismo y de la república», pero negaba la ciudadanía a africanos, descendientes de africanos e indios, prohibía el ingreso a Texas de negros libres y llegaba más lejos al impedir que un ciudadano pudiera liberar a sus esclavos sin permiso del Congreso.

No solo la especulación de tierras y la permanencia de la esclavitud estaban en el fondo de la reunión. David G. Burnet, que sería pronto el presidente interino, le escribía a un senador estadounidense que uno de los argumentos de mayor peso para la independencia estaba en «la diferencia de carácter entre los texanos y los mexicanos. Los primeros principalmente angloamericanos y los otros una raza mestiza de españoles degenerados e indios más depravados que ellos».

El 6 de marzo saldría hacia Gonzales Sam Houston, que acababa de ser confirmado como comandante del ejército. Olson y Roberts cuentan que Sam, «ahogado por el alcohol», comentó que el reporte de Fannin era «una maldita mentira, que esos reportes de Travis y Fannin eran mentiras, porque no había tropas mexicanas». Debería estar absolutamente harto de que le impusieran la defensa de El Álamo, con la que siempre había estado en contra.

Los últimos días del sitio

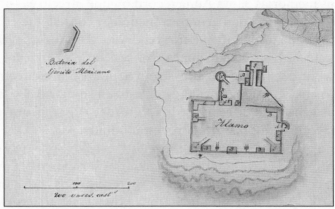

Fortificación de El Álamo

El 4 de marzo de 1836, en su acuartelamiento en San Antonio ante la misión de El Álamo, el coronel Almonte, tan puntilloso como siempre en estas cosas, volvió a registrar la temperatura: «El día comenzó con viento, pero no frío. El cañoneo se inició temprano y los enemigos no devolvieron el fuego». Se dice que ahora había dos banderas rojas clamando el mensaje de «sin cuartel», una sobre la iglesia y una nueva, ahora en las trincheras del norte.

El consejo de guerra se celebró en la casa de Yturri, en una esquina de la plaza principal de San Antonio, donde estaba viviendo el Generalísimo. Asistieron los generales Castrillón, Ramírez y Sesma, Cos (Amador y Ventura Mora no estuvieron, uno estaba suspendido y el otro se encontraba en operaciones) y los coroneles Amat, Almonte, Francisco Duque (del Batallón de Toluca), Oriñuela (Batallón de Aldama), Romero (Batallón de Matamoros), Salas y un mayor de los de San Luis Potosí. No estaba presente el coronel del Batallón de Jiménez.

La conferencia se prolongó, no estaba a discusión el asalto sino el cómo. De la Peña contaría más tarde que la opinión mayoritaria era que se esperara la llegada de la artillería pesada para abrir una brecha en los muros, cosa que podría hacerse en «ocho o diez horas» y luego proceder con el ataque. Las dos piezas de 12 libras eran esperadas para el lunes 7.

Santa Anna no dio su opinión, parecía aburrido; años más tarde diría que los consejos de guerra producían discusiones innecesarias. Probablemente dudaba. El único resultado de la reunión fue que envió al coronel Bringas para acelerar la llegada de las piezas.

En sus memorias Santa Anna recordará que ofreció en los últimos momentos del sitio «una generosa medida», consistente en que durante una tregua prometió que si se rendían y abandonaban las armas y bajo juramento, ofreciendo nunca alzarse contra México, los rebeldes podrían retirarse. Almonte, que según Santa Anna se hizo cargo de llevar el mensaje, no registra nada de esto en su diario. De la Peña y Filisola se hacen eco de esta historia, que fue generalmente ignorada por la mayoría de los historiadores estadounidenses.

¿Hubo tal oferta? Lo que parece cierto es que se produjo una breve tregua y en ella los sitiadores permitieron la salida de la misión de un grupo de mexicanos a petición del viejo Ángel Navarro, figura conocida en San Antonio; estos incluirían a Juana Navarro, su hermana Gertrudis, su hijo Alejo, de menos de un año; Trinidad Saucedo, 27 años, empleado de la familia Veramendi. En los confusos y variados testimonios de Enrique Esparza se habla de que «un buen número» de texano-mexicanos abandonaron el fuerte.

Al paso de los años Susanna Dickinson acusaría a Juana Navarro de traición por haberse presentado ante Santa Anna y contarle que las defensas estaban a punto de colapsar, «dos días antes del asalto».

Aunque los que lo cuentan sitúan la tregua la noche del 4, pareciera confirmarlo Travis en una carta (aunque fechándola un día antes) en que decía que ya «solo había tres mexicanos en el fuerte» y que había que declarar a quienes no se les habían unido en esta situación extrema «enemigos públicos» y confiscar sus propiedades para pagar los gastos de guerra. No eran palabras menores, estaba hablando de toda la población de origen mexicano en Texas que no se había sumado a la insurrección.

A lo largo de la noche, al norte y noreste de la fortaleza sitiada el ejército mexicano avanzó sus líneas, colocando baterías a menos de 200 metros. El coronel Sánchez Navarro registrará que durante la noche se escucharán insultos provenientes del fuerte: «vastas vulgaridades».

El coronel Urriza, uno de los secretarios de Santa Anna, contará que escuchó pasada la medianoche una conversación entre Santa Anna y Fernández Castrillón en la que el Generalísimo declaró que nadie debería sobrevivir. Fernández Castrillón parecía abogar contra el gasto innecesario de vidas; Santa Anna, que comía una pata de pollo con la mano, la levantó y comparó las vidas de los soldados con ella. «Si nuestros soldados son rechazados, la siguiente línea a su espalda debe forzarlos hacia adelante y obligarlos a que escalen los muros, cueste lo que cueste.»

El sábado 5 de marzo comenzó a operar la batería del norte, creando una pequeña brecha en los muros; tras esto se suspendió el fuego. Para los sitiados resultaba más impresionante el silencio que el fuego artillero. ¿Estaba a punto de iniciarse el ataque? Travis colocó más centinelas en los muros.

Hacia el mediodía Santa Anna ordenó que se preparara el asalto, no haciendo caso a las recomendaciones del consejo de guerra del día anterior y sin esperar la artillería pesada.

Como dice De la Peña, aunque no tenían sección de ingenieros que estudiara las defensas, porque se habían quedado en México, Santa Anna poseía suficiente información con los reconocimientos de los zapadores, las noticias del fuerte que podía ofrecer Cos, los oficiales heridos que se habían quedado en San Antonio y algunos vecinos. Con ese material decidió que el asalto sería un ataque múltiple con cuatro columnas que actuaran simultáneamente y que se realizaría antes del amanecer del domingo 6.

Tras reiterar que no habría cuartel ni se aceptarían rendiciones, dio el mando de las columnas al general Cos, al coronel Francisco Duque, al coronel José María Romero y al coronel Juan Morales. La primera columna, la de Cos, al que para vengar las viejas afrentas de la derrota en San Antonio de diciembre del año anterior le dieron la posición de más riesgo: con 300 o 400 hombres y como segundo al mando al general Amador, estaría formada por el Batallón de Aldama y tres compañías del Batallón de San Luis. La segunda columna, la de Duque, «supliéndolo en caso de que cayera» el general Manuel Fernández Castrillón, estaría compuesta por el Batallón de Toluca y las otras tres compañías de San Luis, unos 380 soldados. La tercera, la de Romero con Mariano Salas, la formarían los batallones de Matamoros y Jiménez, unos 400 hombres. La cuarta, la de Morales y el coronel José Miñón, estaría compuesta por las compañías ligeras de los batallones Matamoros, Jiménez y San Luis; extraña composición que alternaba compañías de diferentes batallones, cambiaba a los oficiales de sus mandos naturales y subordinaba generales a coroneles.

La fuerza de reserva estaría comandada personalmente por Santa Anna, aunque sería organizada por el coronel Amat y la formaban el Batallón de Zapadores y las cinco compañías de granaderos de los batallones de Matamoros, Jiménez y Aldama, Toluca y San Luis. Se había dejado fuera de la operación a 400 reclutas bisoños que se quedarían en San Antonio acuartelados. La caballería mandada por el general Ramírez y Sesma permanecería también en reserva para perseguir a los que lograran fugarse del fuerte.

El general Juan Valentín Amador, de origen cubano y cuartel maestre del ejército en campaña, firmó la orden de operaciones a las dos de la tarde siguiendo las indicaciones de Santa Anna. La orden era muy precisa respecto a los pequeños detalles: las compañías de granaderos y exploradores llevarán seis paquetes de cartuchos (unos 60) por hombre y «cuatro los rifleros, y dos piedras de reserva, no usarán capotes, frazadas, o cualquier cosa que les impida maniobrar rápidamente». Todos los morriones estarán asegurados con barboquejo y la tropa debe ir calzada con zapatos o cacles. Se construyeron escalas y cada columna llevaría entre seis y diez de ellas, un par de hachas y algunas barretas. La concentración se iniciaría a las doce de la noche, «tras los rezos nocturnos», y las columnas estarían listas a las cuatro de la mañana, estacionadas a tiro de fusil de los primeros atrincheramientos, listas para cargar y esperando la señal de un toque de corneta que se daría desde la batería del norte.

En resumen, la fuerza que haría el ataque estaba compuesta de unos mil 400-mil 500 hombres más las reservas. Cuando se conoció la orden hubo sorpresas entre los oficiales superiores. De la Peña registraría: «Algunos que aprobaron esta decisión en presencia del general en jefe, la desaprobaban cuando no estaban delante de él». Sánchez Navarro contaría que corría el rumor de que habían minado la fortaleza para volar todos juntos. «¿Por qué será que el señor Santa Anna siempre quiere que sus triunfos y derrotas se marquen con sangre y lágrimas?».

A lo largo de la tarde prosiguió el silencio, los cañones mexicanos estuvieron mudos.

James L. Allen, de 16 años, salió del fuerte a la una de la mañana con una carta para Fannin; sería el último mensajero. Travis ha mandado un número indefinido de ellos a lo largo de estos trece días; parece sorprendente que un hombre que se quejaba de la falta de combatientes prescindiera de 15 a 30 hombres.

El testigo privilegiado de las últimas horas de Santa Anna antes del asalto fue Ben, un negro libre que Almonte había conocido en Nueva York y que trabajaba como mayordomo en los barcos que salían de la costa este de Estados Unidos, al que había contratado como cocinero y que lo acompañó primero a Veracruz y luego durante la campaña texana. Esa noche estuvo encargado de servir el café a los oficiales superiores. Santa Anna parecía muy excitado y no se retiró a descansar. La velada se inició a las once de la noche y continuó hasta las tres de la madrugada; a las cuatro salieron de la casa. A unos cuantos metros de allí, Travis, que había pasado casi toda la noche de guardia, a esa misma hora se fue a dormir.

La luna había salido poco después de las nueve, una luna casi llena pero cubierta por un cielo repleto de nubes, dificultando los primeros movimientos de las columnas para tomar posiciones, moviéndose, como dice De la Peña, bajo «una luz opaca». Hacía mucho frío. En el campo mexicano se había prohibido fumar para que las brasas encendidas de los cigarros o las pipas no revelaran los movimientos de los sitiadores.

La guarnición

Fragmento de *Dawn at the Alamo* (McArdle, 1905)

El número de defensores de El Álamo ha sido motivo de permanente polémica entre los historiadores estadounidenses: partiendo de los 150 que enlista Travis en una de sus cartas, más los 32 refuerzos de Gonzales, se ha llegado a una cifra oficial de 182, pero Amelia Williams y posteriormente Stephen L. Hardin dicen que Travis no tomaba en cuenta a los enfermos y heridos, y Thomas Ricks Lindley suma otro contingente que entró posteriormente. De tal manera que Kevin R. Young, Stanley Lind Jr. y Richard Santos hacen elevarse la cifra a un número entre 230 y 257 combatientes incluyendo oficiales, enfermos, heridos y esclavos negros (como Joe, esclavo de Travis, y uno de los esclavos de Carey).

Los defensores de El Álamo, al menos aquellos que forman parte de la lista «oficial», eran 130 estadounidenses, la mayoría de Kentucky, Tennessee y Virginia, 22 europeos (ingleses, irlandeses, escoceses, un alemán y un danés) y solo 10 texanos, 8 de ellos de nombres Juan Abamillo, Juan Antonio Badillo, Gregorio Esparza, Antonio Fuentes,

José María Guerrero, Damacio Jimenes, Andrés Nava y José Toribio Losoya, todos ellos del grupo de Seguín. No está demasiado lejos de la verdad Esteban Martínez cuando, exagerando, asegura que «Ni un solo verdadero texano murió en El Álamo, pues ninguno había nacido en Texas; eran aventureros procedentes de diversos estados de Estados Unidos».

El más joven era Galba Fuqua, de 16 años, y el más viejo Gordon C. Jennings, de 57. Había rancheros, sí, pero también médicos como Pollard y Sutherland, exsoldados, maestros de escuela, artesanos, pequeños comerciantes, leñadores, abogados y hasta un gaitero escocés llamado John McGregor.

Una buena parte de los defensores de El Álamo eran propietarios de esclavos. No solo Travis y Bowie, hay documentación que prueba que también lo eran, entre muchos otros, Micajah Autry, Mial Scurlock, William R. Carey; incluso lo eran algunos entre los texano-mexicanos como Juan N. Seguín.

Además de los más de 20 cañones de los que se ha hablado, los defensores no carecían de armas, contaban con rifles largos de Kentucky, una versión del Jaeger alemán (en muchos casos modificado por los armeros de Pensilvania), escopetas de dos cañones y 500 mosquetes Brown Bess Mark III, que obtuvieron al retirarse Cos. Como el rifle largo, que tenía más alcance, no podía usar bayoneta y los Brown Bess sí, es muy probable que cada defensor tuviera al menos dos fusiles. El coronel mexicano José Enrique de la Peña hace elevarse la cifra hasta tres o cuatro por persona. Veinte días después del sitio, José M. Pérez enlistó en el botín de guerra mexicano 816 mosquetes, rifles y pistolas, 200 bayonetas, 21 cañones, 14 mil 600 cartuchos y abundantes balas y metralla para los cañones.

El pintor Eric von Schmidt cuenta en su estudio sobre la batalla que las posteriores representaciones de los defensores con traje de «cowboy» es producto de los fabricantes de mitos, fundamentalmente porque el estilo del vestido de los años treinta del XIX resultaba «bastante afeminado y extremadamente poco pintoresco» y que en realidad los defensores deberían haber usado ropas de piel de ante y «el ligeramente carnavalesco frac de cuello de hombros elevados, combinado con ajustados pantalones de cintura alta que se abombaban sobre las nalgas y se estrechaban en los tobillos [...]. Sombreros de copa se usaban diariamente y no eran material de conmemoraciones y fiestas».

37

El asalto

Fragmento de *Dawn at the Alamo* (McArdle, 1905)

La batalla por la toma de la misión de El Álamo que se nos ha contado como auténtica es, como dice Potter, «una en que las tradiciones populares se han basado en conjeturas», dicho menos elegantemente, en fabulaciones. Las acciones de unos y otros de los defensores, con nombres y apellidos, se cuentan por testigos que no pudieron haberlas visto, se fabrican heroicidades, que seguro debe haber habido, pero hay otras cuya verosimilitud es dudosa, se omiten flaquezas. Del otro lado, los partes y testimonios mexicanos ofrecen poquísimos datos y casi todos ellos insisten en el caos que significó el combate. Es difícil moverse en este terreno harto pantanoso para narrar con rigor. Walker, en una de sus poco afortunadas reflexiones sobre el enfrentamiento, diría que «no fue una batalla sino una melé y una carnicería».

Los soldados de las cuatro columnas mexicanas permanecían tirados en el suelo a no más de 200 o 300 metros del fuerte; un poco más allá, en la batería del noroeste, la reserva bajo el mando de Santa Anna, con la banda del regimiento de Dolores y su estado mayor. Hacía frío. Cerca de las 5.30 de la madrugada del 6 de marzo, según el diario de Almonte, aún noche cerrada, el Generalísimo dio la orden. El corneta del Batallón de Zapadores, José María González, hizo sonar el clarín. ¿Se trataba del toque de «A degüello» que se había oído tantas veces durante el sitio? Supuestamente la batería de cohetes Congreve, que había actuado en los últimos días, disparó un solo cohete cargado sin pólvora negra, para que no hiciera explosión y sirviera solo como advertencia silenciosa; Ben, el asistente negro de Almonte, lo vio desde San Antonio. Filisola narraría poco después: «El entusiasmo [...] degeneró en una trascendental indiscreción [...]. Una de las referidas columnas comenzó a dar vivas a la república en alta voz y estas voces [...] despertaron la adormecida vigilancia de los texanos».

El teniente coronel José Enrique de la Peña cuenta que a causa de la fatiga y la falta de sueño había cerrado los ojos y estaba dormitando cuando se dejó oír «la nota fatal». No fue el único en despertar, los centinelas en el interior del fuerte también estaban dormidos. El primero en reaccionar fue el capitán John J. Baugh que comenzó a gritar: «¡Vienen los mexicanos!». E. Tucker dirá que en cuanto sonaron los primeros disparos la banda del Batallón de Dolores comenzó a tocar.

Simultáneamente las columnas comenzaron la progresión, la de Cos hacia la esquina noroeste de El Álamo, la de Duque (donde iba José Enrique de la Peña) hacia la pared norte, la del coronel Romero hacia el este y la cuarta, dirigida por el coronel Morales, hacia la puerta y la empalizada en el sur. Tenían que cubrir entre 200 y 300 pasos para llegar a los muros, enfrentando los cañones. Brian Kaufman dirá a sus hijos años más tarde ante El Álamo: «Había que tener mucha bravura para cargar contra estos muros»

Fue probablemente la columna de Cos, que marchaba al frente, la primera en chocar. Uno de sus hombres recordaría que la metralla de los cañones les hizo 40 bajas en los primeros momentos y frenó su avance. La segunda columna, la del coronel Francisco Duque, no tuvo mejor suerte, Duque fue de los primeros en caer gravemente heridos bajo el fuego. Martínez Caro, el secretario de Santa Anna, contará que los rechazaron porque «el primer impulso fue sostenido por el enemigo con fuego mortífero de metralla». Vacilaciones; muchos hombres heridos y muertos. Almonte registrará en su diario que el Batallón de Toluca tuvo 98 bajas. El mando de la columna queda a cargo del general Manuel Fernández Castrillón. Aun así se han alcanzado los muros, y los asaltantes tienen un ángulo muerto que los protege de los tiradores.

Según Joe, su amo Travis saltó del catre, tomó la escopeta de dos cañones y su espada; corrieron hacia la batería del muro norte. De acuerdo con una de las muchas versiones que más tarde recogieron, Joe lo oyó gritar: «¡Vamos, muchachos, los mexicanos están sobre nosotros y los mandaremos al infierno!», y descargó su escopeta hacia una incierta multitud de soldados que intentaba escalar el muro. Segundos más tarde una bala le perforó la frente.

La tercera columna, la de Romero, chocará con un grupo de rebeldes cubiertos por dos cañones en una de las plataformas y también frenará. El coronel Juan Morales, que llevaba a un centenar de fusileros hacia la entrada principal en el sur de la misión, chocó contra los defensores de la empalizada donde supuestamente estaban David Crockett y los voluntarios de Tennessee. Rechazado inicialmente, se desvió hacia la esquina sureste.

Aunque algunos autores, basados en la versión del alcalde de San Antonio, hablaban de que las cargas de la infantería mexicana para tomar los muros fueron rechazadas hasta tres veces, habría que pensar más bien en sucesivas oleadas que avanzaban y se replegaban bajo el fuego de los cañones y la fusilería. Por fin la columna de Cos logró dominar el muro norte. Santa Anna escribiría más tarde: «Los filibusteros […] defendiéronse obstinadamente; ninguno dio señales de quererse rendir [la aseveración es falsa]; con fiereza y valor salvaje, morían peleando hasta obligarme a emplear la reserva, para decidir una lucha tan empeñada». Otros 400 soldados mexicanos entraron en combate. Sigue sonando el «A degüello».

Morales y el coronel Miñón finalmente rompieron la empalizada y capturaron el cañón que la defendía. Se produjo una confusión a causa de la oscuridad y las columnas mexicanas se dispararon entre sí. De la Peña hablará del tumulto, del amenazador desorden, «diferentes grupos de soldados disparaban en todas direcciones sobre sus camaradas y oficiales, se podía morir por mano amiga o por el enemigo». Filisola calculará en tres cuartas partes las bajas mexicanas causadas a bocajarro por la metralla o por los propios soldados mexicanos en tiro cruzado.

Según Potter, «pocos minutos después de haber sonado el clarín, la guarnición había perdido las defensas exteriores y se refugiaba en los edificios» y en la iglesia, oponiendo una resistencia poco organizada, aislados muchas veces entre sí y disparando desde las puertas y las troneras. De la Peña matizará: «No todos se refugiaron, algunos permanecieron al descubierto. Mirándonos antes de disparar, atónitos ante nuestra presencia». Hay que pensar que los fusiles de la época implicaban un procedimiento de carga tras cada disparo que les daba una cadencia de tiro de un par al minuto, siempre de pie para cargar y con las dificultades extras de hacerlo de noche.

Pedro Ampudia, jefe de la artillería, dirige a los infantes que se apoderan de la artillería texana y la apuntan contra los cuartos. El teniente coronel Marcial Aguirre también logra voltear los cañones en el muro norte, donde la carnicería era más dura.

Aurelia Yorba verá desde la casa de un cura el final del asalto, ráfaga tras ráfaga de disparos. Una nube de humo y polvo se levantaba en El Álamo; los asaltantes gritaban. Vio cómo los soldados mexicanos alineaban cañones en el patio para disparar sobre la misión.

De la Peña hablará del seco sonido de los rifles, el silbido de las balas, los gemidos de los heridos, las maldiciones de los hombres, los suspiros de los agonizantes, las arrogantes arengas de los oficiales, el sonido de los cañones y los gritos de los texanos en un idioma que no podía entender

José Juan Sánchez Navarro: «Vi acciones que envidio de heroico valor. Algunas crueldades me horrorizaron, entre otras la muerte de un anciano que le decían *Cocran* y de un niño de cosa de 14 años». Entre los materiales mitológicos del asalto se encuentra una descripción de cómo el mayor Robert Evans corrió con una antorcha hacia el polvorín, pero fue alcanzado por las balas antes de que pudiera lograrlo, o que el teniente Dickinson ató a su hijo a la espalda y trepó hacia uno de los techos, matándose en la caída, cosa por demás imposible porque su hijo estaba en uno de los cuartos de la misión.

Morales y José Miñón, su segundo, acaban con la resistencia en la capilla. Las escaleras se usaron para subir al derruido techo de la iglesia. El teniente Torres, de los zapadores del Batallón de Jiménez, se subió a la techumbre usando una escalera y rasgó la bandera, colocando en su lugar la de su unidad.

Santa Anna, que había visto el ataque a unos 80 metros de la misión, hacia el final del combate avanzó hacia la explanada.

Cerca de un tercio de los defensores de El Álamo intentaron huir saltando los muros por el lado este. Allí los esperaba el regimiento de caballería de Dolores de Ventura Mora y otras fuerzas de caballería, todas comandadas por el general Ramírez y Sesma. Cincuenta de ellos (62 según el testimonio del sargento Manuel Loranca) fueron ultimados a lanza o sablazo; solo uno opuso resistencia armado con una escopeta y una pistola, matando a un cabo de lanceros llamado Eugenio.

Se mencionan solo dos casos de sobrevivientes en los primeros momentos de la cacería humana, un hombre que se escondió en un matorral «y fue necesario dispararle», y otro que se escondió bajo un puente, fue descubierto varias horas después por unas lavanderas y ejecutado.

En el interior de la misión comenzó una búsqueda cuarto por cuarto de supervivientes; grupos de soldados mexicanos iban revisando las instalaciones, rematando heridos. Jim Bowie fue ultimado en el catre donde reposaba.

En la revisión de los cuartos, los oficiales tienen órdenes de respetar a las mujeres y a los esclavos negros. Joe contará que solo una mujer negra murió y supone que fue accidentalmente cuando trataba de cruzar el patio en medio del tiroteo. El propio esclavo de Travis contará que después del combate escuchó al capitán Marcos Barragán preguntar en inglés si había negros presentes; Joe salió de su refugio afirmando. Dos soldados lo agredieron hiriéndolo levemente, pero el oficial intervino deteniéndolos.

El combate no había durado más de media hora y las secuelas otro tanto. De la Peña escribió que el general Cos ordenó el alto el fuego pero la trompeta de Tamayo, de los zapadores, sonó en vano porque continuaron los tiros hasta que no quedó nadie a quien matar... Poco después de las seis de la mañana todo estaba terminado. José Juan Sánchez Navarro será más preciso: para «las seis y media no había enemigos». A las ocho de la mañana Santa Anna dictó el reporte oficial: «La victoria acompaña al ejército mexicano en este mismo momento» y fabula diciendo que se trata de un glorioso episodio en la historia; más tarde, en sus memorias redactadas con 40 años de diferencia, la batalla habría durado cuatro horas. Las posteriores fuentes anglotexanas, coincidiendo con el Generalísimo, hicieron crecer el tiempo del combate a cuatro y cinco horas, y en una de las muchas memorias que parece tener Enrique Esparza el asalto duró 24 horas.

38

Vuelve Disney

Escena de la versión de 2004 estelarizada por Billy Bob Thornton

La versión cinematográfica de El Álamo de John Wayne pareció secar el terreno durante un par de décadas, era como si se hubiera agotado la versión mítico-imperial. Sería hasta el final de los años ochenta cuando se estrenaría *The Alamo: Thirteen days to glory* (1987), una producción para televisión dirigida por Burt Kennedy, con James Arness, Brian Keith y Alec Baldwin, más blanda políticamente, sin el exceso de retórica wayniana, pero con total ausencia de espíritu crítico.

En la era de la televisión por cable y las video rentas siguieron ofreciéndose al público estadounidense y al resto del planeta nuevas producciones, y en los siguientes años la historia volvió al candelero: films didácticos, un par de películas y varios documentales siguieron manteniendo la leyenda: *Alamo: The price of freedom* (1988), dirigida por Kieth Merrill, que solo se muestra en el teatro Imax, en las propias instalaciones del Museo de El Álamo; *The battle of the Alamo* (1992), un documental producido por Craig Haffner; *Texas* (1994), una producción para televisión basada en la obra original de James Michener, y varios documentales más: *Battle of the Alamo* (1996), dirigido por Paul Wagner para el Discovery Channel, y *The Alamo* (1996), documental de American Heritage narrado por Tom Berenger.

En aquel Estados Unidos en donde la televisión y el entretenimiento se mezclaban con el renacimiento del republicanismo más conservador y el restablecimiento de las guerras neocoloniales, el tema de El Álamo parecía inagotable: *Two for Texas* (1998), dirigida por Rod Hardy, con Kris Kristofferson y Scott Bairstow y *The new defenders* (1999), un documental dirigido por Richard L. Curilla.

Pero la historia del mito de El Álamo, que parece ser que necesita retroalimentación casi permanente, tendría su nuevo momento estelar en 2004 con una nueva producción de Disney (es curiosa la persistencia de los estudios Disney en colocarse en la primera línea del *alamoísmo* fílmico): presentada como la versión definitiva, *El Álamo*, con bombos y platillos y a escala planetaria, fue anunciada como la verdadera historia. La dirigió John Lee Hancock, curiosamente un texano graduado en leyes que tenía en su haber varios guiones, algunos capítulos de teleseries y dos películas (*Vaya por Dios* y *El novato*). Se montó un reparto interesante, amparado por un presupuesto de 107 millones de dólares: Emilio Echevarría, Jordi Molla, Jason Patrick, Dennis Quaid, Billy Bob Thornton, Maurice Ripke y Patrick Wilson.

Para Disney estaba claro el objetivo del film, en boca de uno de sus ejecutivos, Michael Eisner: «La película captará el patriotismo post 11 de septiembre». Fueron consultores dos no demasiado ortodoxos *alamoístas*: Stephen Harrigan y Stephen L. Hardin, que lograron que el guión intentara incorporar las nuevas informaciones sobre los hechos de El Álamo, dándole un tono levemente liberal al dar voz, aunque sea de modo muy breve, a algunos *texmex* y esclavos negros; pero los guionistas fueron incapaces de evitar el enfoque supraheroico y cayeron en una facilona versión de Santa Anna. Y sobre todo, no pudieron enfrentar los grandes debates detrás de la historia de El Álamo y la independencia texana: ¿eran texanos los rebeldes? ¿Era la esclavitud un eje del alzamiento? ¿Estaba política y moralmente justificada?

La película había de durar 137 minutos y fue filmada en un set bastante ajustado a la geografía original. Curiosamente, la blandenguería del film le pareció un exceso de irreverencia a la ultraderecha estadounidense, porque no reflejaba su versión ortodoxa de la heroicidad de Crockett y compañía y se publicaron denuncias calificándola como «repleta de mentiras judías». Forrest Clayton, de la ultraderechista Freedom Alliance, escribió: «La película promueve una revisión políticamente correcta y su objetivo es destruir a los héroes tradicionales estadounidenses». En la red surgieron llamamientos feroces: «Disney necesita oír a los estadounidenses. Este film necesita morir en una defunción rápida y sin piedad en la taquilla. No vayan a verlo. No dejen que sus niños lo vean. No compren el DVD o el video».

Hollywood, como sucede habitualmente, ganó la partida con facilidad.

Sorprendentemente el estreno en México y América Latina no provocó mayores polémicas. Para los hispanoamericanos la batalla de El Álamo, versión Hollywood, era una película de aventuras más.

39

Pintando El Álamo

Falconer

Gentilz

Pronto El Álamo y su leyenda atrajeron a dibujantes y pintores. En 1841, tan solo cinco años después de los combates, un británico llamado Thomas Falconer hizo un dibujo del frontal de la iglesia. Poco después (en 1842) un artista anónimo hizo la ilustración para el *Ben Hardin's Crockett Almanac*; se trataba de un grabado con Crockett ondeando su rifle, rodeado de soldados mexicanos que parecen una mezcla de rancheros y egipcios con faldellín; esta versión, como tantas otras posteriores, no solo era radicalmente patriotera, sino que situaba los combates a plena luz del día; lo siguieron los dibujos de Jacob Edmund Blake y cinco años más tarde el portón fue dibujado por el capitán Seth Eastman.

Dawn at the Alamo

Luego seguiría el francés Jean Louis Theodore Gentilz, un constructor de carruajes que se haría pintor en Texas y que pocos años después de la batalla, a mediados y finales de la década de los cuarenta del siglo XIX, tomó notas, hizo apuntes y entrevistó a los lugareños, aunque no terminaría su óleo hasta 1885. La pintura original se destruyó en un incendio en 1906 pero muchas copias y copias de las copias han circulado. La versión de Gentilz es bastante inocente y muestra en una gran panorámica el despliegue de los soldados mexicanos en el asalto, desde la perspectiva del ataque al cercado al lado de la iglesia. Nuevamente es de día.

Pero la más conocida de las versiones míticas sería pintada por Henry McArdle y el óleo se llamaría *Dawn at the Alamo* (Amanecer en El Álamo), realizado en 1875. El cuadro tuvo buenas críticas pero curiosamente no encontró compradores. McArdle lo prestó al gobierno texano con la esperanza de que se lo compraran en el futuro, pero un incendio en 1881 destruyó la pieza. El pintor volvió sobre el tema en una segunda versión en 1905, más dramática y simbólica y desde luego más ajustada a los pilares del mito *alamoísta*. Travis domina la escena combatiendo pistola en mano del lado derecho del cuadro sobre el techo de los barracones, en el centro Crockett descamisado y en la extrema izquierda Bowie. Sigue siendo de día; un abanderado casi angelical vuela hacia la muerte. Hija del naíf, a veces recuerda a un Bosco pintado por un aficionado.

En 1888, en *Stories of the wild west* de Buffalo Bill Cody, Armand Welcker, un dibujante del *St. Louis Globe Democrat*, dio su versión del asalto mexicano. Nuevamente el cuadro muestra la imposible batalla de día, los uniformes no tienen nada que ver con la realidad, se

La versión de Onderdonk

inventó una mezcla de ranchero mexicano militarizado y las murallas son más bajas, pero el caos está indicado.

Y en eso de pintar mexicanos malignos, hay un cuadro de 1900 realizado por un artista que no he podido identificar, que da una versión con los mexicanos como una horda de bandoleros con sonrisas feroces.

A petición de un empresario, el pintor de San Antonio Robert Jenkins Onderdonk hizo entre 1901 y 1903 su versión de la batalla, que habría de ser una de las más divulgadas y según Walter una de «las más amadas»: allí aparece Crockett con su gorrita de mapache y el rifle alzado en una posición un tanto antinatural, como si fuera a dar un mazazo a los mexicanos que han roto el cerco, rodeado de ocho anglotexanos, dos de ellos al borde de la muerte. Nuevamente es de día. Los mexicanos en la pieza de Onderdonk no existen, tan solo el humo de los disparos como referencia.

Y la lista de autores es interminable: Louis Betts, Howard L. Hastings, Kurt Werth y Frederick C. Yohn, que en *The battle of the Alamo*, de 1913, de nuevo muestra a Crockett bateando con su rifle, no sin una cierta gracia, y claro, es de día.

Para un fanático la exploración puede resultar interminable y peligrosa: hay cientos, miles de cuadros, dibujos, grabados, incluso hay un artista inglés que se dedica a pintar dentro de una temática que se ha dado en llamar *alamowayne*.

El lanzamiento de las películas animó una nueva oleada. Robert Russell en 1960 realizó una pieza llamada *The Alamo* que muestra los dos cañones solitarios en la plaza y la fortaleza en ruinas; fue utilizada en la publicidad de la película de Wayne. El texano John McKinney, en los ochenta, hizo varios cuadros relacionados, con técnicas muy naíf. Entre las más conocidas, la de Ken Turner: *Decision at the Alamo*, de 1986, la pintada de la raya, de un realismo muy sombrío. George Nelson pintó a finales de los noventa ocho versiones de la fortaleza a lo largo de los años: muy acertadas, cuadros sin épica que muestran una versión del plano con la mentalidad de un arquitecto paisajista.

La última obra que el narrador conoce es *The storming of the Alamo*, de Eric von Schmidt, realizada en 1986; un cuadro de tres por siete metros. Es quizá la versión más cercana a la realidad, pero una de las más pobres. Para realizar el cuadro hizo un estudio, por cierto repleto de sentido común e ingenio, de más de 30 cuartillas, muy superior al cuadro.

40

Después

EL MOSQUITO MEXICANO.

> Las mejores instituciones de nada sirven, si se quedan escritas en el papel y existen solo para perpetuar en ridículo á la nación, ¿Qué será, pues, del país en donde el abuso se sobrepone á la ley?

Fragmento del diario *El Mosquito Mexicano*

Al amanecer la misión está cubierta de polvo, tierra suelta, olor a pólvora, humo de los incendios de algunas de las techumbres, charcos llenos de sangre, soldados mexicanos heridos. Había muertos por todos lados. El suelo de la capilla estaba lleno de sangre; el altar de la iglesia estaba troceado por balas y cañonazos. Curiosamente, al menos dos de las estatuas de los santos permanecían intactas en los nichos de la fachada. Santa Anna diría: «La fortaleza presentaba un aspecto pavoroso; conmovía al hombre menos sensible». Sin duda se estaba retratando.

Según el testimonio del coronel Urriza, los soldados mexicanos dispararon incluso contra un gato que corría por la explanada del fuerte: «No es un gato, es un gringo».

Antonio Cruz Aroche, que vivía en las cercanías de la misión, vio cómo un grupo de texanos que estaban escondidos se mostraron, se arrodillaron y pidieron clemencia; los soldados dudaron y Santa Anna ordenó que los ejecutaran. Ramón Martínez Caro, secretario de Santa Anna, sería más preciso al contar que había entre los muertos «cinco que pudieron ocultarse y que concluida la acción encontró el general Castrillón y que llevó a presencia de Su Excelencia, quien al momento reprendió agriamente a dicho general, volvió la espalda y a cuya acción los soldados […] cargaron sobre ellos hasta concluirlos». Houston y Benjamin Briggs hablarán de siete, Potter de cuatro a cinco, y casi todos los testimonios precisarán que varios anglotexanos se rindieron y fueron fusilados. Martínez Caro añade: «Ésta es la cruel verdad, pero no puedo omitirlo».

¿Quiénes eran los últimos defensores de El Álamo?

Joe en una de sus versiones identificará a uno como Warner. Urriza dirá que otro, «Creo que lo llaman Coket», y el teniente coronel José Enrique de la Peña precisará que se trataba de David Crockett.

Sánchez Navarro contará que «A la tropa se le concedió el saqueo». Al amanecer los soldados recorrían los cuartos de la misión registrando las pertenencias de los muertos. Enrique Esparza vería cómo un soldado amenazaba a su madre con una bayoneta mientras le preguntaba dónde tenían su dinero los estadounidenses. A Juana Navarro en el saqueo le quitaron de su baúl los relojes que algunos oficiales le habían dado a su hermana para que los conservara. El propio Almonte registrará en su diario que fue «robado por nuestros soldados».

Un pequeño grupo de mujeres, niños y esclavos negros sobrevivieron a la matanza, entre ellos Susanna Dickinson y su hija, los Navarro y los Esparza. Mujeres y niños fueron recluidos en la casa de Músquiz y los negros llevados a un barracón.

Santa Anna («vestido como un pastor metodista», diría Joe) pronunció una encendida arenga a la tropa en la plaza de El Álamo que fue respondida con vivas. En *El Mosquito Mexicano*, en la ciudad de México, se dirá que fue un bello discurso; los discursos mejoran con la distancia.

Hay varias versiones, la del alcalde Ruiz, la de Joe, la de Ben —el asistente de Almonte—, la del flautista de 16 años Polín Saldaña, que coinciden en que el Generalísimo paseó en medio de los muertos pidiendo que le identificaran los cadáveres de los coroneles Travis, Bowie y Crockett. Ruiz, lo mismo que Joe, los conocía bien y Ben había visto a Crockett cuando trabajaba en un hotel en Washington. El Generalísimo quedó satisfecho.

A pesar de que había estado soplando viento del norte, algunos días de marzo resultaban extremadamente calientes, y cientos de cadáveres se encontraban dispersos en El Álamo a unos cuantos centenares de metros de San Antonio. Santa Anna ordenó al alcalde que trajera vecinos con carros para levantar a los muertos. Los cuerpos de los soldados mexicanos fueron llevados al cementerio y enterrados, pero como no había lugar para tantas tumbas, Ruiz ordenó que algunos restos fueran arrojados al arroyo de San Pedro. Los cuerpos de los texanos fueron incinerados en varias piras con una sola excepción, la de Gregorio Esparza, que fue enterrado a petición de su hermano Francisco, quien había servido a las órdenes de Cos. Su hijo Enrique dirá años más tarde a un periodista: «Como lo enterramos como se debe, no creo que su ánima camine por El Álamo, pero no sé mucho de los espíritus».

Se hicieron montones de ramas recogidas en los bosques cercanos y sobre los cadáveres se vertió aceite y grasa. A las ocho de la tarde del día siguiente al asalto se aplicaron antorchas a las piras funerarias. Durante dos días los túmulos estuvieron ardiendo.

Si disponer de los muertos fue relativamente sencillo, el cuidado de los heridos mexicanos resultó una tragedia. En palabras de De la Peña: «No teníamos hospitales de sangre ni cirujanos». El *Mercurio* de Matamoros se preguntaría días más tarde: «¿Era culpable de esto el cuerpo de sanidad militar, ó lo eran los que habían dispuesto las cosas de este modo?». Por órdenes de Santa Anna, la noche del 5 se creó un hospital de campaña en la calle Potrero. Sánchez Navarro comentaría: «No hay hospitales, remedios ni facultativos; y nuestros heridos están que dan lástima; no tienen jergones en que acostarse, ni mantas con que taparse, a pesar de que en la entrada a Béjar se quitaron al enemigo tres o cuatro retazos de tienda y se ha puesto una que llaman tienda del gobierno, donde todo se vende caro y por dinero».

Varias versiones, que cambian a los personajes que conversaban con Santa Anna, coinciden sin embargo en que en un determinado momento el Generalísimo hizo la siguiente confidencia a uno de sus asistentes: «Con otra victoria como esta nos lleva el diablo».

Sánchez Navarro propuso a Cos hacer un monumento con la siguiente inscripción, pero no le hicieron mayor caso: «Los cuerpos que aquí yacen, se animaron/ Con almas que á los cielos se subieron,/ A gozar de la gloria que ganaron/ Con altas procesas que el mundo hicieron:/ El humano tributo, aquí pagaron;/ Al pagarlo la muerte no temieron,/ Pues muerte por la Patria recibida/ Más que muerte, es un paso á mejor vida».

A las tres de la tarde del día posterior al combate, las mujeres detenidas en El Álamo fueron llevadas ante Santa Anna en un cuartel que había situado en la calle Comercio. Según Susanna Dickinson, tenía frente a sí en una mesa una pila de frazadas y un montoncito de monedas de plata y les daba dos pesos a cada mujer y una manta. Susanna, que estaba levemente herida en la pantorrilla derecha, había sido ya curada cuando se entrevistó con el Generalísimo. Hay leyendas de que la señora Dickinson le mostró el mandil masónico de Almeron, su marido, para pedirle ayuda. Santa Anna le ofreció llevarse a la niña a México y educarla y cuidarla como si fuera hija suya. La reciente viuda se negó.

Ese mismo día Santa Anna se entrevistó con Joe, del cual sabía era el esclavo de Travis, y le preguntó acerca del ejército de los rebeldes: especialmente estaba muy interesado en saber si había soldados estadounidenses entre ellos. En un alarde le dijo que tenía suficientes hombres para marchar directo hasta Washington.

En Gonzales, el mismo 6 de marzo de 1836, hacia las tres de la madrugada, Mary Ann Kent se despertó junto a toda su familia y más tarde contó a todos los vecinos del pueblo que fueron los rugidos de distantes cañones los que causaron su desvelo. Por más que la historia fue fielmente creída, era imposible: ni el ataque a la fortaleza se produjo a esa hora ni era posible escuchar la artillería ligera a casi 113 kilómetros del lugar de los hechos; la que sería una inocente tormenta se volvió una premonitoria convicción.

Sam Houston llegó a Gonzales en la tarde del 11 de marzo con unos 300 hombres. Poco antes habían arribado dos mexicanos, Anselmo Bergara y Andrés Bárcena, con noticias precisas de la caída de El Álamo y la muerte de todos sus defensores. Contaban que no había supervivientes, que Bowie fue rematado en su cama, que Travis se suicidó, que Santa Anna había sufrido muchas bajas y tenía más de 500 heridos. Houston ordenó que fueran detenidos y los acusó de espionaje, aunque estaba convencido de que el relato era verídico, por eso le informó a Fannin en Goliad que sin duda El Álamo había caído, que el enemigo esperaba grandes refuerzos, y le ordenó que se replegara hacia Guadalupe Victoria, añadiendo que «hunda en el río» lo que no pudiera llevarse.

Santa Anna liberó a la señora Dickinson, que acompañada por su hija Angelina y el sirviente de Almonte, Ben, salieron a caballo hacia Gonzales. A unos veinticuatro kilómetros descubrieron a Joe, el esclavo de Travis, que se había fugado de San Antonio y juntos prosiguieron el viaje. Finalmente fueron descubiertos por una patrulla de exploradores en la que iban Deaf Smith, Robert B. Handy y el capitán Henry Karnes.

Mientras tanto, otra patrulla de unos 25 hombres salió el 6 de marzo de San Felipe y el día 11 se aproximó a El Álamo, donde fue descubierta y perseguida por avanzadas de la caballería mexicana. El domingo 13 arribaron a Gonzales y confirmaron parcialmente la información de Bergara y Bárcena: no se escuchaban cañonazos provenientes de la misión, El Álamo debería haber caído.

En la noche del 13 la llegada de la señora Dickinson terminó de corroborar las anteriores informaciones. Portaba un mensaje de Santa Anna para Houston: «Preséntele mis cumplidos y anúnciele que lo que sucedió en El Álamo sucederá en el resto de Texas».

Los rumores y el miedo cundieron en la pequeña población. Susanna decía al que quisiera oírla que las tropas mexicanas llegarían en un día. Houston ordenó la retirada; en medio del caos, se dejaron atrás caballos y equipajes, se olvidó el relevo de los centinelas al oeste del río. Houston decidió incendiar el pueblo y varias de las granjas; a todo el equipo que no podía transportarse, incluidas tiendas de campaña, se le prendió fuego. Junto al pequeño ejército viajaba en masa la población buscando el refugio de los asentamientos del noreste. Creed Taylor diría: «La más desgraciada retirada que se recuerde en cualquier historia».

La tropa llegó a Peach Creek, a unos veinte kilómetros del pueblo, acampó y a partir de allí Houston intentó reorganizar el repliegue.

Por entonces Santa Anna enviaba la bandera capturada de los Greys a la ciudad de México, para ser puesta en manos de Tornel, el ministro de Guerra, que días más tarde anunciaría la victoria de El Álamo en la Cámara de Diputados.

41

Las bajas

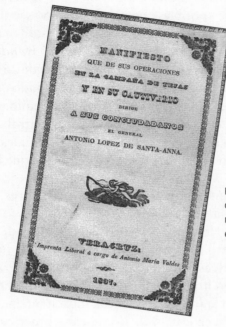

Portada del documento
donde Santa Anna
reporta lo ocurrido
en la guerra de Texas

La orden de Santa Anna de «A degüello», sin cuartel, fue cumplida rigurosamente, los defensores heridos fueron rematados, se fusiló a los pocos que fueron capturados, la caballería remató a los que huían. La versión oficial texana de los muertos la establecieron las Hijas de la República de Texas, que fijaron el número en un poco más de 180, basadas en el testimonio del alcalde de San Antonio, Francisco Antonio Ruiz, que decía que había llevado a la pira funeraria junto con otros vecinos 182 cuerpos. En los años treinta del siglo XX, la historiadora Amelia Williams la hizo crecer a 189 y varios historiadores de la segunda mitad del mismo siglo como Lord y Long se quedaron con cifras cercanas a esa, pero los testimonios de militares mexicanos variaban: Manuel Loranca dijo que frente a la fosa donde se les enterró, entre los que habían muerto en el fuerte y quienes fueron perseguidos y rematados a lanzazos había «283 personas»; el coronel De la Peña hablaba de 253; Santiago Rabia contaba, al igual que Almonte, «250 estadounidenses» y en *El Mosquito Mexicano* se dijo que un testigo contó 257 cuerpos.

Ramón Martínez Caro escribió al dictado de Santa Anna el informe oficial diciendo que 600 defensores habían muerto, pero sabía y habría de reconocer más tarde que la cifra era evidentemente falsa.

En los últimos años, Tom Lindley añadió diez defensores a la lista oficial, sugirió otros once «posibles» nombres y eliminó seis de la lista original porque probó que murieron más tarde o que estaban en otros lugares. Muchos autores serios han revisado la lista: el *Handbook of Texas* pone el número de bajas en 257, Hardin dirá que de 250 a 257, Kevin Young propondrá que «las cifras dadas por soldados mexicanos de 253-270 defensores muertos no está lejos de la realidad».

El enigma envolvía la cifra de rebeldes que se encontraban en El Álamo en el momento del ataque. Las narraciones originales estadounidenses siempre se basaron en los 150 hombres de los que hablaba Travis en sus cartas.

David McLemore apunta: «Para algunos historiadores, es simplemente la búsqueda de la verdad. Para otros, se trata de la versión académica de cuántos ángeles pueden danzar en la cabeza de un alfiler». No le falta razón, pero las cifras exageradas de uno y otro lado intentando establecer el escaso número de defensores o el gran daño que habían causado al ejército mexicano se vuelven así material para la construcción del mito o la justificación de la inexistente pero necesaria gloria santanista. Y si en el caso de los rebeldes muertos el baile de cifras es impresionante, en el caso de las bajas del ejército mexicano se vuelve delirante.

El sentido de la exageración en el número de bajas mexicanas se revela en el testimonio del doctor Sutherland que, basándose supuestamente en una conversación con Almonte después de que éste fue capturado, aseguraba que las bajas mexicanas en el combate fueron mil 544 y que «los texanos combatieron más como demonios que como hombres». El sargento Becerra, queriendo quedar bien con sus captores, aseguró que hubo 2 mil muertos y 300 heridos, el alcalde Ruiz hablará de mil 600 bajas y Pablo Díaz hizo llegar la cifra hasta 6 mil. Ben, el asistente negro de Almonte, dijo que había oído decir a oficiales mexicanos que perdieron mil 200 hombres; el sargento Núñez hablaría de mil bajas y Becerra daba la alucinante cifra de 2 mil muertos y 300 heridos mexicanos. Historiadores contemporáneos dieron como buenas estas cifras e incluso llegaron a precisarlas como Lee Paul, que la estableció en mil 544 hombres.

José Juan Sánchez Navarro ofrece cifras de cierta precisión: «Hemos perdido 11 oficiales muertos y 19 heridos [y] de tropa 247 heridos y 110 muertos». El general Filisola hablará de 70 muertos y 300 heridos incluidos 25 oficiales, Almonte registraría en su diario que «nuestras pérdidas fueron de 60 soldados y 5 oficiales muertos y 198 soldados y 25 oficiales heridos», aunque Santa Anna posteriormente, hablando de memoria y sin mayor precisión, diría: «Nos pusieron fuera de combate más de mil hombres entre muertos y heridos».

¿Cuál era en realidad el número de las bajas mexicanas?

Si se toma en cuenta que las cuatro columnas contaban con mil 400 hombres, más los 400 de la reserva, no estaría muy lejos de la realidad pensar que los números de Filisola, De la Peña y Almonte se acercan a la realidad. Poco sentido tendría disminuir las listas de bajas en documentos privados (no era así el de Filisola) que no verían la luz sino hasta mucho más tarde. Podría hablarse entonces de 300 a 450 soldados mexicanos muertos y heridos. Si unos días después el conjunto del ejército de operaciones podía contar con unos 4 mil hombres, la cifra es bastante precisa.

Hacia la tercera semana de abril los doctores Barnard y Shackelford, capturados en Goliad, recibieron la oferta de obtener la libertad a cambio de que atendieran a los heridos mexicanos de El Álamo. Cuando se presentaron, encontraron un centenar de ellos y los vecinos les contaron que 300 o 400 habían muerto previamente. «Muchos a causa de la falta de atención médica.»

42

La primera polémica

Reuben Marmaduke Potter

En los años inmediatamente posteriores a los acontecimientos pocos testimonios y recuentos sobre lo que había sucedido en El Álamo vieron la luz. No sería sino hasta una veintena de años más tarde que comenzaría a construirse una historia fuertemente teñida por el mito. En 1855 el exmiliciano y abogado Henderson K. Yoakum publicó la *History of Texas from its first settlement in 1685 to its annexation to the United States in 1846*, muy influida por la versión de Sam Houston. Tres años más tarde aparecerían las *Memorias* de Juan N. Seguín y en 1860 el recuento de Francisco Antonio Ruiz, el alcalde de San Antonio en el tiempo de la batalla. Y es entonces cuando ve la luz el breve ensayo de Reuben Marmaduke Potter: *La caída de El Álamo, Una reminiscencia de la revolución en Texas*, que desató la primera polémica.

Potter cuestionaba las «absurdas historias» que se habían escrito sobre el combate de El Álamo, basadas en «declaraciones aduladoras» obtenidas de prisioneros del «más bajo nivel».

Reuben M. Potter, nacido en 1802, había sido agente de una casa comercial en Matamoros, Tamaulipas, y hablaba buen español. Hacia octubre de 1836 había escrito el «Himno de El Álamo», que fue relativamente popular en los periódicos. Llegó a Texas en 1837, cuando ya era república, y durante varios años recorrió la región entrevistando a veteranos. Tanto durante su estancia en México como a lo largo de la guerra con Estados Unidos tuvo acceso a prisioneros que habían combatido con Santa Anna en El Álamo y «tuve por varios años en Texas por sirviente a uno de los soldados mexicanos capturados en San Jacinto, el sargento Becero [Francisco Becerra], del Batallón de Matamoros».

En su texto Potter fijaba la cifra de muertos y heridos del ejército mexicano en el combate de El Álamo en 521 («150 a 200 muertos y de 300 a 400 heridos»), mientras que Yoakum (basado en el testimonio de Anselmo Bergara, el hombre que llevó la noticia de la batalla a Houston en Gonzales) hablaba de 521 muertos y otros tantos heridos, y el exalcalde Ruiz la cifraba en mil 600 muertos, «la flor de su ejército».

Potter discrepaba también con la versión de Ruiz de las dimensiones del ejército de Santa Anna, de las que el segundo decía que «eran 13 batallones de infantería y 2 regimientos de caballería, lo que hace un total de 22 500 hombres», cifra que Potter reducía a 7 mil 500 con el argumento de que aunque un batallón tiene nominalmente mil 500 hombres, él «nunca había conocido a uno que tuviera los efectivos completos, o cuando mucho excedía un tercio de esa cantidad».

Potter corregía la hora del ataque, que Ruiz había situado a las tres de la tarde, difería con el exalcalde en el número de atacantes, que cifraba en 2 mil 500 en lugar de 4 mil, y decía que los mexicanos no habían sido rechazados dos veces.

Otro elemento de discordia, casi herético, era que Potter decía en esta versión de su panfleto: «Es un hecho no frecuentemente recordado que Travis y sus hombres murieron bajo la bandera federal mexicana de 1824, en lugar de la *Estrella Solitaria,* aunque la Independencia de Texas, desconocida para ellos, había sido declarada cuatro días antes. Murieron por una república cuya existencia no conocían».

Curiosamente una circular de la Secretaría de Guerra mexicana, emitida en la ciudad de México dos meses antes del combate, variaba la tesis de Potter cuando alertaba de que los rebeldes texanos estaban usando una bandera «extraña, la cual costa de fajas como la de Estados Unidos de América, teniendo en lugar del cuadro azul con estrellas, un cuadro blanco con una cruz y un número, 1824» y no la bandera tricolor mexicana con las cifras «1824» en la franja blanca.

Aunque Potter no tocaba algunas de las esencias de la guerra de Texas, sacudía unos de los cimientos de la leyenda, que establecía la descomunal diferencia entre el ejército mexicano y el texano y exageraba las bajas mexicanas. Su investigación estaba más cerca de la verdad.

Potter fue bombardeado por los periódicos, que estaban más a gusto con la versión de Ruiz y lo acusaron de encontrarse a «varios cientos de millas alejado de los hechos» y por tanto no tenía autoridad para hablar de ellos. En su defensa periodística Potter le zumbó a Yoakum diciendo que su versión es una en la que la «tradición popular se basa en conjeturas».

Dieciocho años después Potter escribiría una versión corregida y aumentada de su texto para la *Magazine of American History*, gracias —reconocía— a las informaciones que le había proporcionado Juan N. Seguín. Y aclaraba algunas de las fuentes utilizadas previamente: el general Bradburn, que había llegado a San Antonio dos días después del combate; un amigo del general Amador; tres «sargentos inteligentes», hombres educados y «testigos confiables», más la información adicional del coronel Seguín y Mr. Lewis de San Antonio.

En esta versión Potter concluía que «exageraciones salvajes han ocupado un lugar en la leyenda popular [...]. Cuando el horror se intensifica con el misterio, el producto seguro es una novela». Y remataba diciendo: «Si debemos a los héroes muertos el deber de preservar sus hechos del olvido, debemos asumir con igual fuerza la tarea de defender su memoria contra el calumnioso efecto del falso elogio, que en el tiempo podría causar que se dudara de sus verdaderos logros».

La versión de Potter aún era inexacta en muchas cosas, pero al menos rompía lanzas contra las más burdas versiones de construcción del mito.

43

Los supervivientes

Susanna W. Dickinson

La orden de «A degüello» fue cumplida a rajatabla, los supervivientes al ataque sobre El Álamo solo eran no combatientes. Aunque en el diario de Almonte se habla de que «solo 5 mujeres, un soldado mexicano preso y un esclavo negro sobrevivieron a la muerte instantánea», fueron algunos más. De la Peña, que no suele caracterizarse por sus simpatías por Santa Anna y quizá conmovido por el recuerdo de la masacre, dirá que trató a «mujeres y niños con admirable galantería». El grupo incluía a:

Susanna W. Dickinson, viuda del capitán Almeron Dickinson y su hija Angelina de 2 años.

Concepción Lozoya (esposa o madre de un combatiente, Toribio), su hijo Juan y su hermana.

Juana Francisca Melton, esposa del cuartel maestre de El Álamo y comerciante Eliel Melton.

Victoriana de Salinas y sus tres pequeñas hijas.

Petra González.

Ana Salazar Esparza, esposa de un combatiente de San Antonio, y sus hijos, Enrique, de 8 años; Manuel, de 6; Francisco, de 2, y María de Jesús Castro (hijastra de Ana).

Joe, el esclavo de Travis.

Había más niños, algunas fuentes añaden a los hijos del judío inglés Abraham Wolfe.

Richard Santos habla de un número imposible de precisar de esclavos negros no identificados. Algunas crónicas incluyen a una mujer llamada Betty o Bettie y añaden a Sam, un supuesto sirviente de la casa Veramendi y a Charlie, que se salvó y según el rumor escapó a México.

Hay varios testimonios que dan datos sobre dos hombres sobrevivientes a la matanza: Brígido Guerrero, nativo de San Antonio y probablemente parte de la tropa de Seguín, que cuando lo detuvieron y lo iban a ejecutar reclamó que era un soldado mexicano prisionero de los texanos, y se salvó, incluso muchos años más tarde recibió una pensión como uno de los combatientes de El Álamo, y el ex*jockey* Henry Warnell, que llegó a Port Lavaca herido y murió poco después. Algunas crónicas recogen los nombres de otros dos sobrevivientes anónimos que aparecieron en Nacogdoches dos semanas después de la batalla y fueron registrados por la *Arkansas Gazette* a fines de marzo.

44

Las fuentes envenenadas

Un grupo de cherokees en la zona de Red River

En agosto de 1904 un nuevo «superviviente» de El Álamo fue descubierto por la prensa: Charles Bledsoe, que vivía solo en un rancho con dos ponis y un perro, porque nunca se había casado, narró su testimonio a los 82 años al *San Antonio Daily Express*. Contaba que habiendo huido de su casa en Missouri a los 12 años con sus tíos Jim y John, se unieron a una banda de aventureros que iban a Texas bajo el mando de un tal Blair. A lo largo del trayecto tuvieron varios encuentros armados con pequeñas patrullas de soldados mexicanos hasta que en un lugar llamado Little Creek, cerca de San Antonio, chocaron con una fuerza mayor con la que estuvieron combatiendo varias horas hasta que los mexicanos los derrotaron y los fueron persiguiendo mientras ellos se refugiaban en El Álamo. En su memoria, o en su falsa memoria, el ataque a El Álamo sucedió muy poco después y de día. «Los mexicanos treparon en el viejo muro y comenzaron a hacer agujeros por los cuales disparaban. El piso estaba resbaloso de sangre y los muertos y los heridos estaban tan apretados en el suelo que el movimiento era imposible.»

Tras hacer una descripción minuciosa y sin duda inventada de algo que según él sucedió desde la mañana al atardecer, Bledsoe terminaba contando cómo logró salir de los cuartos en el último asalto de los mexicanos a la bayoneta y llegó hasta el río, y a pesar de que le disparaban y tenía una herida previa de bala que le había cruzado el hombro, nadó durante varios kilómetros, llegó a una vieja misión española y terminó capturado por un grupo de cherokees, que lo cuidaron y protegieron. No volvió a oír de El Álamo hasta mucho más tarde.

La historia era evidentemente falsa: ni hubo un ingreso de aventureros el día del asalto, ni fue de día, ni el río es así, ni había indios cherokees en las cercanías.

Si la historia de Bledsoe no se sostiene, la del doctor John Sutherland solamente cojea. Escribe su texto en 1860 (aunque no se publica hasta 1936 gracias a su nieta), le da un protagonismo excesivo a Almonte, habla de varias tentativas de asalto que nunca se produjeron, hace llegar a Santa Anna al cerco el 3 de marzo, dice que el sonido de los cañones de El Álamo se oía en Gonzales y peca de abundancia de retórica: «Texas no debería olvidar ese triste y glorioso día [...] pero esas libertades, que, dondequiera que se obtuvieran a lo largo del mundo, están manchadas por la sangre de los héroes», una retórica que habría de proseguir con variantes en los próximos 150 años. Aunque Thomas Lindley dice que no estuvo dentro de la misión y que todo son recuentos de segunda mano, es probable que haya en el recuerdo del doctor elementos de verdad.

La muerte de Bowie

Bowie dispara a los soldados mexicanos

En *Todo un hombre*, muchos años después, el novelista Tom Wolfe describe el siguiente cuadro: «Bowie, que ya estaba muriendo, yace en una cama... Se ha izado sobre el codo. Con su otra mano blande su famoso cuchillo Bowie ante un grupo de soldados mexicanos... Es la manera en que su gran cuello y sus mandíbulas se pronuncian hacia los mexicanos, y la manera en que sus ojos resplandecen desafiantes al final, lo que lo haría un gran cuadro. "Nunca digas *morir* aun cuando estés muriendo", eso es lo que dice el cuadro...».

Los debates en los siguientes cien años se centrarían en la manera en que las figuras emblemáticas de El Álamo habían muerto y se preocuparían por adoptar aquellas versiones que las hacían gloriosas. En el caso de Bowie, la versión resumida es que desde la cama donde yacía enfermo enfrentó con un par de pistolas a los asaltantes mexicanos, matando a varios; la historia se enriquecía con los matices y se llegaría a decir que Crockett le había dado las pistolas.

En una primera versión madame Candelaria cuenta que cuando le estaba dando un vaso de agua a Jim Bowie, «minutos después del ataque santanista, un soldado mexicano entró y lo bayoneteó», a ella le dio un golpe y a los diez años mostraba orgullosa su cicatriz en la mejilla. En subsecuentes versiones: «arremetieron hacia él con sus mosquetes, me tiré enfrente de ellos y recibí dos de sus bayonetas en mi cuerpo. Una pasó a través de mi brazo y la otra cruzó la carne de mi barbilla. Aquí, señor, están las cicatrices; las puede usted ver aún». Y en una tercera dirá que «murió valientemente mientras vaciaba sus pistolas en las caras de los soldados mexicanos [...] masacraron a mi amigo ante mis ojos. Todo es silencio ahora». Pero lo más probable es que madame Candelaria no estuviera en El Álamo en ese momento.

Susana Dickinson dirá que «el coronel Bowie [...] mató a dos con sus pistolas antes de que lo hicieran pedazos con sus sables», aunque resulta difícil que lo sepa de primera mano porque ella se encontraba en uno de los cuartos cerca de la capilla. El alcalde Ruiz dirá que no solo se defendió con las pistolas sino que también usó su famoso cuchillo. Para no haber estado ninguno de ellos en el lugar de los hechos, todos sabían demasiado.

Kevin R. Young dice que al paso de los años la pila de soldados mexicanos ha crecido hasta alcanzar números épicos y la escena completa recuerda el famoso camarote de los hermanos Marx en *Una noche en la Ópera*, y el cuchillo se vuelve más y más grande. «Habría que pensar que por lo menos un soldado fue lo suficientemente inteligente para disparar su mosquete.»

Una nueva versión, aparecida en un periódico de la época y que Lee Paul recoge con desconfianza, dice que «un soldado descubrió a Bowie aún vivo en un catre al final de la batalla, éste insultó a un oficial mexicano en su fluido español, el oficial ordenó que le cortaran la lengua, y su cuerpo que aún respiraba fue arrojado en la pira funeraria». La historia es absurda, el cadáver de Bowie según varios testigos sólidos había sido reconocido muchas horas antes de que los cadáveres se incineraran.

Las fuentes mexicanas contarían una historia totalmente diferente: «El pervertido y fanfarrón Santiago Bowie murió como una mujer, medio cubierto por un colchón» o «Buy (Bowie), el fanfarrón yerno de Veramendi, murió como un cobarde». Todas ellas implicaban que Bowie se había escondido durante el combate y en su escondrijo encontró la muerte, ignorando que Bowie llevaba mucho tiempo gravemente enfermo. Todas ellas coincidían en que el cuerpo apareció cubierto de heridas de bayoneta.

Don Santina aportará una versión más: «En realidad, Bowie murió horas antes de la batalla a causa de dicha enfermedad y no participó en el combate». Y el novelista Rafael F. Muñoz diría que estaba oculto en un pajar, del cual los que hemos seguido esta historia en mil fuentes tenemos noticia por primera vez, y al ser encontrado pidió por su vida al general Castrillón, que le volvió la espalda, y lo bayonetearon.

Como si fueran pocas las historias de la heroica resistencia del enfermo, hace algunos años en el Alamo Forum se hizo pública una nueva teoría cuando apareció una carta de un tal George W. Smyth, escrita días después de los sucesos, en la que contaba a su padre que el «coronel Bowie estaba enfermo y era incapaz de tomar parte en las acciones, pero se voló los sesos con una pistola».

Pero la versión más enloquecida se ventiló en septiembre de 1997 cuando Jeff Pendleton, un estudioso *amateur*, un *alamoísta*, envió un par de cartas al activo Alamo Forum, tituladas *Los expedientes X de El Álamo*. En ellas preguntaba sobre un par de misteriosos oficiales mexicanos que parecían gemelos y que andaban revisando los cadáveres después de la batalla «con un inusual interés». Los coordinadores del foro dieron noticia de una historia escrita por William P. Zuber en un artículo en el *Houston Daily Post* en 1882 en la que un flautista de la tropa de Santa Anna (tocaba el pífano, para ser más precisos), llamado Polín (¿Leopoldo?) Saldigna (¿Saldaña?), contó años después de los sucesos que dos oficiales muy jóvenes y agraciados, probablemente hermanos, que no había visto antes y no volvería a ver, acompañaron a Santa Anna en la revisión de los cadáveres de los rebeldes y que encontraron a Bowie vivo y lo torturaron hasta matarlo.

Como todo en esta narración, el lugar donde se produjeron los hechos es motivo de controversia: Francisco Antonio Ruiz y Walker dirán que estaba en uno de los cuartos del lado sur; otros que en el hospital; Nofi dice que Bowie estuvo en un cuarto en las barracas al este de la puerta principal, pero en el momento de su muerte lo habían mudado a uno de los cuartos de la capilla, quizá para protegerlo del fuego artillero, y John Sutherland asegurará que murió en el mismo cuarto en que estaba confinado desde el inicio del sitio.

Hardin parece ponerle punto final al asunto cuando asegura: «No se sabe cómo murió: no hay ningún testigo confiable de los últimos momentos de Bowie».

46

Las fuentes envenenadas
Las mujeres y los niños

Madame Candelaria

Enrique Esparza, el niño de 8 años que sin duda vivió el ataque final a la fortaleza, fue redescubierto por la prensa texana y entrevistado varias veces entre 1902 y 1911. Sus testimonios van variando a lo largo de los años y están repletos de lo que se conoce como «falsa memoria». A los 74 años en el *San Antonio Light* y a los 83 en el *San Antonio Daily Express*, sus versiones iban adquiriendo más color e incluso ganando en detalles y en la medida en que las iba produciendo se incorporaban a su declaración narraciones que había leído de versiones de otros testigos. Sin duda su testimonio es valioso, pero ¿qué recordaba realmente aquel viejo que dialogaba en su memoria con un niño de 8 años?

Las hermanas Navarro quedaron huérfanas de madre muy jóvenes y fueron recogidas por la familia de Juan Martín Veramendi, de ahí su relación con James Bowie. Juana se casó con Alejo Pérez, y en un segundo matrimonio en enero de 1836 con el doctor Horace Alsbury. No hay duda de que Juana Navarro (una bejareña de 24 años), junto a su hermana Gertrudis y su hijo Alejo Pérez, de 18 meses, estuvieron en El Álamo... pero parece evidente que salieron durante el armisticio y no vivieron el ataque final. De tal manera que la narración que Juana le hiciera a John S. Ford cincuenta años después y que contaba sobre el sitio y su terrible desenlace era fundamentalmente de oídas.

Susanna Wilkerson Dickinson arribó a Texas en 1831 con su marido Almeron Dickinson junto a otros 54 colonos estadounidenses; su hija Angelina nació en 1834. Un año más tarde se establecieron en la casa de Ramón Músquiz, donde sirvió a huéspedes y se encargó de la lavandería. Madame Candelaria comentó años más tarde que la mujer era una racista y no quería a los mexicanos. Entró al fuerte en el primer día del cerco y fue una de las mujeres que sobrevivieron.

Randell Tarín en el Alamo Forum dirá: «La historia de la señora Dickinson cambió muchas veces a lo largo de los años, dependiendo de qué reportero la estaba entrevistando. Yo personalmente no confío en su narración», y Richard Santos comentará que «originalmente declaró que estaba en uno de los cuartos de la iglesia y que no vio nada del asalto final. Más tarde, cuando fue descubierta por la prensa y los escritores sensacionalistas, cambió continuamente sus remembranzas para que se ajustaran a cualquier historia que estaba de moda».

No hay duda de que vivió y vio, pero tampoco la hay de que añadió y quitó y que hay mucho de falsa memoria, memoria adquirida o retoque de periodistas que la entrevistaron en las narraciones de esa que fue una muchacha de 22 años con una hija.

Hay en *Duelo de águilas*, el libro de Jeff Long, una foto de una anciana, muy anciana, arrugada como pasa; una viejita de mirada vacía, con un chongo repeinado y un traje largo de discretos lunares, sentada en un sillón donde reposa su mano izquierda sobre un bello mantel blanco. Parece una momia. Se llama Andrea Castañón Villanueva y fue conocida como madame Candelaria (porque estuvo casada con Candelario Villanueva). Habría de morir a los 113 años en San Antonio, a pesar de que había sido una gran fumadora de puros.

Nacida en el presidio de Río Grande o en Laredo, posiblemente hubiera estado dentro de El Álamo durante una parte del cerco, llamada (según ella) por Sam Houston para que cuidara de Bowie, que estaba muy enfermo.

La primera vez que su testimonio emergió fue en la década de 1890, pero no recibió mucha atención hasta que las entrevistas, tiempo después, aparecieron en los periódicos de San Antonio. En el *San Antonio Express* de marzo de 1892 contó que había sido la enfermera de Jim Bowie y que éste murió en sus brazos, y más tarde situó en la misión a cuatro chicanos que combatieron en San Antonio en diciembre, pero que nunca estuvieron en El Álamo.

Madame Candelaria dio varias versiones sobre la muerte de Crockett, pero si vio morir a Bowie, no vio morir a Travis y sin duda tampoco a Crockett, y probablemente no vio morir a ninguno de los tres porque no estaba en El Álamo en ese momento. Como todos los testimonios, tiene parte de verdad y mucho de fabulación.

Lee Paul observa que en las narraciones de madame Candelaria nunca se cuenta la misma historia dos veces. Uno de los *alamoístas* se pregunta: ¿cómo es posible que madame Candelaria pueda ofrecer la «más vívida narración» de la batalla cuanto más vieja es? Y otro historiador resume: «Sus recuentos son entretenimiento, no historia».

Nunca quedará claro si madame Candelaria estuvo en los momentos finales de la batalla de El Álamo (el jovencito Enrique Esparza, entrevistado a los 82 años, dirá que no estuvo), si estuvo durante todo el cerco o solo algunos días, como afirman los que cuentan que al iniciarse el sitio «salió de la fortaleza con su novio». Su nombre nunca apareció entre el grupo de mujeres supervivientes. El caso es que el congreso texano, incapaz de desenrollar la maraña, en 1891 le concedió una pensión de doce dólares al mes como superviviente de El Álamo.

Luego de la experiencia de El Álamo, madame Candelaria tuvo cuatro hijos y vivió una vida ejemplar, ayudando a los pobres, actuando como enfermera en epidemias, y criando huérfanos.

La muerte de Travis

"¡No rendirse, muchachos!"

L a historia de cómo cayó muerto el comandante de los rebeldes de El Álamo ha sido reconstruida basándose en los varios testimonios contradictorios de Joe, su esclavo negro. Joe contará que corrió con Travis, que estaba armado con una escopeta, hacia el muro oeste (versiones más precisas dirán que fue hacia la batería del muro norte, llamada Fortín de Terán), «Travis descargó su escopeta igual que yo. En un instante cayó de un tiro, quedando apoyado en el muro». Según el alcalde de San Antonio, Francisco Antonio Ruiz, que reconoció el cuerpo, tenía un tiro en la frente.

Hasta ahí con mayor o menor precisión se podía establecer lo sucedido y el mínimo protagonismo que el comandante había tenido en el combate, muriendo en los primeros momentos de los enfrentamientos.

Pero las versiones embellecidas hablaban de que subido en la rampa, Travis estuvo animando a gritos a los hombres de Seguín gritándoles en español: ¡No *rendirse, muchachos!*, o que «tras descargar su pistola [la escopeta se había transformado], continuó la carnicería con su espada, lanzando sablazo tras sablazo». Alguna de estas versiones añadía que herido (difícilmente podía haberlo hecho con un tiro en la frente) «pudo sentarse y clavó su espada al general Ventura Mora», pero Mora estaba situado con la caballería en las afueras de El Álamo y no participó en el asalto al fortín.

Y curiosamente otra versión, sin duda de oídas del coronel De la Peña, atribuía a William Barret Travis haber «vendido muy cara su vida». Una más, de la que se hicieron eco algunos historiadores y surgida de una carta de un miembro de la Convención, decía que «antes que caer en las manos del enemigo, se acuchilló en el corazón y murió instantáneamente».

No solo las fuentes estadounidenses inventaron y falsificaron para darle más lustre a una muerte así de prosaica. El novelista mexicano Rafael F. Muñoz, en su biografía de Santa Anna, aporta fantasía: Travis, con una herida en la frente, es descubierto en la iglesia donde están muchos de los heridos, un corneta mexicano es el primero en entrar y Travis le ofrece dinero por su vida. Cos intercede por él, pero Santa Anna ordena fusilarlo.

48

La controversia Crockett

La muerte de Crockett

Pero de todas las muertes de los defensores de El Álamo, la que habría de causar una controversia que se prolongaría durante un siglo y medio, envuelta en fulgor y sin gloria, sería la de David Crockett. Las primeras versiones le daban un aire de inmensa grandeza a su final. En marzo de 1836, E. Bowker en una carta contaba que «fue encontrado muerto con cerca de 20 enemigos a su lado, su rifle estaba roto y se supone que él solo mató a 20 o 30». El *Texas Almanac* en 1837 decía que su cuerpo tenía una daga en la mano y a su alrededor yacían 17 mexicanos muertos, 11 de los cuales lo habían sido por su cuchillo y los otros por su rifle y 4 pistolas, y añadía que Crockett estaba sonriendo. Era una descripción maravillosa, pero estaba un poco pasada de tono a no ser que los mexicanos muertos le hubieran hablado al autor contándole cómo los mató Crockett. Lee Paul narra que otras versiones producidas poco después de la caída de El Álamo decían que tenía 16 fusiles cargados a su lado cuando comenzó el ataque y que había «un montón de cuerpos de mexicanos» ante su cadáver. Joe, el esclavo de Travis, en una de sus versiones hacía subir la cifra de enemigos muertos «a su alrededor» a 24. Ben decía que encontró a 16. Madame Candelaria, que seguro no estaba en el fuerte en esos momentos, diría: «Crockett permaneció de pie girando algo brillante sobre su cabeza. El lugar estaba lleno de humo y no puedo decir si usaba una pistola o una espada. Una pila de muertos estaba amontonada a sus pies y los mexicanos arremetían contra él con bayonetas, pero no retrocedió un milímetro». Reuben Marmaduke Potter afirmaba: «David Crockett nunca se rindió a oso, tigre, indio o mexicano».

Junto a las exageraciones brotaron las primeras falsificaciones, iban dirigidas al gran público y en mayo de 1836 Richard Penn Smith escribió *Colonel Crockett's exploits and adventures in Texas* y una editorial de Filadelfia, Carey & Hart, lo publicó anunciando que era el «diario auténtico» de Crockett, recogido en El Álamo por un general mexicano que más tarde habría muerto en San Jacinto; cuando en 1884 se demostró sin dudas que el texto era apócrifo, ya se habían vendido miles de copias. Los almanaques en que se escribió sobre David se volvieron *bestsellers* y su presencia volvió al teatro.

Y a su lado las leyendas delirantes, de las cuales quizá la más bonita era que Crockett había sobrevivido al asalto y fue visto cuatro años después en unas minas cercanas a Guadalajara. La historia creció en el mundo del rumor y el hijo de David, John, pidió un par de meses más tarde al secretario de Estado estadounidense que abriera una investigación, la que obviamente no ofreció ningún resultado.

Sin embargo, junto a la versión gloriosa, circulaba en paralelo una visión nada heroica de la muerte de David. Tan temprano como el 29 de marzo de 1836, en el *New Orleans True American* se contaba: «Solo siete de la guarnición se encontraban con vida. Lamentamos decir que David Crockett y su compañero Mr. Benton [y] Bonham estaban entre los que pidieron cuartel pero no tuvieron piedad con ellos». En la versión de un testigo mexicano no identificado, publicada en el *Morning Courier and New York Enquirer* en julio de 1836, se contaba que David Crockett se rindió y que llevado por el general Fernández Castrillón a presencia de Santa Anna, éste le replicó rabioso que había dado la orden de «no prisioneros» y ordenó que lo mataran. En julio de 1836, un periódico de Detroit publicó una carta del sargento George M. Dolson que abundaba en la misma tónica. El coronel Urriza, interrogado por Nicholas Labadie después de la derrota de San Jacinto, contaba una historia similar con pequeñas variaciones. Al referirse al fusilamiento de un viejo, terminaba diciendo: «Creo que lo llaman *Coket*». En el verano de 1836 Mary Austin Holley, en su libro *Texas*, se hacía eco de la versión. El general Cos, estando prisionero, contó algo parecido: al ser capturado, David pidió que intercediera por él porque «estaba de visita y accidentalmente fue atrapado en El Álamo». William P. Zuber escribió en 1904 (aunque no se publicó hasta 1939) la misma versión, añadiendo que Crockett se identificó como congresista de Estados Unidos, extranjero y no combatiente, y que Santa Anna ordenó fusilarlo.

Las historias no eran precisas y congruentes entre sí. ¿Se trataba de cuatro, de seis, de un preso? ¿Habían sido fusilados o masacrados a golpes de espada? ¿Por qué más tarde Santa Anna pidió la identificación de Crockett entre los cadáveres si había dado la orden de fusilarlo? En ultimo caso, la ingrata imagen de un David que se rendía y pedía clemencia fue borrada por la avalancha de versiones heroicas.

El mismo año en que el mito se consolidaba con la película de Fess Parker, *Davy Crockett: King of the wild frontier*, en 1955, Jesús Sánchez Garza, un coleccionista y estudioso de las monedas de la Revolución en la ciudad de México que también tenía una colección importante de manuscritos de la Nueva España, publicó el libro del teniente coronel José Enrique de la Peña, *La Rebelión de Texas-Manuscrito Inédito de 1836 por un Oficial de Santa Anna*, una memoria de más de 600 páginas escritas a mano y con un epílogo documental que incluía un diario redactado durante el sitio, el cual mostraba una ácida actitud ante Santa Anna y recogía con buena prosa acontecimientos de los últimos días del cerco y los combates. En 1975 Carmen Perry hizo la primera traducción al inglés, pero en esta se omitieron muchos de los documentos.

José Enrique de la Peña, nacido en el estado de Jalisco en 1807, tras estudiar ingeniería de minas entró en la marina. Combatió a la expedición española de Barradas en Tampico. Cuando se iba a incorporar a una embajada mexicana, «en vísperas de marchar a Europa me declaró persecución el señor Tornel [...] y me causó perjuicios indecibles». Aunque se encontraba en una situación que en el mejor de los casos podría definirse como incómoda, pidió permiso para unirse a la expedición de Santa Anna que combatiría la rebelión texana. Asignado a un batallón de zapadores, estuvo en los últimos momentos del sitio y participó en el asalto a las órdenes del coronel Duque. A su regreso a México sirvió bajo las órdenes de Urrea en Sonora y tras haber participado en un alzamiento contra el gobierno fue encarcelado. Su expediente en el archivo militar fue expurgado, retirando su intervención en la campaña; escribió en 1839, estando en prisión, el panfleto *Una víctima del despotismo*. A lo largo de los cinco o seis años de cárcel trabajó en su diario, anotando e incorporando documentos sobre la campaña de Texas.

La muerte de José Enrique de la Peña es oscura, al menos tres versiones circulan: una, que murió de enfermedad en prisión en 1840; una segunda que asegura que «murió en 1842, pobre, enfermo y olvidado», y una tercera, probablemente la verdadera, que dice fue asesinado el 10 de octubre de 1840 en una esquina de la ciudad de México por un oficial de zapadores del ejército llamado Cosío.

En el manuscrito de De la Peña se decía: «Unos siete hombres habían sobrevivido a la matanza [...] y guiados por el general Castrillón [...] fueron presentados a Santa Anna. Entre ellos había uno de grande estatura, bien formado, y de facciones regulares, en cuyo semblante estaba impreso el sentimiento de la adversidad, pero en el cual se notaba cierta resignación y nobleza [...]. Era el naturalista David Crocket, muy conocido en Norteamérica por sus originales aventuras, que había venido a recorrer el país y que hallándose en Béjar [...] se había encerrado en El Álamo, temeroso de no ser respetado por su calidad de extranjero. Santa Anna contestó a la intervención de Castrillón con un gesto de indignación y dirigiéndose en seguida a los zapadores, que era la tropa que tenía más cerca, mandó que los fusilaran».

La publicación de la traducción de De la Peña en Estados Unidos provocó una primera reacción cuando Dan Kilgore, en su discurso presidencial en la Texas State Historical Association y la publicación de su libro *How did Davy die?*, hizo suya la versión del mexicano. El asunto llegó hasta los medios, que calificaron la historia como «el asesinato de un mito», y enfureció a muchos lectores, uno de los cuales le recomendó al autor «que se lavara la boca con jabón».

Sin embargo, no parecieron agitarse demasiado las aguas y el debate sobre el destino final de Crockett se mantuvo durante varios años en bajo perfil; parecía que Disney había ganado la batalla. Pero, quién sabe por qué extrañas razones, entre 1993 y 1995 la polémica estalló brutalmente en el circuito cerrado de los *alamoístas*, trascendió al mundo académico, y de ahí llegó hasta las editoriales, los lectores de historia patria, la prensa. En un año se publicaron más de un centenar de artículos, surgieron enconadas polémicas, se editaron varios libros, hubo seminarios académicos.

Y es que el que David Crockett no hubiera muerto heroicamente en combate, sino que mintiera para salvar la vida tras rendirse resultaba imperdonable para algunos.

En 1993, Mark Derr publicó una biografía del personaje (*The *frontiersman: The real life and the many legends of Davy Crockett*) en la que daba como válida la versión de De la Peña; Stephen L. Hardin, uno de los más serios analistas de la guerra de Texas, hizo lo mismo (en *Texian Iliad,* 1994). Albert Nofi, en su *The Alamo and the Texas war for independence* (1994), usó el término «bastante convincente». Paul Hutton afirmó: «Nada hay más confiable que el teniente coronel Enrique de la Peña, más allá del pensamiento voluntarioso de generaciones de escritores y lectores». En el otro extremo Bill Groneman (*Defense of a legend*, 1994) sostenía a capa y espada la versión heroica. La muerte de Crockett, como diría uno de los polemistas, era «un frente en la guerra cultural de fin del siglo XX».

El debate se volvió un delirio preciosista: para sostener una u otra versión se desacreditaban documentos, se entraba en discusiones de minucias, se revisaban con precisión todos los testimonios. Cobró especial intensidad en *The Alamo Journal,* donde el historiador Thomas Ricks Lindley (más tarde autor de *Alamo traces*), Michael Lind y Bill Groneman, capitán y exinvestigador de incendios en la ciudad de Nueva York, graduado en historia y en esos momentos con un par de libros a sus espaldas sobre la guerra de Texas (*Roll call at the Alamo*, 1985, y *Alamo defenders*, 1990), se enfrentaron, defendiendo la versión heroica, a Kevin Young, Cecil Adams y James E. Crisp, profesor de la Universidad de Carolina del Norte, quizá el más beligerante de todos, que sumaban argumentos para decir que Crockett se había rendido.

Groneman estudió el manuscrito original entre 1991 y 1992 y descubrió que fue escrito por más de una mano, en papeles diferentes y tenía varios errores, como que contenía información que se había hecho pública después de 1836, cuando De la Peña escribió sus memorias. Sobre todo argumentaba que no había claridad sobre el origen del diario y cómo había llegado a las manos de Jesús Sánchez Garza; usando los servicios de un calígrafo arribó a la conclusión de que había sido falsificado por John Andrechyne Laflin.

Pero el libro contenía una constancia de la Secretaría de Guerra mexicana donde autentificaba la firma de José Enrique de la Peña, su segunda redacción se había producido en la cárcel durante años y bien que hubiera dictado o incorporado documentos escritos por otros, explicaba la variación de la letra; sin duda había información de segunda mano, oída antes de que él llegara a San Antonio o a sus compañeros de combate, y la idea de que un falsificador hubiera plantado el documento en una colección privada en México 20 años antes de su publicación resultaba absurda.

El manuscrito de De la Peña fue comprado en 1974 por el político demócrata y coleccionista James Peace, quien lo prestó a la Universidad de Texas en San Antonio. A su muerte, su familia lo puso a la venta y en noviembre de 1998 dos millonarios texanos, Charles W. Tate, de Houston, y Thomas O. Hicks, de Dallas (dueño de los Texas Rangers y del equipo de hockey Dallas Stars), pagaron 387 mil 500 dólares en una subasta en la casa de Los Ángeles Butterfield & Butterfield en la que intervinieron compradores vía satélite. Curiosamente, habían mejorado la oferta de 300 mil dólares de la Universidad de Texas, a la que se lo regalaron un mes más tarde. La subasta estuvo precedida por las acusaciones de Groneman y otros *alamoístas* como Joseph Musso, de que el documento era fraudulento. La responsable de la casa de subastas salió al paso con sus propios dictámenes técnicos: «Estaba escrito en un papel manufacturado en Lisboa entre 1825 y 1832», la tinta era correcta, no había pruebas de falsificación.

En 2000 la discusión se reabrió nuevamente cuando el Centro de Historia Norteamericana de la Universidad de Texas en Austin organizó una muestra documental y gráfica titulada *The Texas revolution and the narrative of José Enrique de la Peña*, que estaría en las paredes del 29 de abril al 14 de octubre; so pretexto de la exhibición se organizó un coloquio el día de la inauguración.

Otra vez la polémica había precedido a la muestra: Paul Andrew Hutton, director de la Western History Association, decía: «Crockett se ha vuelto parte de la autoidentificación como estadounidenses, y sugerir que no pereció en el verdadero estilo Hollywood era un puñetazo a sus frágiles psiques», y remataba diciendo que la versión heroica «ilustra el proceso de la fabricación comercial de un héroe». En un debate en el History Channel los ánimos se encendieron a tal grado que se llegó a los insultos personales. El asunto era delicado, se estaba jugando con el corazón de la Norteamérica imperial.

En el debate se encontraban dos de los más fervientes enemigos del documento, Bill Groneman y el novelista Stephen Harrigan (*The gates of the Alamo*). Una de las piezas claves del encuentro era un dictamen técnico sobre el manuscrito. Un periodista recoge el peculiar ambiente en la sala, donde la gente estaba «sentada al borde de los asientos y había un absoluto silencio». David Gracy hizo público el detallado análisis del manuscrito: el papel era correcto, la tinta era correcta, la letra comparada con otros escritos del propio De la Peña en archivos militares mexicanos era correcta; «inevitablemente la conclusión es que el diario es auténtico».

Richard G. Santos pondría punto final al debate: «El honorable David Crockett de Tennessee no murió a la John Wayne». Y Eric von Schmidt le añadiría el epílogo: «¿No es hora de abandonar la ilusión de Davy parado sobre una pila de mexicanos muertos, abanicando su *Old Betsy*, buscando otro cráneo para golpear?».

La batalla de Coleto
Urrea versus *Fannin*

DIARIO

DE LAS

OPERACIONES MILITARES

DE LA DIVISION

QUE AL MANDO DEL GENERAL

JOSE URREA

HIZO LA CAMPAÑA DE TEJAS.

PUBLICALO SU AUTOR

CON ALGUNAS OBSERVACIONES PARA VINDICARSE AN-
TE SUS CONCIUDADANOS.

VICTORIA DE DURANGO 1838.

IMPRENTA DEL GOBIERNO Á CARGO DE MANUEL GONZALEZ.

Memorias del
general José Urrea

Estando en San Patricio, el general Urrea recibió informaciones sobre el doctor Grant, que retornaba del río Bravo con una cincuentena de hombres después del fracaso de la expedición a Matamoros; hacía mucho frío y soplaba un viento helado. El general mexicano organizó seis emboscadas en el camino, cerca de un lugar llamado Los Cuates de Agua Dulce. El 2 de marzo, hacia las diez o las once de la mañana, el coronel Garay, con 40 infantes y 80 dragones, sorprendió a los texanos destruyendo al grupo. Quedaron muertos en el campo de batalla el propio Grant y 40 de sus hombres y se hicieron siete prisioneros, sin que hubiera pérdidas entre los mexicanos.

Los rumores llegaron rápidamente a Goliad con el arribo de dos o tres supervivientes, se decía que el general José de Urrea venía con 3 mil hombres.

Durante los siguientes cuatro días Urrea le dio descanso a la columna y esperó la llegada de la retaguardia. El 7 de marzo y ya reforzado, se encontró en San Patricio con Jesús Cuéllar, conocido como el Comanche y hermano de un guía que acompañaba a la división desde

Matamoros, que informó que Fannin pensaba pasar al ataque. Movió a parte de sus tropas y armó con la vanguardia una emboscada en el camino de Refugio, que chocaría el 12 de marzo con el capitán King y 28 hombres que Fannin había enviado a evacuar a un grupo de familias. Alertado, Fannin reforzó al grupo de King con 120 hombres del coronel Ward.

El 13 de marzo Urrea, que parecía tener prisa en cumplir el mandato de Santa Anna y acabar con la insurrección en su territorio, y sabiendo ya de la caída de El Álamo, puso en acción su pequeña columna de 280 hombres con una agotadora marcha nocturna, y al día siguiente se encontraba frente a la misión de Refugio, donde los texanos se habían guarecido. Decidió no intentar el asalto sino cercarlos; pero en un acto que lo retrata, aprovechando que los recluidos salieron a buscar agua, comenzó el encuentro que llevó a sus hombres a diez pasos de la misión y que puso el cañón a tiro de la puerta. Ahí recibió una serie de descargas tremendas. Urrea estaba sufriendo porque la brigada de Yucatán, compuesta mayoritariamente por indígenas mayas que no hablaban español y no podían entender a los oficiales, era una fuerza poco confiable, y ordenó a una parte de sus dragones desmontar para sumarse a la lucha dando el ejemplo: no fue suficiente y terminó ordenando retirada. Una fracción de su columna atacó a un grupo de colonos que venían de Copano y los dispersó; los que se encontraban en la iglesia aprovecharon la oscuridad de la noche para huir.

Mientras esto sucedía, el 14 de marzo Fannin recibió la orden de Houston de replegarse a Victoria incendiando el fuerte y las casas cercanas. Lamentablemente para él, uno de los mensajes fue interceptado por las tropas de Urrea, dándole una enorme ventaja al general mexicano.

La caballería de Urrea perseguirá a los texanos, matando a 16 y haciéndoles 31 prisioneros. En su propia versión, sometido a las presiones de sus oficiales, sin saber claramente qué tiene enfrente y con una fuerza reducida, Urrea decide fusilar a 30 de los hombres que ha capturado en los últimos días, dejando libres a colonos y a todos los mexicanos, y el 17 de marzo se va aproximando a Goliad.

Un día más tarde recibirá el refuerzo que le envía Santa Anna desde San Antonio, el coronel Juan Morales, con 3 cañones y 500 hombres de los batallones de Jiménez y San Luis. Utilizando a la caballería en labores de reconocimiento y bajo un clima terrible producto de un nuevo «norte» que trajo continuas lluvias y hacía «el frío insoportable», la columna no puede descansar en la noche.

El 19 de marzo, a las 9.30 de la mañana, Fannin comenzó su lenta retirada hacia Victoria, dejando atrás el fuerte en llamas. Con más de 400 hombres (el doctor Barnard hará disminuir la cifra a 300), 9 cañones y 500 mosquetes extras, muy cargado de víveres, solo avanzó diez kilómetros en la primera jornada.

Ese día, el mismo en que cumplía 39 años, Urrea recibió la información y con 360 infantes y 80 hombres de caballería se puso en marcha, ordenando a los dragones que se adelantaran para cortarles el paso a los texanos.

Hacia las tres de la tarde, en una pradera carente de agua, conocida por unos como Coleto y por otros como el Llano del Perdido, la caballería mexicana apareció ante la columna de Fannin. Una parte de los texanos montados huyeron, otra desmontó y dejó libres a sus caballos para apoyar a la mayoría que iba a pie; bajo órdenes de Fannin se formó un cuadrado con las carretas en cuyo centro se dispusieron los cañones, que más tarde se moverían hacia las esquinas.

En cuanto Urrea organizó su columna con la llegada de los infantes, y aunque contaba con una fuerza inferior y sin artillería, decidió entrar en combate de inmediato: un ataque en tres columnas a la bayoneta y a la descubierta en mitad de la pradera, con la caballería tratando de cerrarles la retirada.

Los texanos respondieron con un fuego cerrado; muchos estaban usando más de un rifle, con lo que la velocidad de las descargas aumentaba, y los nueve cañones eran demasiado para las tropas mexicanas. Urrea se puso al mando de los dragones y cargó de nuevo infructuosamente; sus tropas se estaban quedando sin municiones. Una nueva carga que llega a 40 pasos del reducto de los vagones también es rechazada y de nuevo tiene que retirarse manteniendo el cerco.

Los mexicanos, cubiertos por una breve loma, establecen el sitio. La noche es dura: mientras los texanos cavan trincheras, Urrea los hostiga con falsos toques de clarín simulando cargas. El doctor Barnard cuenta: «Estábamos sin agua, y muchos, especialmente los heridos sufrían de sed […] las provisiones habían quedado atrás. […] Fannin estaba herido en el muslo y el gatillo de su rifle roto por el impacto de una bala mexicana».

Cuando las tropas mexicanas se estaban desayunando los bueyes capturados a los texanos, cerca de las 6.30 de la mañana, llegaron las esperadas municiones y junto con ellas 3 cañones y 100 infantes; Urrea rápidamente montó una batería cubierta por los fusileros y preparó una columna de asalto. Apenas inició el fuego de la artillería mexicana, los sitiados alzaron la bandera blanca de rendición y pusieron condiciones para la capitulación. El propio Urrea le dijo a Fannin que solo podía aceptar la rendición total, que no estaba en sus manos ofrecer otra cosa y que si no había respuesta ordenaría el ataque. Fannin aceptó y la guarnición de Goliad desarmada se formó ante sus carretas.

Urrea recontó: 9 cañones, 400 prisioneros, entre ellos 67 heridos y 9 muertos. Él había perdido, combatiendo con fuerzas inferiores, 11 hombres, y tenía 49 soldados y 5 oficiales heridos. Además el coronel Garay, su segundo, encontró en el fuerte 8 cañones más. Sin esperar más tiempo, el general envió a Goliad a los detenidos y con la mayor parte de su columna avanzó hacia Guadalupe Victoria, en el camino a las colonias texanas del norte. Mientras estaba en operaciones, el 26 de marzo un correo arribó a Goliad con órdenes del mismo Generalísimo para que fueran ejecutados los anglotexanos detenidos. El teniente coronel Nicolás de la Portilla respondió que las órdenes se cumplirían al día siguiente.

Al paso de los años, Santa Anna en sus memorias atribuyó a Urrea la decisión de fusilar a Fannin y a sus hombres, pero documentalmente no hay duda de que la orden la dio él contra la voluntad de Urrea: cuando éste recibió la información en Guadalupe Victoria, ya se había ejecutado.

El domingo 27 de marzo de 1836 los doctores Barnard y Shackelford fueron apartados del resto de los prisioneros; el coronel en Goliad decidió bajo su discreción que salvaría a los médicos y a otra docena de presos con el argumento de que habían sido capturados sin armas en la mano. Al resto de los 400 prisioneros anglotexanos se les condujo fuera de Goliad entre destacamentos de soldados mexicanos, vigilados por tropas de caballería. A un cuarto de hora de marcha desde el fuerte, fueron sacados del camino: el grito de alto coincidió con la primera descarga de lo que sería un fusilamiento masivo. Pocos se salvaron, entre ellos Herman Ehrenberg, un joven alemán de los Greys, que logró huir y dejar testimonio de la masacre.

Fannin, en los últimos días de cautiverio, tenía esperanzas en ser liberado y decía cosas como: «Oh, tengo una gran fe en el honor y el carácter de los mexicanos». Estaba recluido en la iglesia del fuerte que había rebautizado como Defiance; pero al día siguiente de la ejecución masiva de sus hombres fue llevado ante un pelotón de fusilamiento donde le leyeron la sentencia de muerte por traición, traducida por Joseph Spohn. Fannin pidió entonces permiso para que le enviaran a su mujer un reloj de oro, pero el capitán del *Tres Villas*, Carolino Huerta, entendió que se lo estaba dando y le agradeció en un recortado inglés: «*Tank you-me tank you*». Fannin le dijo que podía quedárselo si lo enterraban después de muerto, a lo que el oficial le respondió que «con todas las formalidades necesarias»; también le entregaría unos cuantos doblones y un par de puñados de dólares. De la Peña, que no estaba allí, será muy duro con el oficial, al que acusará de deshonestidad porque «se quedó con el reloj y los 10 pesos».

Con los ojos vendados y sentado en una silla, el excadete de West Point, James Walker Fannin, pidió que la escuadra de fusilamiento se alejara un poco de él para que la pólvora no le quemara la cara. La descarga acabó con su vida.

Los heridos serán sacados del fuerte y fusilados; sus cadáveres, junto a los de los oficiales y posiblemente también el de Fannin, serán arrojados en una fosa a unos 400 metros.

50

Las fuentes envenenadas
Los militares mexicanos

Bandera del Batallón Matamoros

Bandera del Batallón Guerrero

A lo largo del siglo XX, la legión de historiadores asociados al *alamoísmo* buscaron desesperadamente nuevos testimonios de lo que había sucedido, para llenar el gran vacío informativo; varios de los hallazgos correspondían a historias de combatientes mexicanos que fueron localizados y entrevistados por periodistas estadounidenses en el siglo XIX, muchos de ellos detenidos al final de la campaña texana. Los testimonios en ocasiones implicaron manipulación de los entrevistadores y hubo muchas veces dificultades de traducción; en algunos había coherencias parciales con las restantes versiones, detalles más o menos, pero en general eran claramente discutibles, aunque habrían de volverse piedras angulares en la reconstrucción de los hechos, piedras de muy dudosa calidad.

Entre ellos se encuentran el testimonio del flautista de una de las bandas de guerra, Leopoldo Saldaña («el Polín»), el del sargento Manuel Loranca (cuya versión fue publicada en el *San Antonio Express* del 23 de junio de 1878), el de Rafael Soldana (o Saldaña), obtenido diez años después de los sucesos de El Álamo, en los que participó como capitán del Batallón de Tampico, capturado durante la guerra contra Estados Unidos en Corpus Christi y que se lo contó al mayor Creed Taylor que a su vez se lo refirió a alguien cuyas notas fueron descubiertas por James DeShields, quien lo publicó en 1931, un material francamente poco sólido que Eric von Schmidt descalificaba argumentando que no era difícil saber «quién pagaba por el brandy y los puros».

A los 85 años, un exsargento del ejército santanista nacido en Guadalajara y de nombre Félix Núñez, detenido en la batalla de San Jacinto, presentó un testimonio tomado y traducido por el profesor George W. Noel y publicado en *The Express* en 1889. Stephen L. Hardin, que lo analizó cuidadosamente, llegó a la conclusión de que «es tan claramente equivocado en tantos puntos vitales que sería tonto usar una parte de él para apoyar un argumento».

Francisco Becerra era sargento primero en el Batallón de Matamoros y fue herido en San Jacinto. Para ahorrarse el mantenimiento de los soldados mexicanos presos, se les permitió trabajar con patrones texanos: Becerra fue sirviente de Mirabeau B. Lamar y John J. Linn durante varios años. También dio su testimonio a Reuben M. Potter y John S. «Rip» Ford. Años después peleó contra los indios dentro del ejército texano, combatió con una brigada texana en la guerra entre México y Estados Unidos y luego del lado de los confederados en la guerra civil; más tarde fue policía en Brownsville y murió cuando un soldado al que iba a arrestar le clavó una bayoneta, en la década de los ochenta del siglo XIX. Amelia Williams, que suele ser bastante complaciente, define su testimonio como una «extraña mezcla de verdad y error [...] que contiene declaraciones [...] exageradas».

Por el contrario, existen varios testimonios de militares mexicanos que por contraste con otras fuentes, tienen abundante solidez: el de José Enrique de la Peña, del que ya se ha hablado; el de José Juan Sánchez Navarro, teniente coronel que sirvió a las órdenes de Cos, hijo de rancheros adinerados de Coahuila, publicado en la ciudad de México por un descendiente (*La guerra de Texas: Memorias de un soldado*). El curioso diario del coronel Almonte, capturado tras la batalla de San Jacinto por Anson Jones y publicado por el *New York Herald* a partir del 22 de junio de 1836 (cuya versión en español ha desaparecido); los testimonios de Santiago Rabia (un sargento de caballería del regimiento de Tampico, cuyo diario fue revisado por Kevin R. Young) y del coronel Fernando Urriza (llamado por su captores *Urissa*, herido en San Jacinto y entrevistado por su médico, el doctor Labadie, quien lo consignó en *San Jacinto Campaign*), y la descripción de la batalla de San Jacinto del coronel Pedro Delgado, escrita en cautiverio en el poblado de Liberty en 1837 y editada en 1870 (cuyo original en español tampoco es accesible).

Aun así, que la duda prospere en medio de tanta fruta envenenada.

51

Los fantasmas

El Álamo

No podían faltar en la construcción de una historia mítica las apariciones fantasmales. James L. Choron registra que «por décadas la gente [...] ha contado escalofriantes cuentos de experiencias fantasmales en El Álamo. Extraños espíritus incorpóreos que vagan en las ruinas de la misión. Gritos, sonidos de explosiones e incluso el sonido de las notas de trompeta de "A degüello"». A partir de 1894, en el *San Antonio Express News* se reportaron los misteriosos movimientos de un centinela fantasma que patrullaba de este a oeste sobre el techo de la estación de policía.

Por lo tanto no es de extrañar (hablamos de Estados Unidos y hablamos de El Álamo) que exista un grupo de investigaciones paranormales llamado *Lone Star Spirits*, que trata de conectarse, sin demasiado éxito, con los fantasmas texanos de la batalla de El Álamo.

Hasta Spielberg le ha dado aires a estas historias en un capítulo filmado en los ochenta para televisión donde recoge los misteriosos sonidos de los cascos del caballo de James Allen, que intenta volver a reunirse con sus compañeros cercados.

En una red de internet basada en San Antonio y dedicada a las leyendas estadounidenses, *Ghost of the Alamo*, se dice que «hoy las apariciones continúan produciéndose en estos terrenos históricos», y que tanto los miembros del *staff* de la misión hoy convertida en museo como los turistas las reportan. Otra de las leyendas más reiteradas tiene que ver con niños güeritos vagando inmisericordes por las ruinas a la búsqueda de los cadáveres de sus padres.

Por si el caballo de Allen, los niños güeritos y los sonidos de trompeta del «A degüello» no fueran suficientes, a fines del siglo XIX un grupo de obreros encontraron al cavar en la granja de un tal Walter Scott (nada menos) un túnel. Los restos del pasaje subterráneo, a unos cuatro metros de profundidad, estaban alineados de sur a norte y podrían ser parte de un túnel que conectaría El Álamo y la misión de La Concepción en San Antonio. Pero si el tal túnel existió, los defensores no fueron conscientes del hecho y no lo usaron; para poco sirven los túneles fantasmales.

52

Santa Anna marcha hacia su pinche destino

Sam Houston, Santa Anna y Cos

En los días posteriores al asalto de El Álamo, Santa Anna dejó reposar a sus tropas mientras llegaba la mayor parte de la primera brigada de Gaona. Buenas noticias continuaban arribando a su campo: Urrea había liquidado a Grant y avanzaba sobre Fannin en Goliad. Tenía consigo al general Filisola, segundo al mando del ejército, en quien no confiaba militarmente, pero que podía disponer de su fidelidad y de sus supuestas dotes de organizador. Hacia el día 9, bajo un fuerte viento, se dieron las primeras órdenes de marcha. El Generalísimo, con la victoria sangrienta de El Álamo entre las manos, estaba pletórico de confianza y decidió fragmentar sus fuerzas en varias columnas. En principio dio instrucciones al general Ramírez y Sesma y al coronel González para que con unos 800 hombres avanzaran hacia el río Colorado, tratando de alcanzar al ejército en fuga de Houston. Entre los días 11 y 12 de marzo siguieron llegando a San Antonio los grupos rezagados del ejército, una brigada de caballería, el pagador del ejército, el general Tolsá con la tercera brigada. Una revista de las tropas que permanecían en San Antonio fue realizada en la plaza de El Álamo. Otra columna salió al mando de Romero y los batallones de Querétaro y Tres Villas avanzaron hacia Goliad para reforzar a Urrea.

El martes 15, gracias a los espías mexicanos, Santa Anna sabía que Houston, con unos 500 hombres, huía hacia el norte habiendo abandonado Gonzales. Un día más tarde ordenó que dos batallones que estaban frescos, los de Guerrero y México y 200 hombres de caballería bajo el mando de Tolsá, fueran hacia Gonzales. El tiempo de marcha de columnas mixtas de infantería y caballería era de nueve días a Goliad, cinco a Gonzales y catorce hasta el reducto de la rebelión texana en San Felipe. Podría decirse, después de la terrible etapa de la aproximación a Texas, que el final de la rebelión estaba al alcance de la mano. En el camino las columnas mexicanas iban encontrando ranchos quemados y muy poca información.

El 21 de marzo la columna de Tolsá, al que acompañaba Almonte, llegó a Gonzales. Tenía noticias de que Houston estaba en el río Colorado; de alguna manera se mantenía el contacto a través de mensajeros con la columna de Ramírez y Sesma.

Las noticias de la victoria del ejército mexicano en Goliad y el posterior fusilamiento de Fannin y sus hombres llegaron hasta Santa Anna y le ordenó al general Urrea que avanzara hacia el río Brazos mientras Ramírez avanzaba hacia Harrisburg por el interior. Ordenaba: «Como de ningún modo conviene que los pérfidos extranjeros queden en posesión de los terrenos que se han apropiado […] procurará usted salgan del país cuantos se han introducido sin expreso permiso». Los rebeldes armados «serán castigados sin contemplación». Eso quería decir expulsar de México a los colonos estadounidenses ilegales y que los que fueran tomados con las armas en la mano habrían de ser fusilados en el acto. Poco después le escribió a Ramírez y Sesma ordenándole que pusiera en libertad a todos los esclavos que encontrara. Mientras tanto la columna del general zacatecano tuvo una confrontación con las tropas en retirada de Sam Houston en Beeson's Ferry provocando tres bajas entre los mexicanos. Houston prosiguió su repliegue.

El 31 de marzo el Generalísimo finalmente salió de San Antonio, dejaba atrás una ciudad donde «el hedor de los muertos era insoportable» con 600 hombres y un cañón. Al mando de la guarnición quedaba el general Andrade. Cuatro días más tarde se reunía con Tolsá y Almonte en Atascosita. Mientras se construían balsas para cruzar el Colorado, y se esperaba a otra parte de la división bajo el mando de

Filisola, la carreta con el equipaje del Generalísimo llegaba a destino. Gaona estaba en Bastrop y saqueaba el pueblo. No era la primera vez que este general convertía la guerra en negocio personal: Urrea había denunciado que en el camino a Matamoros monopolizaba los alimentos y se los vendía a la tropa a más de cien por ciento. El saqueo de Bastrop demoró a sus tropas ocho días mientras organizaba el transporte del pillaje.

El jueves 7 de abril Santa Anna volvió a fragmentar su columna y avanzó hacia San Felipe con 200 cazadores, los 50 hombres de su escolta y 80 dragones. Encontró la ciudad en llamas. Un prisionero le dio información sobre las fuerzas de Houston: unos 700 hombres estaban tan solo a unos kilómetros más arriba del río. El resto de la división lo alcanzó a media mañana. Estaba entrando en el corazón de la Texas blanca, rebelde y esclavista, la que no había acudido en ayuda de El Álamo y Goliad. No le tenía ningún respeto: tras la caída de Goliad, Santa Anna pensaba que la campaña había terminado, que restaba el paseo hasta la capital provisional de los rebeldes y poco más que eso. Parecía no ser el único en pensarlo; Houston creía que la población de Texas en esos momentos debería haberle proporcionado un ejército de 4 mil hombres y solo tenía 700, y con ellos continuaba retrocediendo.

El 9 de abril Santa Anna se separó del grueso de la columna con rumbo a Columbia, acompañado de 500 hombres y 50 dragones. En la noche del domingo 10 a Santa Anna lo carcomía la ansiedad: a las dos de la madrugada dirige la columna a pie, dejando atrás equipaje y caballería para sorprender al enemigo que defendía el cruce del río. La marcha se vuelve lenta y amanece, el factor sorpresa se ha perdido y el Generalísimo renuncia a su plan. Houston prosigue su retirada.

El día 13 la columna de Ramírez y Sesma se une a Santa Anna con 400 hombres más. El general le escribe a Urrea: «Yo me dirijo hoy mismo con quinientos hombres y una pieza sobre Harrisburg (para) batir al titulado general Houston». El coronel Pedro Delgado contará que «la noche era oscura, muchos hombres se perdieron y nuestra pieza de artillería se atascaba a cada vuelta de rueda».

En el campo de Houston hay quejas, por qué no de una vez enfrentarlos, sobre todo cuando son menos en número, Houston responde que nadie debería exponerse, y continúa retrocediendo. La sospecha creció entre los oficiales texanos. ¿Estaba Houston pensando en retroceder hasta la frontera estadounidense en el río Sabine para obligar a los mexicanos a entrar en territorio extranjero, donde estaba estacionado el general Gaines, y forzar la intervención de Estados Unidos? El descontento creció y se multiplicaron las deserciones. Parecía una caza de fantasmas, Santa Anna tras el elusivo y fantasmal Sam, y Houston rehuyendo al carnicero de El Álamo y Goliad.

El día 15 Santa Anna avanza en solitario con su estado mayor y la escolta, dejando a Fernández Castrillón con la infantería. «A trote ligero —dirá Delgado— llegan a la vecindad de Harrisburg hacia las once de la noche. Su Excelencia con un ayudante y quince dragones entró a pie al pueblo», solo para descubrir que el gobierno texano había huido a Galveston. Ordena el incendio del pueblo. Al día siguiente toman Lynchburg. El coronel Pedro Delgado registra que en el saqueo de los alrededores de Harrisburg descubren un piano, conservas, chocolate y fruta que va a dar a la mesa de Santa Anna y su estado mayor. Houston recibe un mensaje del presidente interino David G. Burnet: «El enemigo se ríe de usted con desprecio. Debe enfrentarlos. No debe seguir retirándose. El país espera que combata. La salvación del país depende de que lo haga».

Las poblaciones abandonan en pánico, huyendo en carretas, a caballo o a pie. Santa Anna envía exploradores para localizar al ejército texano. El 20 de abril el ejército mexicano incendia Washington-en-el-Brazos. En la ciudad descubre una correspondencia que muestra que Houston y su ejército tienen la moral muy baja.

Santa Anna vuelve a tomar la delantera con 700 hombres y hacia las ocho de la mañana recibe un informe de los exploradores que afirma que Houston está muy cerca y se ha producido un tiroteo de las avanzadas. El coronel Pedro Delgado cuenta que en las cercanías de Washington-en-el-Brazos hay un bosque, solo recorrido por un sendero. «Su Excelencia y su estado mayor […] montaron en sus caballos y galoparon a toda velocidad […] gritando *¡Viene el enemigo!* […]. La excitación del general en jefe tuvo un efecto aterrorizador en los hombres, cuyas caras palidecían. No se pudo conservar el orden, y cada uno pensó en huir o esconderse.» Desde el lado texano, la aproximación de los mexicanos fue vista de diferente manera, cuando vieron aparecer tres compañías gritando y disparando hacia los texanos a los que no podían ver.

La línea de Houston se formó en los linderos del bosque y hubo un intercambio de disparos y breves encontronazos de la caballería, incluso algunos disparos del cañón mexicano y los cañones texanos. Houston ordenó que los nativos de Navidad y de Lavaca que podían matar a un venado a 90 metros se adelantaran para disparar a los mexicanos, pero éstos se replegaron. Ni Houston dejaba el bosque ni Santa Anna montaba un ataque en condiciones. Finalmente los mexicanos comenzaron a levantar elementales fortificaciones a menos de kilómetro y medio del ejército de Houston en las cercanías del río San Jacinto, a tiro de fusil de las tierras de Zavala. «Eran las cinco de la tarde —dirá Santa Anna—, y nuestra tropas querían descansar y se los permití.» Así acabó la jornada.

53

Sam Houston

Sam Houston

Era un tipo grande Houston, en cierta manera atractivo, que sin duda impactaba porque aunque registra una altura de 1.84 metros en su récord militar, algunos de sus biógrafos lo hacían crecer hasta 1.89. No usaba uniforme y portaba un sombrero cuya ala torcida hacía recordar un tricornio coronado por una pluma.

Su lugar en la historia texana ha sido protegido por aduladores, hagiógrafos y cultivadores de mitos. Stephen L. Hardin en *Texian Iliad* pide a las nuevas generaciones de académicos que «adquieran una nueva perspectiva sobre *la Espada de San Jacinto*» (como habría de llamársele) y su participación en la campaña.

Nacido en marzo de 1793 en Virginia, crece en Tennessee en lo que sería, según Kent Biffle, «una juventud de delincuente» combinada con una gran afición a la lectura. Escapa de su casa para refugiarse en territorio cherokee y es adoptado por un jefe local en la zona de Hiwassee. Llamado por la tribu «el Cuervo», habla la lengua y se viste como un indio más. Cuando sus hermanos van a buscarlo descubren que el joven rebelde es por fin feliz y lo dejan tranquilo. Curiosamente, al regresar a territorio anglo funda una escuela, fracasa económicamente, y se enlista en el ejército. Herido de flecha y una bala en el hombro, en la guerra contra los creek (1815), tarda en recobrarse. Cuando los cherokees son forzados a abandonar sus tierras a cambio de otras al oeste del Mississippi, es nombrado subcomisionado de asuntos indígenas. Tiene 24 años. Combate la entrada de las bebidas alcohólicas en las comunidades y cierra una licorería de un blanco, pero se le ve en la zona cargando una damajuana de whiskey. En el momento en que una delegación de los cherokees va a Washington, Houston se presenta ante el secretario de Guerra vestido al modo indio y recibe de sus superiores una tremenda regañiza: si es teniente y gringo, qué hace vestido así.

En marzo de 1818 renuncia al ejército. Decide estudiar leyes, pero le adquiere el gusto a trabajar como actor *amateur*. Entra entonces en el mundo de la política y es electo congresista por Tennessee, incluso lo reeligen, y con esta extraña y sorprendente carrera será electo al fin gobernador del estado. Se casa con Eliza Allen, de la que se separará más tarde en condiciones extrañas (ella lo abandona y él le ruega aparatosa y a veces públicamente que retorne, tras haberla acusado de no ser virgen cuando se casaron); cae en una depresión casi suicida. Nuevamente se va a vivir con los cherokees, ahora desplazados en Arkansas.

Emigra hacia el sur en 1832. Su vida es un completo desastre, pero en la nueva situación texana, sin duda era el hombre del presidente Jackson para la angloamericanización de Texas.

Bruce Marshall cuenta que «en octubre del 35 está en el centro de todas las polémicas de la insurrección texana, Houston quería ser nombrado general, sus credenciales eran su intervención en las guerras indias, usó todo lo que tenía para desacreditar a Austin. Proponía la formación de un ejército profesional y alertaba sobre el peligro de que las tribus del norte de Texas se pusieran en armas en esta coyuntura».

Cuando se toma la decisión de atacar San Antonio, Houston estará ausente de los combates. Nuevamente cae en una profunda depresión y careciendo de whiskey y opio, que se han vuelto sus compañeros más fieles, trata de volarse los sesos con una pistola. Con grandes dificultades lo disuade su amigo Jim Bowie.

Se encuentra en Goliad, a fines de enero, en el momento en que se decide marchar sobre Matamoros. Houston está en contra pero no puede impedir la expedición de Grant y que Fannin sea nombrado jefe de la plaza. Retorna a San Felipe, es nominalmente jefe de un ejército que no le hace caso. Es partidario de que abandone El Álamo y Goliad y que las milicias se concentren en el norte, cerca de la frontera estadounidense, pero lo ignoran.

Durante la Convención, el 2 de marzo, se nombra comandante del ejército a Sam Houston, que cuenta con casi mil 400 hombres.

Con gran lentitud va hacia Gonzales, le toma seis días lo que le habría normalmente de ocupar dos y llega el 11 de marzo, justo a tiempo para recibir las noticias de la masacre.

Vivirá luego una retirada de casi mes y medio, perdiendo la confianza de sus hombres, con un ejército que decrece y que está al borde de la insubordinación y el motín, y con una crisis de drogadicción. A pesar de que como dice Marshall, «la borrachera en la frontera era un signo de machismo, no un vicio», y como añade Margaret Henson, «el opio era un tratamiento corriente para el dolor y la *fiebre de campamento* [diarrea]», será el abuso y no el uso lo que sus hombres percibirán como un desastre en su comandante en jefe. Anson Jones, un cirujano que participó en la campaña, decía que estaba «estupefacto y atontado con el opio» y su ayudante James Hazard Perry contaría: «Estamos a distancia de confrontación del enemigo y no hay signos de movimiento [...] el general está en una condición entre el sueño y el despertar que lo acerca a un estado de insanidad».

Bruce Marshall añade un elemento al dilema Houston cuando dice que existen muchas especulaciones acerca de un acuerdo secreto con el presidente Andrew Jackson, según el cual Sam se retiraría hasta el río Sabine en la frontera estadounidense para provocar la intervención del general Gaines. Sin embargo, aunque no existe ninguna prueba concreta de ello, sí la hay de las intenciones de Houston, que años más tarde confesaría que «estaba determinado a retirarme y acercarme lo más posible a Andrew Jackson y a la vieja bandera [de Estados Unidos] como pudiera».

Éste es el hombre que conduce a las tropas anglotexanas en las vísperas del enfrentamiento en San Jacinto.

54

San Jacinto

Fragmento de *The Battle of San Jacinto* de Henry McArdle

Qué tenía en la cabeza Sam Houston el 21 de abril? Es difícil saberlo. Más tarde escribiría que previamente no había consultado a nadie ni realizado consejos de guerra. En el campo texano los hombres comenzaron a levantarse hacia las cuatro de la madrugada y esperaban órdenes. Todo el mundo quería combatir, a excepción, aparentemente, de su comandante en jefe, que dio instrucciones de que no se le molestara hasta las ocho de la mañana. Curiosamente, en el campamento mexicano Santa Anna había pasado de la premura y ansiedad del día anterior a la calma, y ordenó que se construyera una pequeña protección para el cañón con sacos y ramas. Hacia las nueve de la mañana la brigada de Cos entró en el campamento y fue recibida con redoble de tambores y vivas. Las tropas habían marchado toda la noche y el Generalísimo les dio permiso de que se retiraran a dormir. Santa Anna dirá, un año más tarde, que se sentía excesivamente fatigado por pasar a caballo toda la mañana (¿a caballo en dónde?, ¿en el interior del campamento?) y la noche anterior sin dormir, y que se acostó a la sombra de unos árboles mientras los soldados preparaban la comida. Obviamente desprecia a los texanos y está convencido de que no van a atacar aunque se encuentren a un kilómetro de distancia. Será por eso que el campo mexicano no tiene una estructura defensiva, no hay centinelas, ningún batallón está en alerta, no hay general de guardia, la mayoría de los rifles están apilados, los dragones están dispersos abrevando a los caballos.

Houston cuenta con 783 hombres, Santa Anna en esos momentos ha visto crecida su columna a no menos de mil 300.

En el campo texano los oficiales insisten en un consejo de guerra, la mayoría quería combatir, pero no había acuerdo en si salir a batir a los mexicanos o esperarlos en el bosque. Houston propone hacer un puente improvisado y seguir la retirada; su idea es rechazada. Durante el resto de la mañana, el coronel John Wharton recorre a los grupos agitando el ya cálido ambiente y terminará diciéndole a Houston: «Si no ordena lo contrario, ordenaré al ejército que se forme para la batalla». Los apologistas de Houston contarán que la iniciativa fue suya, pero la inmensa mayoría de las fuentes señalan que el general en jefe del ejército texano estaba, en el mejor de los casos, profundamente desconcertado, y que le preguntó a Mirabeau B. Lamar: «¿Cree que verdaderamente debemos de combatir?».

En una situación sin otra salida que dirigir a su gente o enfrentar el motín, hacia las 4.30 de la tarde Houston, montado en un caballo blanco, lanzó una apresurada arenga y organizó el avance en tres cuerpos, dejando atrás 33 hombres enfermos o heridos a cargo del campamento.

En el campo mexicano el coronel Pedro Delgado será advertido del avance texano por un toque de clarín: «Vi que su formación era una línea muy extendida y sin profundidad», que gritando se aproximaba velozmente contra las inexistentes líneas mexicanas.

A unos 200 metros de los desconcertados mexicanos Houston ordenó el alto y llamó a abrir fuego, pero fue desobedecido; sus hombres sabían que la distancia aún era muy grande. El coronel Rusk dio la contraorden: «Si nos detenemos nos cortan en pedazos, adelante».

El caos en el campamento mexicano era absoluto: Fernández Castrillón daba órdenes que nadie obedecía; al ser disparados los cañones texanos, muchos hombres se tiraron al suelo, entre ellos Santa Anna; algunos soldados intentaron organizarse. De las escasas balas salidas de la columna mexicana, varias herirían al caballo de Houston.

La línea texana abrió fuego. El coronel Urriza, que estaba tratando de poner un pie en el estribo, recibió un tiro en la cadera; el coronel Treviño cayó muerto, el coronel Aguirre estaba seriamente herido y Fernández Castrillón lo estaba mortalmente. Santa Anna se encontraba cerca de ellos pero no les prestó atención. Los reclutas novatos salieron huyendo, arrastrando a unidades más veteranas.

Al llegar al contacto muchos texanos reabastecieron, pero la mayoría cargó utilizando los rifles como mazas. Houston había encontrado un nuevo caballo de un desaparecido mexicano y o bien se unió a la persecución, o según otros testigos retrocedió; en la práctica Rusk y Wharton habían tomado el mando.

Santa Anna salió huyendo a caballo. Delgado diría: «Todo se había perdido». Ahí comenzó la carnicería.

Houston, montado en el tercer caballo que usaría esa tarde y herido de bala en el tobillo izquierdo (con una bala de cobre, lo que haría pensar que el tiro vino de su bando), ordenó que un tambor tocara a retirada; nadie lo obedeció. Tenía miedo de que con sus tropas totalmente desorganizadas apareciera en esos momentos una nueva columna mexicana.

El combate no había durado más de 18 minutos.

Las bajas texanas eran insignificantes: 8 muertos y 17 heridos, el ejército mexicano en cambio dejó sobre el terreno 630 muertos y 730 prisioneros, entre ellos 208 heridos, 600 mosquetes, 300 sables y 200 pistolas, varios cientos de mulas y caballos y 12 mil dólares.

Mientras continuaba la cacería de los derrotados, en el campo mexicano había 11 líneas de rifles apilados que nunca fueron usados.

La captura

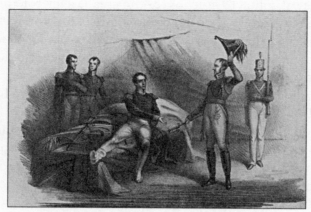

La rendición de Santa Anna ante el general Houston

Santa Anna recordará más tarde la manera como fue detenido de una forma diferente a la realidad, pero esto no es extraño en un hombre que solía confundir sus deseos e ilusiones con los hechos: contará que en medio de la desbandada buscó a su escolta, pero ésta había huido, y tomando el caballo del coronel Bringas abandonó el campo. Perseguido, estuvo a punto de ser capturado, pero logró esconderse en un pinar. A la mañana siguiente continuó su fuga a pie y encontró en una casa abandonada ropa «que le permitía cambiar de apariencia».

Al amanecer del día 22, tal como contó Joel Robinson a Salado Álvarez, una patrulla al mando del coronel Burlenson salió de San Jacinto. Van encontrándose los restos del ejército mexicano, uno aquí, otro allá, les dan un papelito para que se presenten como prisioneros con Houston. Al llegar a Buffalo Bayou, cerca de unas huertas, Robinson y un tal Sylvester, un impresor de Cincinnati, ven a un hombre que «estaba cerca de una maletilla, pero luego volvió a sentarse. Vestía de paisano, con casaca y pantalones de algodón azul», lo detienen y lo van interrogando, un texano lo azuza con una lanza, a lo que responde que lo dejen montar, que es un hombre de caballería. Los captores no hablan español, aunque Santa Anna entiende que le preguntan por el general Santa Anna y les contesta con voz y gestos que se ha escapado.

Menchaca aportará a la leyenda: «Lo encontraron en los bosques bajo el cuidado de dos muchachas mulatas».

El doctor Labadie se encuentra en el campamento rebelde curando a un grupo de prisioneros cuando los ve llegar. «Sylvester me preguntó: "Doctor Labadie, ¿qué quiere este hombre?". Quería que lo tradujera [...]. Me preguntó por el general Houston [...]. Cuando se lo llevaban observé que los oficiales mexicanos se ponían de pie y mi pequeño teniente me susurró: "Es el presidente"».

El coronel Pedro Delgado observará la entrada de Santa Anna en el campamento y registrará que la reacción de los soldados mexicanos presos advertirá a los captores que se trataba de él. Como una nota curiosa añadirá que llevaba «una gorra y pantuflas rojas de estambre».

Llevado ante Houston, muchos de los rebeldes se acercan y proponen que se le fusile. Menchaca explicará que la causa de que Houston en aquel primer momento lo perdone es que Santa Anna «era masón y la mayoría de los oficiales también lo eran», por eso tras la seña de reconocimiento de la hermandad fue protegido. Colocado con el resto de los oficiales presos, Santa Anna le preguntó al coronel Urriza por la suerte del general Castrillón; cuando le respondió que había muerto en San Jacinto, al Generalísimo se le salieron unas lágrimas: «Pobre Castrillón, era un buen hombre».

56

La Rosa Amarilla

Partitura de *La rosa amarilla de Texas*

A partir del resultado de la batalla de San Jacinto, una historia comenzó a contarse en los pueblos, los campamentos y bares de Texas: que Antonio López de Santa Anna, la tarde del 21 de abril cuando los texanos cargaron, estaba en una tienda de campaña en compañía de una mulata llamada Emily West. La leyenda fue creciendo y poco después se decía que esta historia de amor había impedido la reacción del Generalísimo y más tarde se añadiría que Emily espiaba para Sam Houston o que, como dice González Pedrero, «en la mañana del 21 de abril Houston, desde un árbol, habría observado detalladamente el campamento mexicano y se habría preparado fríamente para lo que pronto habría de ocurrir». Curiosamente ninguna de las versiones mexicanas, y la mayor parte de ellas muy críticas, mencionaban el caso o sugerían que Santa Anna había sido atrapado con los pantalones bajo las rodillas.

La leyenda puede haberse originado en los escritos del viajero inglés William Bollaert, quien le atribuye la versión original de una manera harto confusa al propio Sam Houston, supuestamente en una carta que nunca se publicó.

La historia fue creciendo al paso de los años: Francis X. Tolbert, en *The day of San Jacinto* (1959), cuenta que Emily era una «decorativa mulata de pelo largo [...] de apariencia latina y de cerca de 20 años» (nunca sabremos de dónde sacó la descripción), y Henderson Shuffler la identificaba como el personaje de la popular canción «The Yellow Rose of Texas», añadiendo que debería ponerse una losa en el campo de San Jacinto con la leyenda: «En honor de Emily que se entregó por Texas». En 1976 la profesora Martha Anne Turner, en *The Yellow Rose of Texas: Her saga and her song*, unía indisolublemente a Emily con la canción. La historia se consagró en la conmemoración texana de los 150 años de la independencia.

Como todo en estas historias, las leyendas crecen de un pequeño fragmento de verdad y se mueven como hiedra venenosa en una cadena de distorsiones cada vez más ingeniosas. Emily West, conocida por el apellido de su supuesto propietario como Emily Morgan, sin duda existió: nacida en Nueva Haven en libertad, llegó a Texas para trabajar como sirvienta en las propiedades de Norman con un salario de 100 dólares al año. Cuando las tropas mexicanas tomaron Washington-en-el-Brazos fue capturada junto a otros esclavos negros y acompañó en su marcha al ejército mexicano. Si conoció en aquellos días a Santa Anna nunca podremos saberlo.

Yellow Rose of Texas era una canción folklórica impresa en 1858 y compuesta por alguien llamado «J. K.», que al paso de los años llegó a tener una enorme popularidad en la versión de Mitch Miller y posteriormente en la de Elvis Presley. La letra, como tantas, habla de amores perdidos: *There's a yellow rose in Texas,/ that I am going to see,/ Nobody else could miss her,/ not half as much as me./ She cried so when I left her,/ it like to broke my heart,/ And if I ever find her,/ we nevermore will part.*

¿Cómo entonces se conecta la supuesta espía de Houston con la canción? De una manera harto inverosímil: el término *yellow*, amarillo, puede traducirse por *mulato*, aunque también puede decirse simplemente que la rosa amarilla de Texas lo era por el color del lazo que traía en el pelo.

57

«¿Y por qué tanto mal, tanta ignominia?»

Vicente Filisola

Mientras se estaban produciendo los últimos momentos de la campaña texana, en la ciudad de México murió el 1 de marzo, siendo presidente interino, Miguel Barragán, de algo que sus contemporáneos llamaban fiebre pútrida (tifoidea). Lo sucedería el abogado fielmente santanista José Justo Corro, exministro de Justicia, oscuro y mocho personaje; ante la captura de Santa Anna no se le ocurrió más que convocar misas públicas por el bienestar del caído Generalísimo.

El 22 de abril Santa Anna hizo llegar un mensaje al general Filisola donde daba noticias de su derrota y detención. Tras informar que sus captores le guardaban «todas las consideraciones posibles», ordenó el repliegue de las columnas: Gaona a San Antonio y Urrea a Goliad, «pues se ha acordado con el general Houston un armisticio». ¿Quién lo había acordado? ¿Un general preso?

Un día más tarde Santa Anna se permite un gesto inusual, escribirle a Vicente Filisola: «Como no sé el tiempo que permaneceré aquí y ustedes tienen que regresar al interior, quiero que usted me mande mi equipaje y un baúl de mi secretario [...] que se halla en la sala junto con los míos». Pone nervioso hasta al narrador más ecuánime tanta frialdad y tanto cinismo.

Los dispersos de la batalla de San Jacinto (más tarde Urrea se referirá a esa batalla como «una derrota que no existe») comienzan a ser recogidos, en principio tan solo tres oficiales y seis hombres. El general Filisola está paralizado, recibe copia del armisticio que Santa Anna ha firmado con Houston, escribe: «La situación del ejército era pues, bajo todos los aspectos, la más lamentable y desalentadora». Finalmente ordena el repliegue al otro lado del río Colorado.

El 25 de abril se produce una reunión del alto mando mexicano en la casa de madame Powell, a cinco leguas del río Brazos. Urrea parece ser el único que está por pasar a la ofensiva y avanzar. Si ponían en acción a todas las fuerzas, podrían estar combatiendo a Houston en horas; Filisola, Woll, Ramírez y Sesma, Tolsá, Ampudia y Gaona están por la retirada. Los generales santanistas sin Santa Anna están huérfanos. Urrea se pliega a la decisión de la mayoría y tomará la vanguardia en el repliegue. Valadés, refiriéndose al general Filisola, el más alto cargo en el cónclave, dirá: «No tiene ánimo de combatiente, sino de burócrata». Algunos militares jóvenes, entre los que se cuenta De la Peña, murmuran, los amenazan con un consejo de guerra.

¿Acertaba Urrea? Los texanos de Houston no contaban con más de mil hombres mientras que las diversas columnas mexicanas sumaban 4 mil 273; con solo los que estaban en la orilla del Colorado, 2 mil 630 hombres, se podría haber contraatacado. Filisola diría que «carecía de subsistencias indispensables y medios de conservación indispensables»: eran las mismas que un día antes cuando contaba con víveres tomados al enemigo en Matagorda, Columbia y Brazoria, cuando tenía la artillería casi intacta, menos un cañón que perdiera Santa Anna, y otro tanto sucedía con las municiones; incluso contaba con 20 mil pesos sacados de Béjar y por si esto fuera poco había una reserva importante de alimentos en San Antonio: chivos y carneros, 196 reses, mil 300 arrobas de galletas, azúcar, sal, chile.

Quedaba el argumento de que el general en jefe estaba prisionero del enemigo, pero ese era reversible, no se podían seguir recibiendo órdenes de un cautivo. Urrea hará el resumen: «Una vergonzosa fuga».

El 28 de abril Lorenzo de Zavala se reúne con Santa Anna; a partir de este momento, además de prestarle 50 pesos, será traductor y negociador entre el Generalísimo y el gobierno texano. Las pláticas se producen en el pequeño poblado de Velasco, que según el diario de uno de los prisioneros mexicanos no resultaba el mejor lugar del mundo: «En Velasco no se hizo otra cosa que matar y espantar las muchas moscas que hay».

Santa Anna estaba dispuesto a negociar cualquier cosa a cambio de su libertad, pero una parte de los rebeldes texanos no se conformaban con menos que con su cabeza.

Mientras tanto, el 28 de abril Filisola le informa a su jefe que ha concentrado a las tropas en una posición de retaguardia, «pero solo por consideración a Su Excelencia y a los prisioneros, acato instrucciones» y aprovecha para enviarle su baúl y los saludos de los generales supervivientes. La correspondencia entre el cautivo y el jefe del ejército de operaciones registra cómo Santa Anna detalla minuciosamente su propuesta para el repliegue.

El 14 de mayo se firma el convenio final en Velasco entre Santa Anna y el presidente Burnet. El tratado público terminaba las hostilidades y devolvía propiedades a los texanos afectados. Prisioneros texanos y mexicanos serían liberados, y el ejército mexicano se retiraría más allá del río Grande. Pero existía un segundo tratado, secreto, en el que el Generalísimo se comprometía a pedir a su gobierno la negociación de un tratado permanente que reconociera la independencia de Texas y que admitiera al río Grande, también llamado por otros Bravo, como su frontera, a cambio sería liberado y enviado a Veracruz «tan pronto como se crea conveniente». Lo paradójico es que el tratado firmado por Santa Anna en cautividad no tenía mayor validez que la que quisiera darle el gobierno y el ejército mexicano, el firmante no era presidente de México y ni siquiera era en esos momentos el jefe del ejército de operaciones. Sin embargo Filisola recibió el tratado de Velasco al día siguiente y siguió fielmente las instrucciones.

El general Vital Fernández diría que, mientras no se pronunciara el gobierno, Filisola al menos debió conservar la línea del río San Antonio, manteniendo del lado mexicano San Antonio y Goliad y que así se lo sugirió el 17 de mayo. Nada de eso sucedió. El repliegue fue total.

El 24 de mayo las tropas mexicanas abandonan San Antonio y siete días más tarde cruzaban el bajo Nueces cerca de Lipantitlán, en el límite entre Texas y Tamaulipas.

Vital Fernández pondría el epitafio: «La guerra más penosa que quizá han sostenido las armas mexicanas». Y el eco vendría de un anónimo folletinero en la ciudad de México: «¿Y por qué tanto mal, tanta ignominia y degradación?».

58

Los falsificadores

Fragmento
del diario
de Travis

Como si la mezcla de leyendas, versiones inexactas, testimonios arreglados por el paso del tiempo y reconstrucciones cinematográficas de muy discutible rigor histórico fueran poco, la batalla de El Álamo y las historias de la independencia de Texas se volvieron territorio fértil para un nuevo grupo de depredadores.

Hasta la mitad del siglo XX, el gran dinero texano parecía no estar interesado demasiado en su historia. La mayor colección de libros, documentos y memorabilia la tenía un millonario de Nueva Jersey, y en segundo lugar y a gran distancia el magnate petrolero texano Thomas Streeter, pero al principio de los años sesenta el aumento de los precios del petróleo creó una clase de nuevos ricos que buscaron respetabilidad y fragancia social en un pasado que no les pertenecía; y lo hicieron a lo bárbaro. El anticuario David Hewett diría: «Es Texas, y todo es más grande ahí». Y claro, la situación animó a un grupo singular de artesanos, los falsificadores y los ladrones, porque como señaló el periodista Gregory Curtis, ahí estaba el «gran dinero, los grandes egos y los grandes errores».

El precursor fue John Andrechyne Laflin, un ingeniero de ferrocarriles retirado que se hizo pasar por tataranieto del pirata Jean Lafitte, y que se dedicó de 1940 a 1970 a difundir unas memorias apócrifas de su antepasado junto con otros documentos históricamente muy valiosos, como la carta de un defensor de El Álamo, Isaac Millsaps, a su esposa Mary, en la que se narraban los últimos momentos de la defensa del fortín, fechada el 3 de marzo de 1836. La carta fue comprada por la Colección de Historia Texana de la Universidad de Houston en 1964 y aunque el lenguaje sonaba extraño, había descripciones inexactas de paisajes y uniformes de los soldados mexicanos, fue expuesta públicamente con gran bombo y platillo. Poco después, las dudas se acrecentaron cuando saltó a la luz que en otros documentos de la época Isaac Millsaps mostraba que no sabía escribir y firmaba con una X.

Pero la figura clave de la «masacre texana» sería un joven alto y robusto que usaba botas texanas, claro: C. Dorman David, dueño de una tienda en Houston llamada *The Bookman*, en la que comerciaba con libros y documentos y donde llegó a tener probablemente la más grande colección de material sobre Texas. Uno de sus colaboradores dejó una sorprendente descripción de la tienda: «Tras dos puertas enormes de madera con manijas de latón estaba una pared cubierta de viejos grabados y tipos de imprenta [...] a la derecha estaba un cuarto rectangular de tres pisos de altura iluminado desde el techo, con libros de suelo a cielo. En un extremo del cuarto estaba un balcón y a medio camino se encontraba una estrecha pasarela para acceder a los estantes más altos. Un viejo púlpito con una escalera circular estaba en una esquina. Una larga mesa de ébano sobre lujosas alfombras orientales completaba el cuarto».

Dorman era cautivador. Gregory Curtis cuenta que «era fundador de una sociedad de *gourmets* [...] le gustaban los automóviles deportivos, las motocicletas, los barcos y las mujeres [...] tenía seis esposas y otras tantas novias [...]. A mitad de los sesenta se compró un Thunderbird y le instaló un motor de carreras de ocho carburadores, manejó hasta Waco para cambiar libros y documentos, a las tres de la mañana se durmió al volante y chocó contra la *pick up* de un granjero, le dio mil dólares y su coche y pidió aventón a un hospital [...]. Mientras los doctores lo cosían, David tomó un teléfono y comenzó a cambiar cosas, haciéndose con dos antiguas pistolas. Alquiló un avión para viajar a Austin y una vez en el aire, sangrando por la herida, sacó sus pistolas y gritó *¡A Cuba!* [...]. En un trato que duró dos días de constante negociación, Jenkins [el anticuario] obtuvo un

Rolls-Royce, un rifle de Kentucky y un cuchillo Bowie [...] y David una tarjeta de crédito por 20 mil dólares del Maxim's en Houston, que cambió por vinos exóticos, que a su vez vendió a Jenkins por libros y documentos. Era muy divertido».

Sin embargo, todo lo que Dorman tenía de arriesgado e ingenioso lo tenía de mal comerciante, torpe en el mundo de vender y comprar de los anticuarios, y se vio obligado a apelar al dinero familiar. Tuvo que entregarle *The Bookman* a su madre y trabajar en el negocio cementero de su padre, mientras seguía haciendo operaciones de cambio y trueque de documentos y libros raros.

El segundo personaje en lo que sería una compleja trama era el mencionado John Jenkins, originalmente un coleccionista de monedas. Tras graduarse en la universidad, montó una tienda en Austin que vendía documentos y libros raros: «Hacia la mitad de los setenta Jenkins se proclamaba el más grande traficante de libros raros en el mundo», sentado en un monumental escritorio con grabados de serpientes y dragones en la madera . Entre sus muchas habilidades se encontraba haber sido colaborador del FBI en la recuperación de un valioso portafolio de grabados de Audubon. Sus catálogos eran del tamaño de una guía de teléfonos y era un habitual de Las Vegas, donde jugaba bajo el seudónimo de Austin Squatty.

Había una tercera figura, William Simpson, quien abrió una galería en 1964 en la calle principal de Houston, y que además de comerciar antigüedades comenzó a vender memorabilia texana. «Sus subastas se volvieron el punto de encuentro de los coleccionistas.»

Y repentinamente estos tres hombres estaban en el centro de la aparición de muchos e interesantes documentos de historia texana. Una parte del material que comenzaba a circular había sido robado en México, documentos desaparecidos en archivos municipales del norte del país y que reaparecían en la mano de estos famosos personajes cuya credibilidad supuestamente estaba a prueba de duda. Con un cierto cinismo juguetón Dorman publicaba catálogos en los que su retrato se veía sustituyendo a un bandolero bajo el rótulo «Se busca».

En mayo del 71 David Dorman fue detenido por un *ranger* en Waco, Texas, que venía acompañado del archivista estatal. Al revisar algunos de los 3 mil documentos que llevaba para vender a un coleccionista, el bibliotecario señaló tres o cuatro que podrían haber sido robados de sus archivos, y aunque no podía probarlo fueron temporalmente incautados. Dorman quedó liberado, pero el rumor comenzó a correr.

A su habitual desastre financiero David Dorman sumó su adicción a la heroína: algunos de sus clientes lo vieron en el baño con la aguja clavada en el brazo. Un mes después, en una subasta que realizó en el hotel Warwick de Houston, ponía a la venta, entre otros 77 materiales, una carta de Stephen Austin escrita desde su encarcelamiento en México, cartas de Bowie, órdenes de Houston... Muchos se preguntaron de dónde habían salido estos documentos pero nadie dijo nada en voz alta, aunque algunos aparecían en las listas de colecciones supuestamente depositadas en universidades estadounidenses.

La detención de un ladrón en las afueras de la Biblioteca Pública de Austin ese mismo verano calentó aún más el ambiente. El personaje cargaba mapas señalando archivos y bibliotecas públicas, y unas instrucciones que entre otras cosas decían: «Toma todo lo que puedas», además de advertencias precisas sobre libros valiosos, bibliotecarios descuidados, lugares. Poco después cayó su cómplice y ambos declararon que le entregaban los libros y documentos robados a Dorman David en su tienda en Houston.

El asunto no era nuevo: Dana Rubin cuenta que por más de 20 años un recibo firmado por William B. Travis colgaba de la pared de un banco en San Antonio. Pertenecía a la Biblioteca Estatal de Texas, pero sus archivistas nunca se habían dado cuenta del robo.

El 14 de junio del 72 los Texas Rangers y la policía de Austin cayeron en la casa de David a la búsqueda de los documentos robados, no encontraron ninguno de los materiales que buscaban, pero confiscaron una cantidad impresionante de escritos cuyo listado ocupaba 54 páginas escritas a máquina. Pronto bibliotecas y archivos comenzaron a identificar archivos que les pertenecían y que habían sido robados. Dorman se defendió diciendo que no sabía eso cuando los compró a diferentes personas. El caso no llegó a los tribunales, pero David quedó fuera del mercado, su reputación estaba quebrada y vendió su fabulosa colección a William Simpson y John Jenkins: se trataba de cerca de 5 mil documentos a los que no accedió la policía en sus pesquisas; Simpson declaró más tarde que compró entre ocho y diez cajas de material. Dorman continuó siendo arrestado por cargos que tenían que ver con las drogas y huyó estando bajo fianza, permaneciendo muchos años en la ilegalidad. En diciembre de 1980 se entregó a la policía y fue encarcelado en Huntsville. William Simpson se retiró al inicio de los años setenta y su hijo se hizo cargo de la galería.

A lo largo de los años ese material fue vendiéndose pieza a pieza y terminó arribando a museos, bibliotecas y colecciones privadas a todo lo largo de Texas. Los libros y documentos robados fueron expurgados, pero ahora había un nuevo muerto en el clóset.

Gregory Curtis cuenta que pocos días después de la batalla de El Álamo el gobierno texano ordenó a los impresores Baker y Bordens de San Felipe que hicieran mil copias de la carta de Travis, «Victoria o muerte», y se distribuyeron en calles y plazas de Estados Unidos. En 1987 un coleccionista le ofreció a Dorothy Sloan en Austin una copia de ese documento a cambio de 21 mil dólares; Dorothy pensó que el negocio era redondo, pero había algo raro en la copia, algo que no podía definir. La comparó con la que existía en el Barker History Center de la Universidad de Texas: parecían idénticas, pero el bibliotecario Bill Holman, dándole una ojeada más profunda, descubrió que los tipos de la composición eran levemente diferentes en tamaño. Hasta ahí llegó la cosa, en lo que llamaríamos una primera duda razonable.

Entonces intervino un joven vendedor de libros antiguos y editor, Tom Taylor. Lisa Belkin cuenta que en 1987 Taylor estaba cenando con su amigo Bill Holman en un restaurante chino en Austin y el bibliotecario le contó que había comparado dos copias de la Declaración de Independencia de Texas, y que aunque parecían idénticas al ponerlas una sobre otra, tenían una pequeña diferencia de tamaño. «Taylor perdió el apetito. La duda persistente [...] estalló en su cara.» De las mil copias originalmente impresas del documento en 1836, «solo un puñado habían sobrevivido». Así como en 1973 solo existían dos copias conocidas de la carta «Victoria o muerte» de Travis, doce más habían reaparecido en los últimos años. Es más, entre 1988 y 1989 comenzaron a aparecer importantes documentos de la independencia de Texas y a venderse a precios muy significativos.

En esas aguas repletas de tiburones también pescaba un personaje singular, Mark Hofmann, un obispo mormón, acusado de dos asesinatos cometidos con una bomba incendiaria para ocultar la venta de varias falsificaciones. Hofmann se declaró culpable de asesinato en segundo grado y negoció con las autoridades de Utah ofrecer una extensa confesión sobre los materiales que había falsificado en 1989; pero no era él la fuente de la falsa carta de Travis y la falsa Declaración de Independencia.

Lo que preocupaba a Taylor sobremanera, si lo que estaban conversando era la punta del iceberg de una cadena de falsificaciones, es que él mismo había vendido copias de la Declaración de Independencia a un museo, una biblioteca y un coleccionista particular.

Comenzó una exploración que se volvió obsesión, revisando exhaustivamente los documentos que vendiera en los últimos años. En 1970 había cinco copias conocidas de la declaración, ahora podían contarse unas veinte. Y se estaban dando situaciones complejas: los que compraban una falsificación la autentificaban al venderla, leyes del mercado. Los viejos coleccionistas morían, sus hijos vendían; pero Taylor estaba consciente de que «un montón de material dudoso había salido a la superficie», y una parte de las declaraciones de independencia parecían falsificaciones.

Estudió varias copias en universidades y museos y verificó los orígenes. Tom Taylor diría más tarde: «Aparecían dos patrones: ausencia de historia de sus previos propietarios y [todas] tenían su origen en Dorman David, William Simpson, o John Jenkins». Aquellas cuyos orígenes no podían seguirse más allá de 1970 tenían una variación de tamaño, el texto era más borroso que en las originales y los tipos de imprenta dañados por el uso parecían haber sido corregidos. Estaba claro: Taylor buscó a los clientes a los que vendió copias, que ahora sabía eran falsas, y les devolvió el dinero. Afortunadamente la tercera copia que había vendido era original.

Lentamente fue surgiendo la verdad: a lo largo de muchos años Dorman David no solo traficó con materiales robados, falsificó varios documentos claves de la independencia de Texas. No solo consiguió papel de la época, que le manufacturó una empresa británica, no solo lo horneaba para avejentarlo; fabricó tinta al modo del siglo XIX, fotografió los textos originales, retocó negativos, hizo planchas de cinc para la impresión. «Soy un artista», diría años después. ¿Sabían Simpson y Jenkins que estaban circulando falsificaciones? Probablemente. C. Dorman David admitió que él falsificó las planchas de impresión y se las había vendido a Jenkins.

El 16 de abril de 1989, conforme se calentaba la polémica pública, envolviendo en el ridículo a compradores millonarios, instituciones y anticuarios, John Jenkins apareció muerto en el río Colorado, cerca de Bastrop, con un tiro en la parte posterior de la cabeza. Su muerte reveló que le debía 600 mil dólares a la banca y tenía embargadas parte de sus propiedades. La policía declaró el caso como suicidio pero no pudo explicar dónde estaba la pistola y por qué su billetera estaba vacía. Cuatro años antes un misterioso incendio, probablemente autoprovocado, destruyó medio millón de libros en uno de sus almacenes; fue investigado pero no se hicieron arrestos.

El libro de Taylor, *Texfake*, se publicó en 1991 y registró 57 falsificaciones de 16 documentos claves de la memoria histórica texana. W. Thomas Taylor volvió a la guerra en 2004 al objetar parte de los materiales de una subasta organizada por Sotheby's bajo el título de *The Texas Independence Collection.* Requerido por la firma, revisó los materiales y descubrió que cuatro de los documentos podrían ser robos sucedidos en la Texas State Library en los años sesenta y otros dos eran falsificaciones. La paranoia cabalgaba en las grupas de los jinetes del Apocalipsis. Agotado tras la polémica de 2004, Taylor declaró que se apartaba del debate y se dedicaba a la ornitología. «Es un campo en el que me alegra decir que no contiene nada valioso que pueda ser falsificado o robado.»

59

Al paso de los años

Stephen Austin

El 29 de diciembre de 1845 el Congreso estadounidense votó la anexión de Texas, que se unió a Estados Unidos. Un año más tarde se declaró la guerra méxico-estadounidense que para 1847 concluyó con una derrota mexicana que le hizo perder cerca de la mitad de su territorio original: Nuevo México, California, Arizona.

Santa Anna permaneció en cautiverio ocho meses en la Texas que había ayudado a independizar, la mayor parte del tiempo jugaba al dominó y a las damas con Almonte, y perdía; se dice que ahí se aficionó al opio y que el 4 de junio «tuvo una gran conmoción por la cantidad de opio que tomó». Estuvo a punto de morir a causa de un motín de soldados que se negaban a que fuera devuelto a México, y a fines del 36 (en noviembre) fue liberado y viajó a Estados Unidos, donde se entrevistó con el presidente Andrew Jackson, para terminar volviendo a México, llegando a Veracruz a bordo del *Pioneer* el 21 de febrero de 1837. En los siguientes años volvió a gobernar al país otras cinco veces hasta el inicio de la guerra contra Estados Unidos, cuando fue el presidente de la derrota. Lo era de nuevo de 1853 a 1855, cuando en el inicio de lo que sería el largo periodo de la Reforma, fue sacado a tiros del gobierno por una revuelta popular. Tras un largo exilio, murió en la ciudad de México en 1876.

En 1836, a su regreso a la ciudad de México, el general Filisola fue llevado a consejo de guerra por la retirada de Texas tras la captura de Santa Anna y fue absuelto. El tono del consejo de guerra era abiertamente santanista y se decía de los adversarios de Filisola que «no respetan su inmensa desventura». Escribió una historia de la guerra de Texas y polemizó fuertemente con Urrea, que a su vez lo acusaba de incompetente.

Cinco años más tarde los generales, coroneles y oficiales que participaron en la guerra de Texas recibieron la Cruz de Honor, una de las más altas condecoraciones del gobierno mexicano, otorgada por decreto presidencial, y en 1853, siendo Santa Anna de nuevo presidente de México, su ministro de Guerra, José María Tornel, otorgó un bono de un año a los militares del ejército de operaciones que participaron en la campaña de Texas.

Los cuadros militares mexicanos de la guerra de Texas, con la excepción de Santa Anna, no tuvieron mayor trascendencia en la futura historia aunque dos de ellos, Almonte y Woll, combatieron en las filas conservadoras y llegaron a ser dóciles personajes al servicio del imperio de Maximiliano.

Lorenzo de Zavala, que estuvo chocando con el presidente David G. Burnet, renunció por tercera vez a su cargo de vicepresidente el 17 de octubre de 1836 (las dos primeras no le habían sido aceptadas por el Congreso). Era en esos momentos partidario de la unión de Texas con Estados Unidos: «Con esta medida la estabilidad de nuestro gobierno estaría asegurada». Recluido en su casa en Harrisburg y debilitado por ataques de malaria, murió de neumonía el 15 o 16 de noviembre. Su defunción fue recibida con opiniones diametrales a los dos lados de la nueva frontera: mientras que el vicepresidente texano Mirabeau B. Lamar lo llamó «un caballero, un patriota, un académico y uno que ama a sus compatriotas», el escritor e historiador mexicano Victoriano Salado Álvarez diría: «Triste destino el de este hombre, que por mentalidad parecía llamado a los mayores y a quien la codicia, el afán de lucro, la ambición mal dirigida y la exaltación política llevaron a un fin tan triste como oscuro».

Un final semejante tuvo Stephen Austin, aislado de sus viejos compañeros, calumniado por ellos, acusado de ser «mexicano en sus principios y política», murió en diciembre de 1836.

Joe, después de su informe al Congreso en Brazoria, fue devuelto como esclavo al encargado de la herencia de Travis, un tal John Rice Jones. Un año más tarde escapó con dos caballos acompañado de un mexicano no identificado. Jones publicó en los periódicos un «se busca» ofreciendo 50 dólares de recompensa, importándole poco si había sido el histórico compañero del último combate de Travis. En el *Telegraph and Texas Register* se describe al fugado como «de cerca de 25 años, cerca de 1.65 metros de alto, muy negro y de buen porte, vestido con una chaqueta oscura de satín y unos pantalones de algodón blancos». Robert L. Durham fabricó una historia francamente increíble pero adecuada a los mitos circulantes: Joe no se había fugado hacia el norte o hacia México, sino que habría viajado hacia el primitivo hogar de los Travis en Alabama para dar noticias de su amo y allí vivió hasta su muerte. Dicen que pidió ser enterrado en una tumba en Brewton, Alabama. Esta versión romántica y esclavista no se sostuvo, porque Joe fue visto por última vez en Austin en 1875.

Susanna Dickinson tuvo una vida desafortunada: se volvió a casar en 1837 y se divorció casi de inmediato acusando a su marido de malos tratos. Se casó de nuevo en 1838 con un personaje que murió alcoholizado y en 1847 con un nuevo hombre, el que diez años más tarde se divorció de ella para vivir en una casa de mala fama; parece que Susanna tuvo mejor suerte en su quinto matrimonio con un fabricante de armarios que la acompañó hasta su muerte en 1883. Su hija Angelina Dickinson, «el bebé de El Álamo», fue prostituta en su vida adulta. David Boyd Kent (el último en ver a los defensores caer) llegó a tener cientos de hectáreas, pero las perdió y murió en la pobreza. Charles Travis, el hijo que William dejó para dirigirse a El Álamo, terminó siendo abogado y legislador en Texas para luego unirse al ejército, del que fue expulsado por hacer trampa en las cartas y ser un conspicuo borracho. Alejo Pérez, el más joven de los supervivientes de El Álamo, terminó como policía en San Antonio y fue el último en morir, en 1918.

La primera constitución texana registraba: «Todas las personas de color que fueron esclavos de por vida antes de su emigración a Texas, y que ahora están en servidumbre vitalicia, continuarán en el mismo estado de servidumbre [...]. El Congreso [de Texas] no aprobará leyes que prohíban que emigrantes de Estados Unidos de América traigan consigo a sus esclavos a la República [...] no tendrá el Congreso el poder para emancipar esclavos, ni se permitirá a ningún dueño de esclavos que emancipe a sus esclavos [...] ni se permitirá que personas

libres de origen africano total o parcial puedan residir permanentemente en la República sin la aprobación del Congreso. [...]. Todas las
personas [con la excepción de africanos o descendientes de africanos e
indios] que residían en Texas el día de la Declaración de Independencia, serán consideradas ciudadanos de la República y tendrán derecho
a todos los privilegios de éstos». En 1860, 30 por ciento de la población texana se encontraba en estado de esclavitud.

En febrero de 1837 Juan N. Seguín, coronel del ejército texano
que estaba al mando de la guarnición de San Antonio, fue comisionado por Sam Houston para dar sepultura formal a los defensores de El
Álamo. Localizó dos montículos grandes y uno pequeño repletos de
cenizas, posiblemente los restos de la cremación, colocó una parte de
las cenizas en un ataúd y organizó una procesión funeraria acompañada de salvas y un servicio religioso en la iglesia de San Fernando. En el
ataúd inscribió los nombres de Bowie, Travis y Crockett; el pequeño
féretro fue enterrado en una plantación de duraznos a unos centenares de metros de los restos de la misión. Cuando en 1861 Marmaduke
Potter visitó el lugar, la tumba había desaparecido por el crecimiento
de la ciudad, «perdida de manera irrecobrable». Sin embargo, al menos en reproducción, el ataúd revivió bajo la forma de una cripta en la
catedral de San Fernando.

En 1840, Juan renunció a su puesto en el gobierno texano y se unió
a Antonio Canales en el frustrado intento de crear la república liberal
de Río Grande. Tras la derrota, las agresiones de los colonos anglos se
multiplicaron y se enfrentó a los especuladores de tierras que estaban
despojando a las comunidades mexicanas en Texas. En 1842 escribió
respecto a sus paisanos: «¿Puedo dejarlos indefensos, expuestos al
asalto de extranjeros, quienes con el pretexto de que son mexicanos
los tratan peor que a bestias?». La respuesta a su incapacidad para
frenar la oleada económico-racista fue su exilio en ese mismo año a
México. Combatió como coronel en el ejército mexicano, y bajo las
órdenes de Woll tomó San Antonio; tras la nueva derrota intentó vivir en Texas, pero en 1867 se vio obligado otra vez al exilio. Considerado traidor por unos al tomar el partido de los colonos anglos en la
revuelta texana, y por otros al combatir contra ellos en el 46, Seguín
murió en el exilio en 1890.

No mucha mejor suerte corrió una buena parte de los mexicanos
que colaboraron con los colonizadores anglos en la revuelta de independencia. Pasada la batalla de San Jacinto, los especuladores de tierras comenzaron una ofensiva contra las comunidades mexicanas.

Hubo todo tipo de fraudes para quitarles la tierra: transferencias dudosas de títulos de propiedad, juicios repletos de falsos testimonios, prolongados litigios validados por la fuerza. En 1839 un centenar de familias en Nacogdoches huyeron hacia Luisiana o México. Hacia 1840, 200 familias de San Antonio abandonaron sus tierras bajo la presión de asaltos, motines y despojos y se fugaron a Coahuila; familias de Goliad se fueron a Tamaulipas y Nuevo León. Rodríguez cuenta cómo en Laredo corrió ampliamente la consigna en actos públicos: «Esto es Estados Unidos y los mexicanos deben ser expulsados». Entre 1837 y 1842, trece compradores estadounidenses «adquirieron» 567 mil hectáreas de 358 propietarios mexicanos.

El cañón que disparó la primera bala de la guerra de Texas en Gonzales desapareció por cien años y reapareció cuando una inundación removió la tierra en la región. ¿Había salido de González alguna vez? ¿Era el original? Hoy puede verse en el museo local: no causa gran impresión a los pequeños grupos de estudiantes de una comunidad de poco más de 7 mil habitantes que lo visitan.

Al final de la contienda la Iglesia católica, que seguía siendo propietaria, quién sabe por qué extrañas razones, de los restos de El Álamo, los vendió. Las barracas terminaron convertidas en una tienda de abarrotes. Hacia 1883 la iglesia sin techo que fuera usada como almacén fue comprada por el gobierno estatal. En 1903 la propiedad fue puesta de nuevo a la venta para edificar allí un hotel; para esos momentos la ciudad había engullido la zona. Comprada por Clara Driscoll y Adina Emilia de Zavala (nieta de Lorenzo), que dirigían las Hijas de la República de Texas, el estado les repagó la inversión y dos años más tarde dejó que la organización tuviera el ya monumento en custodia, sin que «generara gastos». Inevitablemente El Álamo se volvió un museo que pagaba sus costos de mantenimiento con la entrada, los apoyos de los ricos del estado y la venta de recuerdos (en el museo hay un catálogo de memorabilia que puede adquirirse y que ocupa trece pantallas de computadora). En los años noventa del siglo pasado, un asistente dejó su testimonio en internet señalando que el museo lo había decepcionado: «Estaba demasiado limpio, no parecía historia».

No hay mito sin reliquias, toda producción legendaria deja detrás de sí un rastro de objetos que perpetúan los hechos, en su enorme mayoría de origen más que dudoso. Kevin Young, uno de los más serios *alamoístas*, suele decir que «los artefactos de El Álamo son como las astillas de la Vera Cruz», de las cuales se dice que si se reunieran todas, podrían ofrecer madera abundante para una cruz de decenas de metros de altura. Young registra que el general mexicano Andrade, al que el doctor Field vio en San Antonio, llevaba una gorra de piel quitada a uno de los muertos; en la imaginería se volvió la gorra de Crockett, y no tardó en crearse en la ciudad un lucrativo mercado con falsos objetos que supuestamente pertenecieron a David Crockett, y desde luego se vendieron decenas de veces las alforjas de los mensajeros de Travis.

Durante los años posteriores a la batalla, los restos del fortín fueron expoliados por los visitantes, que se llevaron pedazos de las paredes, balas, armas rotas. Apenas cinco años después del combate, el primer historiador de la batalla, Reuben Marmaduke Potter, descubrió en San Antonio a un grupo de artesanos que se dedicaba a la fabricación de recuerdos usando las piedras de la misión, aunque la primera producción masiva de «recuerdos de El Álamo» se debe a un grupo de ceramistas alemanes que hacia 1890 se dedicaron a la labor; poco después fueron las cucharitas de plata que durante un tiempo fueron *el no va más* de los recuerdos. A partir de 1920 comenzó a aparecer memorabilia producida en Japón para nutrir a los turistas que acudían a El Álamo con tanta frecuencia como a las cataratas del Niágara, y en 1936, al producirse el centenario de la batalla, los recuerdos de El Álamo estuvieron de moda. Hoy es posible comprar centenares de chucherías en las tiendas de San Antonio, en el propio Museo y en todo Texas.

«¿No es El Álamo un monumento a la esclavitud?», se pregunta «harrytrue» en uno de los muchos debates que hoy existen en la red. Hay en el mundo chicano-texano una doble voluntad evidentemente contradictoria, por un lado la búsqueda de reconocimiento ante la sociedad angloamericana, *nosotros también liberamos Texas, pusimos nuestra cuota de muertos, ahí están Seguín y Navarro*: por otro, la crítica cruel a la versión heroico-racista imperial.

Travis Morales cuenta: «De niño, en la primaria [...] recuerdo que cada aniversario nos refregaban el grito de El Álamo. Odiaba la primavera cuando se acercaba la fecha y nos hacían vestir de soldados mexicanos para representar la batalla de El Álamo o la de San Jacinto. Recuerdo que nos decían que los sanguinarios mexicanos asesinaron en El Álamo a nuestros heroicos y valientes defensores de la libertad y la democracia [...]. En 1960, cuando estaba en tercer grado, la escuela entera fue a ver la racista película *The Alamo* con John Wayne. Todas las mentiras que nos decían sobre la historia de Texas nos hacían sentir vergüenza de no ser anglos, y la película reforzó todo eso. En esos años estaba prohibido hablar español en público y a los niños que lo hacían los castigaban. No mucho antes, en los parques había avisos que decían: "Prohibidos los perros y los mexicanos"».

En una visión más cercana a nuestros días, Richard R. Flores describe su epifanía cuando de niño visitó El Álamo, el orgullo y la sensación de estar ante los fantasmas de los héroes, y cómo al salir «Robert, mi mejor amigo, apretó mi codo y susurró: "Los mataste. Tú y los otros mes'kins"».

El 20 de marzo de 1980, Damián García, militante del PCR, y otros dos compañeros, escalaron los muros de El Álamo, tiraron al suelo la bandera de Estados Unidos e izaron la bandera roja. Los arrestaron y acusaron de profanar un objeto venerado. Damián moriría un mes más tarde en un confuso enfrentamiento con la policía en un multifamiliar de Los Ángeles.

En 1995 el gobernador de Texas, George W. Bush, cumpliendo una de sus promesas de campaña, firmó una orden ejecutiva para que se intentara recuperar la bandera que ondeaba en El Álamo cuando fue tomado por el ejército mexicano. Supuestamente era una que sustituía el águila de la tricolor con un «1824» (en referencia a la constitución de ese año), y aunque esto se ha dicho muchas veces, historiadores modernos lo dudan. Y por supuesto esa bandera no existía en México, la que se encontraba en el Castillo de Chapultepec era la capturada en el combate contra los Greys de Nueva Orleans; aun así las autoridades mexicanas respondieron negativamente a la petición. Por cierto que, poco antes, un grupo de turistas gringos había roto la vitrina e intentado llevarse la pieza, pero fueron descubiertos y capturados. Kevin Young, del Alamo Forum, se apresuró a recordarle al gobernador que en justicia debería devolver las banderas de los batallones de Matamoros y Toluca (están en el Texas State History Museum) capturadas en San Jacinto.

La herencia de James Bowie fue ridícula. Sus propiedades fueron subastadas en menos de 100 dólares (99.50), tras haber presumido de posesiones que llegaban al cuarto de millón de dólares: nada había, todo era un castillo de papeles fraudulentos y saliva que así se derrumbó. Sin embargo su nombre perdura; hay pueblos que llevan su nombre en Arizona, Colorado, Maryland y Texas (donde incluso hay un condado que así se llama); San Antonio tiene su Bowie Street, hay un gran bulevar en Fort Worth y un arroyo con su apellido en Mississippi. En los años cuarenta del siglo pasado, el Campamento Bowie era una de las más importantes instalaciones del ejército estadounidense, que perduró hasta el fin de la segunda guerra mundial.

Pero más famoso que Bowie sería su cuchillo; después del combate de El Álamo se puso de moda. Llegó el caso que, como cuenta Davis, un año después de la muerte de Bowie la legislatura de Alabama aprobó una ley mediante la cual cualquier persona que portara un Bowie y posteriormente matara a otra en un duelo sería acusada de premeditación, Mississippi lo prohibió como arma de duelo y Tennessee trató de impedir su venta comercial. La prohibición hace la fama: desde entonces centenares de artículos salieron en los periódicos locales, decenas de artesanos se nombraron los verdaderos manufacturadores del verdadero cuchillo, que se puso masivamente a la venta por todo Estados Unidos e incluso artesanos ingleses comenzaron a producirlo y exportarlo.

Hoy existe un inmenso mercado de cuchillos Bowie en la red, ofertas y descuentos, mejoras y apariencias. «Orgulloso símbolo de la libertad», dice en una de sus 4 mil 800 entradas en internet. En la página de la tienda *Bowie Knife* se define como «una hoja de 21 centímetros de largo y 3.2 centímetros de ancho, con una curva puntiaguda y una empuñadura de cruz».

El cuchillo que Bowie traía en El Álamo está perdido, pero el que se encuentra en el museo de la vieja misión es un obsequio de Rezin, su hermano, a un capitán de dragones, y fue realizado por el cuchillero Searless, que también hacía material para cirujanos y pistolas. La historia parece interminable: un cuchillo Bowie que supuestamente Sam Houston llevaba en San Jacinto se vendió en una subasta por 297 mil dólares con la condición de que la pieza permaneciera en Texas.

En lo que se llamaría justicia poética, y que la historia no hace con demasiada frecuencia, en Texas hoy el nombre más común para un niño es José.

Fuentes informativas

EL ÁLAMO Y LA GUERRA DE TEXAS
(EN FUENTES ESTADOUNIDENSES)

John Quincy Adams: Discurso en el Congreso estadounidense, 25 de diciembre, 1835, internet.

«Analyst of the work of the general Council, Provisional Government of Texas, 1835-1836», *Southwestern Historical Quarterly on line*.

Roger Borroel: *The texan revolution of 1836*, La Villita Publications, 2002.

Bruce L. Brager: «Early Texas military history», *Military history on line*, internet.

H. W. Brands: *Lone Star Nation: How a ragged army of volunteers won the battle for Texas independence and changed America*, Doubleday, 2004.

Gary Brown: *New Orleans Grays*, National Book Network, 1999.

John Bryant: «The small arms and weapons of the Alamo defenders», internet.

Frederick C. Chabot: *The Alamo mission fortress and shrine history of the altar of Texas*, Liberty Naylor Printing Co, 1931.

Wallace O. Chariton: *Exploring the Alamo legends*, Republic of Texas Press, 1998.

——: *100 days in Texas. The Alamo letters,* Wordware Publishing, Plano, 1990 (reproducida en *Digital History*).

M. L. Crimmins (ed.): «John W. Smith, the last messenger from the Alamo and the first mayor of San Antonio», *Southwestern Historical Quarterly*, enero, 1951.

William C. Davis: *Lone Star Rising: The revolutionary birth of the Texas Republic*, Free Press, 2004.

James M. Day (comp.): *Texas Almanac, 1857-1873: A Compendium of Texas History*, Texian Press, Waco, 1967.

Nico Degenkolb: *The Alamo– An american myth*, Savas Publishing Company, Mason City, 1999.

James T. DeShields (ed.): «John Sutherland's account of the fall of the Alamo», *Dallas News*, 5 y 12 de febrero, 1911.

Stephen Jay Gould: «La carta de Jim Bowie y las piernas de Bill Buckner», en *Acabo de llegar*, Crítica, Barcelona, 2007 («Jim Bowie's Letter & Bill Buckner's Legs», *Natural History*, mayo, 2000, internet).

Bill Groneman: *Alamo defenders, a genealogy, the people and their words*, Eakin Publications, Austin, 1990.

——: *Eyewitness to the Alamo*, Republic of Texas Press, 2001 (revisa la edición de 1996).

——: «Alamo noncombatants», internet.

Todd Hansen: *The Alamo reader: A study in history*, Stackpole Books, 2003. (Se puede consultar parcialmente en los libros de Google en internet.)

Stephen L. Hardin: *Texian Iliad: A military history of the Texas revolution, 1835-1836*, University of Texas Press, Austin, 1994.

——y Angus McBride (il.): *The Alamo 1836, Santa Anna's Texas campaign*, Osprey Publishing, 2001.

Thom Hatch: *Encyclopedia of the Alamo and the Texas revolution*, McFarland & Company, 1999.

Alan C. Huffines: *Blood of noble men: The Alamo siege & battle*, Eakin Press, Austin, 1999.

——, William C. Davis: *The Texas war of independence 1835-1836: From outbreak to the Alamo to San Jacinto*, Osprey Publishing, 2005.

John Jenkins (ed.): *The papers of the Texas revolution 1835-1836*. Diez volúmenes, Presidial Press, Austin, 1973. (Los volúmenes 3 y 4 ofrecen información sobre El Álamo.)

Brian Kaufman: «The meaning of the Alamo», internet.

Stanley Lind, Jr.: «Number of defenders», internet.

Thomas Ricks Lindley: *Alamo traces: New evidence and new conclusions*, Republic of Texas, 2003.

Jeff Long: *Duel of eagles, the mexican and U. S. fight for the Alamo*, William Morrow and Company, Nueva York, 1990.

Walter Lord: *A time to stand*, University of Nebraska Press, 1978. (*El Álamo*, Bruguera, 1962.)

Bruce Marshall: *Uniforms of the Alamo and the texan revolution and the men who wore them, 1835-1836*, Schiffer Publishing, 2003.

David McLemore: «Historians revisit Alamo with new numbers», *Fort Worth Star Telegram*, 1996, internet.

Edward L. Miller: *New Orleans and the Texas revolution*, College Station, Texas A & M Press, 2004.

John Myers Myers: *The Alamo*, University of Nebraska Press, 1973 (se puede consultar en internet).

Albert A. Nofi: *The Alamo and the Texan war for independence*, Combined Books, Conshohocken, 1992.

Mary Ann Noonan-Guerra: *Heroes of the Alamo and Goliad, revolutionaries on the road to San Jacinto and Texas independence*, Alamo Press, 1987.

Lee Paul: «The Alamo: 13 days of glory», *Wild West*, febrero, 1996.

Ben H. Procter: *The battle of the Alamo*, Texas State Historical Assoc., 1987.

J. M. Rodríguez: *Memoirs of early Texas*. (La parte que corresponde a El Álamo se puede consultar en *Sons of DeWitt colony Texas* en internet.)

Philip S. Rosenthal: *Alamo soldiers: An armchair historian's guide to the defenders of the Alamo*, A-Team Productions, 1989.

——: «Heroes and cowards at the Alamo», *The Alamo Site*, internet.

Eric von Schmidt & Bob Reece: «Key to The Alamo», internet.

Bob Scott: *After the Alamo*, Republic of Texas Press, 1999.

Lon Tinkle: *13 days to glory*, McGraw-Hill Book Company, Inc., Nueva York, Toronto y Londres, 1958.

Timothy J. Todish, Terry Todish, Ted Spring: *Alamo sourcebook 1836. A comprehensive guide to the Alamo and the Texas revolution*, Eakin Publications, 1998.

Phillip Thomas Tucker: *Exodus from the Alamo. The anatomy of the last stand myth*, Casamate, Havertown, 2009.

Herbert G. Uecker: *The archaeology of the Alamo: a self guided walking tour and personal account*, Monte Comal Publications, 2001.

John Edward Weems y Jane Weems: *Dream of empire. A history of the Republic of Texas, 1836-1846*, Barnes and Noble Books, 1995.

Amelia Williams: «Critical study of the siege of the Alamo and of the personnel of its defenders», *Southwestern Historical Quarterly Online*.

Richard Bruce Winders: *Sacrificed at the Alamo: tragedy and triumph in the Texas revolution*, State House Press, Abiline, 2004.

TESTIMONIOS ANGLOTEXANOS DE LA ÉPOCA

«As a boy, Juan Diaz, venerable San Antonian witnessed the attack on the Alamo», *San Antonio Light*, 1 de septiembre, 1907.

Charles Merritt Barnes: «Builders' spades turn up soil baked by Alamo funeral pyres», *San Antonio Express,* 26 de marzo, 1911.

——: «Men still living who saw the fall of the Alamo», *San Antonio Express*, 27 de agosto, 1911.

«Battle of the Alamo from survivor's lips», *San Antonio Daily Express,* 28 de agosto, 1904 (el testimonio de Charles Bledsoe).

María de Jesús Buquor (Maride): «Witnessed last struggle of the Alamo patriots», *San Antonio Express,* 19 de julio, 1907.

James DeShields: *Tall men with long rifles,* Naylor Company, San Antonio, 1971 (basado en las informaciones obtenidas por Creed Taylor).

Pablo Díaz: «Aged citizen describes Alamo fight and fire», *San Antonio Express,* 1 de julio, 1906.

——: «This man heard shots fired at battle of Alamo», *San Antonio Light*, 31 de octubre, 1909.

Benjamin Briggs Goodrich a Edmund, 15 de marzo, 1836, internet.

Antonio Menchaca: Memoirs, Yanaguana Society, San Antonio, 1937, internet (dictado a Charles M. Barnes y con un prefacio de James Newcomb).

Dr. John Sutherland: *The fall of the Alamo*, The Naylor Company, San Antonio, 1936 (escrita en 1860, hay una versión en internet).

The Diary of William Fairfax Gray, from Virginia to Texas, 1835-1837, William P. Clements Center for Southwest Studies, Southern Methodist University, Dallas, Texas (en internet).

«The Journal of Dr. Joseph Henry Barnard», *Sons of DeWitt colony Texas*, internet.

ALGUNAS PÁGINAS WEB ESENCIALES

Alamo Central

Lone Star (www.lone-star.net/mall/texasinfo/alamo-battle.htm)

Lone Star history links: Selected Texas history primary source documents (un archivo que recoge cientos de documentos)

Sons of DeWitt colony Texas (un interesante archivo digital)

The Alamo studies forum (desde 2007, el debate de los *alamoístas* se produce en este sitio web)

The best of the Alamo Forum (entre 1996 y 2005, el gran centro de debate de los historiadores *amateurs* y profesionales)

www.sre.gob.mx/Acervo/index.php?option=com_content&view=article&id=65&Itemid=343 (el archivo de la guerra de Texas de la Secretaría de Relaciones Exteriores de México)

«Alamo legacy: Alamo descendents remember the Alamo», 1997 (testimonio de Santiago Rabia).

Juan Nepomuceno Almonte: *Diario*, en internet, reproduciendo la versión traducida del *New York Herald* de junio de 1836.

——: *Noticia estadística sobre Texas*, Ignacio Cumplido, México, 1836.

Miguel Barreiro: *Resumen instructivo que publica el comisario de división del Ejército de Operaciones sobre Texas*, Imprenta del Mercurio, Matamoros, 1837.

Francisco Becerra: *A mexican sergeant's recollections of the Alamo and San Jacinto... As told to John S. Ford in 1875*, Jenkins Publishing Co., 1980.

José Enrique de la Peña: *La rebelión de Texas*, 2a. ed., Impresora Mexicana, 1955.

Coronel Pedro Delgado: *Description of the battle of San Jacinto by member general Santa Anna's staff*, Texas State Historical Assoc., internet.

Documentos que el general Andrade publica sobre la evacuación de San Antonio Béjar, del departamento de Texas, Editora Nacional, México, 1952.

Vicente Filisola: *Historia de la guerra de Texas*, 2 t., Editora Nacional, México, 1973, facsimilar de la ed. de 1849 (Hay una edición en internet bajo el título «Memorias para la historia de la guerra de Texas»).

William Groneman III: «Some problems with the "Urriza" account», *The Alamo Journal*, julio, 1993.

James Haley: *Texas: An album of history*, Doubleday, Garden City, NY, 1985 (el testimonio de Leopodo Saldaña).

«La guerra de Texas, causa formada al general Filisola por su retirada en 1836», Boletín del Archivo General de la Nación, México, 1939.

Nicholas D. Labadie: «San Jacinto campaign», (en) *A compendium of Texas history*, Texian Press, Waco, 1967 (Testimonio de Urriza).

Antonio López de Santa Anna: «Manifiesto que de sus operaciones en la campaña de Texas y en su cautiverio dirige a sus conciudadanos», Veracruz, 1837.

—— (General), Ramón Martínez Caro, general Vicente Filisola, general José Urrea, general José María Tornel: *Mexican side of the Texan revolution 1836* (trad. de Carlos E. Castaneda), Documentary Publications, 1971.

Ramón Martínez Caro: *Verdadera idea de la primera campaña de Texas y sucesos ocurridos después de la acción de San Jacinto*, Imprenta de Santiago Pérez, México, 1837 (copia virtual en la biblioteca digital de la UANL).

«Notes and documents. The Félix Núñez account and the siege of the Alamo: A critical appraisal» (comentado por Stephen L. Hardin), *Southwestern Historical Quarterly*, julio, 1990.

Félix Núñez: «Fall of the Alamo», *San Antonio Express,* 30 de junio, 1889.

Gabriel Núñez Ortega: «Diario de un prisionero de la guerra de Texas», Boletín del Archivo General de la Nación, noviembre-diciembre, 1933.

Antonia Pi-Suñer Llorens: «Memorias de un militar: el general Vicente Filisola», internet.

Craig H. Roell: «Morales, Juan», internet.

Carlos Sánchez- Navarro y Peón: *La guerra de Texas: Memorias de un soldado*, Jus, México, 1960.

Reynaldo Sordo: «El general Tornel y la guerra de Texas», *Historia Mexicana*, 1993.

«The account of Manuel Loranca», *San Antonio Express*, 23 de junio, 1878.

José María Tornel: *Texas y los Estados Unidos de América en sus relaciones con la república mexicana*, Ignacio Cumplido, México, 1837.

José Urrea: *Diario de las operaciones militares de la división que al mando del general José Urrea hizo la campaña de Texas*, Imprenta del gobierno, Durango, 1838. (Hay una traducción al inglés del diario en internet: «Diary of the military operations of the division which under his command campaigned in Texas».)

LOS SUPERVIVIENTES

Enrique Esparza: «Alamo's fall, is told by witness in a land suit». *San Antonio Express*, 9 de diciembre, 1908.

——: «Alamo's only survivor», *San Antonio Express*, 9 y 12 de mayo, 1907.

——: «Another child of the Alamo», *San Antonio Light,* 10 de noviembre, 1901.

——: «The story of Enrique Esparza», *San Antonio Express*, 22 de noviembre, 1902.

Timothy M. Matovina: *The Alamo remembered. Texano accounts and perspectives*, University of Texas Press, 1995.

«The survivor of the Alamo», *San Antonio Express,* 28 de abril, 1881.

MADAME CANDELARIA

Andrea Candelaria Castañón: «Alamo massacre», *San Antonio Light*, 19 de febrero, 1899.

Maurice Elfer: *Madame Candelaria, unsung heroine of the Alamo*, The Rein Company, 1933.

Existe en internet un registro de varias de sus entrevistas en «Madame Candelaria's accounts» en *Alamo Central*.

SEGUÍN

Daniel Galdeano: «Juan Seguín: A paradox in the annals of Texas history», internet.

Robert Hollmann: *Juan Seguin*, Frontier Legends Series, Durban House, 2007.

Seguin, documental dirigido por Jesús Salvador Treviño para KCET-TV/PBS en 1980.

Juan N. Seguín (Jesús F. de la Teja, ed.): *A revolution remembered: The memoirs and selected correspondence of Juan N. Seguín*, State House Press, Austin, 1991.

FUENTES MEXICANAS POSTERIORES

Lucas Alamán, Manuel Orozco y Berra: *Diccionario universal de historia y de geografía*, México, 1855 (es accesible en Google books).

Silvia Argüello: *El intento de México por retener Texas*, FCE, México, 1982.

José María Bocanegra: *Memorias para la historia de México independiente*, Imprenta del gobierno federal, México, 1892.

Francisco Bulnes: *Las grandes mentiras de nuestra historia*, Librería de la Viuda de Bouret, México, 1904.

Catálogo del archivo de la embajada de México en Estados Unidos de América, siglo XIX, SRE, México.

Guadalupe Curiel: *La historia de Texas en la Biblioteca Nacional de México*, UNAM, México, 1994.

Emilio del Castillo Negrete: *Historia militar de México en el siglo XIX*, Imprenta del editor, México, 1883.

Gastón García Cantú: *Las invasiones norteamericanas en México*, Era, México, 1974.

Domingo Ibarra: *Un recuerdo en memoria de los mexicanos que murieron en la guerra contra los estadounidenses en los años de 1836 a 1848*, Tipografía de la Oficina Impresora de Estampillas, México, 1892.

Mónica Mateos-Vega: «La codiciada bandera de El Álamo», *La Jornada*, 11 de agosto, 2005.

Ángela Moyano Pahissa: *La pérdida de Texas*, Planeta, México, 1991.

Enrique de Olavarría y Ferrari: *México a través de los siglos*, t. IV, Editorial Cumbre, México, 1971.

Carlos Pereyra: *Texas, la primera desmembración de México*, Editorial América, Madrid, 1917.

Andreas Reichstein: «*¿Era realmente inevitable? ¿Por qué México perdió Texas en 1836?*», *Historia Mexicana* 4, 1993.

Vito Alessio Robles: *Coahuila y Texas: Desde la consumación de la independencia hasta el tratado de paz de Guadalupe Hidalgo*, Porrúa, México, 1979.

Evelia Trejo: «Consideraciones sobre el factor religioso en la pérdida del territorio de Texas, 1821-1835», internet.

Rafael Trujillo Herrera: *Olvídate de «El Alamo»*, La Prensa, México, 1965.

José C. Valadés: *El juicio de la historia: Escritos sobre el siglo XIX*, UNAM, 1996.

——: *México, Santa Anna y la guerra de Texas*, Editores Mexicanos Unidos, 1965.

——: *Orígenes de la república mexicana*, UNAM, México, 1994.

David J. Weber: *La frontera norte de México, 1821-1846*, FCE, México, 1988.

CINE

Donald Clark y Christopher P. Andersen: *John Wayne's The Alamo: The making of the epic film*, Carol, 1995.

Emilio García Riera: *México visto por el cine extranjero*, t. IV, Era-Universidad de Guadalajara, México, 1988.

King of the wild frontier, Buena Vista, 1955, dirigida por Norman Foster, con Fess Parker.

Randy Roberts y James S. Olson: *John Wayne: American*, Bison Books, 1997.

The Alamo, United Artists-Batjac, 1960, dirigida por John Wayne, con John Harvey, Richard Widmark y el propio Wayne.

The Alamo, Touchstone Pictures-Imagine Entertainment, 2004, dirigida por John Lee Hancock, con Emilio Echevarría, Jordi Molla, Jason Patrick, Dennis Quaid, Billy Bob Thornton, Maurice Ripke.

The spirit of the Alamo, documental para televisión, 1960, dirigido por Seymour Robbie, con John Wayne y el equipo de la película.

Frank Thompson: *Alamo movies,* Old Mill Books, 1991.

—— y John Lee Hancock: *The Alamo: The illustrated story of the epic film*, Newmarket Press, 2004.

George Ward: *Texas history movies*, Texas State Historical Association, 1986.

Garry Wills: *John Wayne's America,* Touchstone, 1997.

Jon Ted Wynne: «Remember the Alamo!», internet.

SANTA ANNA

Will Fowler: *Tornel and Santa Anna: The writer and the caudillo, Mexico 1795-1853*, Greenwood Press, Westport, 2000.

José Fuentes Mares: *Santa Anna, el hombre*, Grijalbo, México, 1982; que corrige y aumenta a *Santa Anna, aurora y ocaso de un comediante*, Jus, México, 1967.

Manuel María Giménez: *Memorias. Ayudante de campo del general Santa Anna*, t. XXXIV de los *Documentos inéditos o muy raros para la historia de México publicados por Genaro García*, Librería de la Viuda de Ch. Bouret, México, 1911.

Enrique González Pedrero: *País de un solo hombre: el México de Santa Anna*. Vol. I «La ronda de los contrarios» y Vol. II «La sociedad del fuego cruzado», FCE, México, 1993.

Frank Cleary Hanighen: *Santa Anna, the Napoleon of the west*, General Books, 2009.

Antonio López de Santa Anna: *Mi historia militar y política*, Editora Nacional, México, 1973.

Rafael F. Muñoz: *Antonio López de Santa Anna*, Editorial México Nuevo, México, 1937.

Irineo Paz: *Su alteza serenísima*, Sep80, México, 1982.

Federico Zamora Plowes: *Quince uñas y Casanova, aventureros*, Patria, México, 1984.

SOBRE NEILL

Stephen L. Hardin: «J. C. Neill, the forgotten Alamo commander», *Alamo de Parras*, internet.

Richard C. King: *James Clinton Neill: The shadow commander of The Alamo*, Eakin Publications, 2002.

Virgil E. Baugh: *Rendezvous at the Alamo: Highlights in the lives of Bowie, Crockett, and Travis,* University of Nebraska Press, 1985.

William C. Davis: *Three roads to the Alamo*, Harper Collins, Nueva York, 1998.

E. G. Littlejohn: *Sam Houston, David Crockett*, B. F. Johnson Pub. Co., Richmond, 1901.

CROCKETT

«1,300 mexican soldiers marching on San Antonio failed to stop ball honoring Davy Crockett», *San Antonio Express,* 21 de febrero, 1937.

David Crockett: *A narrative of the life of David Crockett by himself*, University of Nebraska Press, Lincoln, 1987.

Mark Derr: *The frontiersman: The real life and the many legends of Davy Crockett*, Harper Collins, 1993.

Bill Groneman: *David Crockett: Hero of the common man*, Forge, 2005.

Buddy Levy: *American Legend. The real life adventures of David Crockett*, G. P. Putnam's Sons, Nueva York, 2005.

Michael Lofono y Joe Cummings: *Crockett at two hundred: New perspectives on the man and the myth*, University Of Tennessee Press, Knoxville, 1989.

James Shackford: *David Crockett, the man and the legend*, University of North Carolina Press, Chapel Hill, 1956 (puede consultarse en internet).

Richard Penn Smith: *On to The Alamo: Colonel Crockett's exploits and adventures in Texas*, Penguin Books, 2003.

TRAVIS

Jean Flynn: *William Barrett Travis: «Victory or death»*, Eakin Press, 1982.

Stephen L. Hardin: «A volley from the darkness: Sources regarding the death of William Barret Travis», *The Alamo Journal*, internet.

Archie P. McDonald: *William Barret Travis: A biography*, Eakin Press, 1989.

William B. Travis: *The diary of William Barret Travis, August 30, 1833-June 26, 1835*, Texian Press, Waco, 1966.

Martha Anne Turner: *William Barret Travis his sword and his pen*, Texian Press, Waco, 1972.

BOWIE Y SU CUCHILLO

John Bryant: «A knife like Bowie's», *Alamo de Parras*, internet.

David Buckley: *Strange fascination-David Bowie: The definitive story,* Virgin, Londres, 1999.

Jeffrey Dane: «Bowie, a perspective», *The Alamo site*, internet.

——: «Knife, a short history», *The Alamo site*, internet.

J. Frank Dobie: «James Bowie, big dealer», *Southwestern Historical Quarterly*, enero, 1957.

Clifford Hopewell: *James Bowie Texas fighting man: A biography*, Eakin Press, Austin, 1994.

Robert F. Scott: «Who invented the Bowie knife?», *Western Folklore*, julio, 1949.

«The survivor of The Alamo», *San Antonio Express,* 28 de abril, 1881.

William R. Williamson: «James Bowie», en *Alamo de Parras*, internet.

LA DISPOSICIÓN DEL FORTÍN

Waynne Cox: «Alamo archaeology», en el *Alamo Forum*, internet.

Kevin R. Young: «Where were the bathrooms?», internet.

MILAM Y LA TOMA DE SAN ANTONIO

Alwyn Barr: *Texans in revolt, the battle for San Antonio, 1835,* University of Texas Press, Austin, 1990.

C. F. Eckhardt: «The forgotten hero. Ben Milam», internet.

Franklin Hall: «Who will go with old Ben Milam into San Antonio?», *Alamo de Parras,* internet.

LA RAYA

Randy W. Roberts y James Stuart Olson: *A line in the sand: The Alamo in blood and money*, Simon and Schuster, Nueva York, 2001.

Phil Rosenthal: «Travis's speech... a mystery!», *The Alamo site*, internet.

EL FUGADO

Robert Bruce Blake: nota biográfica de Zuber en *The handbook of Texas*, internet.
Donald H. Harrison: *Louis Rose, San Diego's first jewish*, Sunbelt Publications, 2004.
Natalie Ornish: «Rose, Louis», *The handbook of Texas*, internet.
Rod Timanus: «The much-maligned Moses Rose», en *The Alamo site*, internet.
W. P. Zuber: «The escape of Rose from the Alamo», *Quarterly of the Texas State Historical Association*, julio, 1901.

LA PRIMERA POLÉMICA

Beryl V. Bowen: «Potter, Reuben Marmaduke», internet.
Reuben M. Potter: *The fall of the Alamo: A reminiscence of the revolution of Texas*, Herald Steam Press, San Antonio, 1860, internet.
——: «The fall of the Alamo», *Magazine of American History*, enero, 1878.
Francisco Antonio Ruiz: «The story of the fall of the Alamo», reimpr. de la versión de 1860 del *Texas almanac*, reproducida en el *San Antonio Light* del 6 de marzo de 1907. (Si hubo versión original en español la desconozco.)
Henderson K. Yoakum: *History of Texas from its first settlement in 1685 to its annexation to the United States in 1846*, Redfield, 1856.

SOBRE FANNIN Y GOLIAD

William R. Bradle: *Goliad. The other Alamo*. Pelican Publishing Company, 2007.
Gary Brown: *James Walker Fannin, hesitant martyr in the Texas revolution*; Republic of Texas Press, National Book Network, 2000.
Harbert Davenport: «Men of Goliad», *Southwestern Historical Quarterly*, julio, 1939.
——: «Notes from an unfinished study of Fannin and his men with biographical sketches, 1936», en la Harbert Davenport Collection, Texas State Library, Austin, reproducido en *TSHA online*, internet.
——: «Fannin», internet.

Herman Ehrenberg: «With Milam and Fannin (1835)», *The Gonzales Inquirer*, 3 de diciembre, 1853 (el capítulo del fusilamiento de los defensores de Goliad se encuentra en internet).

«Massacre at Goliad. Captain Jack Shackelford's account», *Sons of DeWitt colony Texas*, internet.

Natalie Ornish: «Ehrenberg, Herman», en *The handbook of Texas*, internet.

——: *Pioneer jewish texans*, Texas Heritage, Dallas, 1989.

Ruby C. Smith: «James W. Fannin, Jr., in the Texas revolution», *Southwestern Historical Quarterly* 23 (octubre, 1919; enero, abril, 1920).

Joseph H. Spohn: «Accounts of Fannin's death», *Sons of DeWitt colony Texas*, internet.

Jay A. Stout: *Slaughter at Goliad: The mexican massacre of 400 Texas volunteers*, Naval Institute Press, 2008.

Lewis M. H. Washington: *Fannin and his command. Comprising a brief sketch of the organization, military operations and massacre of Col. James W. Fannin and his regiment, in the revolutionary struggle of Texas-1835 and '36*, internet.

Charles M. Yates: «Was Fannin incompetent?» (en el *Alamo Forum*, internet).

SAM HOUSTON Y SAN JACINTO

Kent Biffle: «Houston's vices were pursued by naysayers», *Dallas Morning News*, 9 de mayo, 1999.

Marshall De Bruhl: *Sword of San Jacinto*, Random House, Nueva York, 1993.

James L. Haley: *Sam Houston*, University of Oklahoma Press, 2004.

Sam Houston: Reporte oficial de la batalla de San Jacinto, 25 de abril, 1836, en la red TexasBob.com

Marquis James: *The raven, a biography of Sam Houston*, University of Texas Press, 1988.

Bruce Marshall: «Sam Houston. A revisionist look at the life & career of the hero of San Jacinto», *The Barnes review magazine*, internet.

Stephen L. Moore: *Eighteen minutes: The battle of San Jacinto and the Texas independence campaign*, Republic of Texas Press, 2004.

Victoriano Salado Álvarez: «Cómo fue aprehendido Santa Anna», en *Roncalla de la Historia*, Conaculta, México, 1992.

Kameron K. Searle: «Sam Houston rode a gray horse», internet
Frank X. Tolbert: *The day of San Jacinto*, McGraw-Hill, 1959.

LA ROSA AMARILLA

Kent Biffle: «Texana», *Dallas Morning News*, 13 de abril, 1997.

JoAnn Chartier y Chris Enss: *She wore a yellow ribbon: Women soldiers and patriots of the western frontier*, Globe Pequot, 2004.

Trudier Harris: «"The Yellow Rose of Texas": A different cultural view», internet.

Margaret Swett Henson: «West, Emily D.» *The handbook of Texas,* internet.

Martha Anne Turner: *The Yellow Rose of Texas: Her saga and her song*. Shoal Creek Publishers, Austin, 1976.

EL FINAL DE LA GUERRA

Causas y efectos de la última revolución de Megico, Imprenta de Lima, México, 1840.

Gregg J. Dimmick: *Sea of mud: The retreat of the mexican army after San Jacinto, an archeological investigation,* Texas State Historical Association, Austin, 2004.

Edna May Tubbs: «Santa Anna's retreating army reached Lipantitlan fort 100 years ago today», *San Antonio Express*, 31 de mayo, 1936.

LA CONTROVERSIA CROCKETT

A guide to the José Enrique de la Peña collection, 1835-1840, 1857, internet.

Cecil Adams: «Remembering the Alamo (and the death of Davy Crockett)», 14 de mayo, 2004, internet.

Bob Bowman: «Did Davy survive?», internet.

Thomas Lawrence Connelly: «Did David Crockett surrender at the Alamo? A contemporary letter», *Journal of Southern History*, agosto, 1960.

James E. Crisp: *Sleuthing the Alamo: David Crockett's last stand and other mysteries of the texan revolution,* Oxford University Press, 2004.

——: «Back to basics: Conspiracies, common sense, and Occam's razor», internet.

——: «The little book that wasn't there: The myth and mystery of the De la Peña diary», *Southwestern Historical Quarterly*, octubre, 1994.

——: «When revision becomes obsession: Bill Groneman and the de la Peña diary», *Military History of the West*, otoño, 1995.

Carmen Danini: «De la Peña diary paper authenticated», *San Antonio Express*, 8 de octubre, 1998.

David Garza: «Was Davy Crockett really the king of the wild frontier? Myth, blood and ink», *Austin Chronicle*, 5 de agosto, 2000, internet.

Bill Groneman: *Death of a legend. The myth and mystery surrounding the death of Davy Crockett*, Republic of Texas Press, 1999.

——: *Defense of a legend. Crockett and the De la Peña diary*, Republic of Texas Press, 1994.

«Historian points out Alamo heroes' flaws», recorte de prensa, Associated Press, 1997.

Dan Kilgore: *How did Davy die?*, Texas A&M University Press, 1978. (Hay una version ampliada de Kilgore y James E. Crisp de 2010 titulada *How did Davy die and why do we care so much?*)

Michael Lind: «The death of David Crockett», *The Wilson Quarterly*, internet.

Thomas Ricks Lindley: «Killing Crockett: Lindley's opinion», *The Alamo Journal*, octubre, 1995.

Barry Shlachter: «Doubts remain about authenticity of account of battle of the Alamo», *Fort Worth Star Telegram*, 18 de noviembre, 1998.

——: «Ranger's owner donates Alamo memoir to UT-Austin», *Fort Worth Star Telegram*, recorte de prensa.

The De la Peña diary, documental dirigido por Brian Huberman, 2000.

«The Lindley-Crisp debate» (mayo-octubre, 1995), internet. Intervenciones de Jim Ewing, James E. Crisp, Kevin Young, Cecil Adams, en «De la Peña at the Alamo», en el *Alamo Forum*.

Dale L. Walker: *Legends and lies, great mysteries of the american west*, Tom Doherty Associates, 1998. (El capítulo «The day Davy died. A rendezvous at the Alamo».)

LOS ESCLAVOS

Randolph B. Campbell: *An empire for slavery. The peculiar institution in Texas, 1821-1865*, LSU Press, 1991.

Robert L. Durham: «African americans and the battle for the Alamo», internet.

Ron Jackson: «In the Alamo's shadow», internet.

Arnoldo de León: *La comunidad texana, 1836-1900*, FCE, México, 1988.

Rubén R. Lozano: *Viva Texas: The story of the texanos, the mexican born patriots of the texan revolution*, Alamo Press, San Antonio, 1985.

Esteban Martínez: «Otra vez El Álamo», internet.

David McLemore: «The forgotten sacrifices of texanos in Texas' fight», *Dallas Morning News*, 2 de marzo, 1989.

Daniel Montexano: *Anglos y mexicanos en la formación de Texas*, Conaculta, México, 1991.

Travis Morales: «¿Recuerden a El Álamo? ¡Para nada!», internet.

Don Santina: «¡Olviden El Álamo!», internet.

Richard G. Santos: «Mythologizing the Alamo», *Express News*, San Antonio, 3 de marzo, 1990.

——: *Santa Anna's campaign against Texas, 1835-1836*, Texian Press, Waco, 1968.

FANTASMAS

James L. Choron: «Dawn at the Alamo», internet.

Mike Cox: «Texas tales», 6 de marzo, 2008, internet.

Ghost of the Alamo in San Antonio, internet.

Lone Star spirits, internet.

Anne Powell Wlodarski, Robert James Wlodarski: *Spirits of the Alamo*, Rowman & Littlefield Publishers, 1999.

ESTUDIOS ANTROPOLÓGICOS

Leigh Clemons: *Branding Texas. Performing culture in the Lone Star state*, University of Texas Press, 1978.

Richard R. Flores: *Remembering the Alamo. Memory, modernity, and the master symbol*, University of Texas Press, 2002.

Frank Thompson: *The Alamo: a cultural history*, Taylor Pub, 2001.

PINTURAS

Sam DeShong Ratcliffe: «Painting Texas history to 1900», internet.

Marjorie von Rosenberg: *Artists who painted Texas*, Eakin Press, 1977.

Eric von Schmidt: «Alamo iconography: Painting the battle of the Alamo», internet.

SOBRE LAS FALSIFICACIONES

Lisa Belkin: «Lone Star fakes», *New York Times*, 10 de diciembre, 1989.

Gregory Curtis: «Forgery Texas style», *Texas Monthly*, marzo, 1989.

Charles Hamilton: *Great forgers and famous fakes*, Glenbridge Publishing, edición revisada, abril, 1996.

David Hewett: «Some observations on buying a half-million-dollar letter by Davy Crockett», *Maine Antique Digest*, internet.

Dana Rubin: «Paper trail», *Texas Monthly*, diciembre, 1991.

W. Thomas Taylor: *Texfake, an account of the theft and forgery of early Texas printed documents*, Oak Knoll, Austin, 1991.

Chester Wilkes y Wallace L. McKeehan: «Isaac Millsaps' last Alamo letter & the Lavaca precinct election return», internet.

Para seguir la historia de Mark Hofmann, la serie de artículos en *Desert News* de Salt Lake City.

Índice